建筑与土木工程博士文库

U0724801

Doctoral Thesis Collection in Architectural and Civil Engineering

西部山区大跨度悬索桥风致振动研究

XIBU SHANQU DAKUADU XUANSUOQIAO FENGZHI ZHENDONG YANJIU

杨阳 著

重庆大学出版社

内容提要

随着公路桥梁建设的飞速发展,越来越多的大跨度悬索桥出现在西部山区,本书以位于西部的典型山区城市重庆市的大跨度悬索桥——寸滩长江大桥为工程背景,采用现场实测、风洞试验、理论分析和数值计算相结合的方法,对桥址处风环境特性及参数、西部山区风下桥梁的抖振响应、宽体式扁平钢箱梁涡振响应、颤振特性、风-汽车-桥梁系统振动特性进行了研究。本书适用于桥梁专业研究生及相关研究人员参阅。

图书在版编目(CIP)数据

西部山区大跨度悬索桥风致振动研究 / 杨阳著. --
重庆:重庆大学出版社,2020.5
ISBN 978-7-5689-1635-6

Ⅰ.①西… Ⅱ.①杨… Ⅲ.①山区—长跨桥—悬索桥
—风致振动—研究—中国 Ⅳ.①U448.25

中国版本图书馆 CIP 数据核字(2019)第 172269 号

西部山区大跨度悬索桥风致振动研究

杨 阳 著

策划编辑:王 婷

责任编辑:姜 凤　　　版式设计:王 婷
责任校对:关德强　　　责任印制:赵 晟

＊

重庆大学出版社出版发行
出版人:饶帮华
社址:重庆市沙坪坝区大学城西路 21 号
邮编:401331
电话:(023)88617190　88617185(中小学)
传真:(023)88617186　88617166
网址:http://www.cqup.com.cn
邮箱:fxk@ cqup.com.cn(营销中心)
全国新华书店经销
重庆共创印务有限公司印刷

＊

开本:787mm×1092mm　1/16　印张:12.25　字数:307 千
2020 年 5 月第 1 版　　2020 年 5 月第 1 次印刷
ISBN 978-7-5689-1635-6　定价:59.00 元

前　言

Preface

悬索桥因其良好的跨越能力成为目前大跨度桥梁的主要形式。大跨度悬索桥随着桥梁跨度的增长,结构刚度和阻尼减小,因此提高了对风荷载的敏感性。学者们通过优化桥梁截面、提高结构刚度,已基本可避免大跨度悬索桥在设计使用期限内发生风致颤振。但由于其跨度及桥宽不断增加,使风致抖振问题日益突出,大跨度悬索桥在风荷载作用下的振动特性仍是一个备受关注的问题。

相对于长江中下游地区宽阔平坦的地形地貌,以重庆市为中心的三峡库区则是典型的山区地貌,其风场特性与平原地区有较大的区别。研究西部山区大跨度悬索桥风致振动响应,能够为其在西部山区进一步应用提供科学依据。

本书是作者在其博士论文的基础上进一步完善总结完成的,主要包括 6 章内容。以位于西部的典型山区城市重庆市的大跨度悬索桥——寸滩长江大桥为工程背景,采用现场实测、风洞试验、理论分析和数值计算相结合的方法,对桥址处风环境特性及参数、西部山区风下桥梁的抖振响应、宽体式扁平钢箱梁涡振响应、颤振特性、风-汽车-桥梁系统振动特性进行了研究。

本书由作者负责编写全书的主要内容,导师张亮亮教授、姚刚教授对全书的撰写进行了精心指导。重庆大学华建民教授、重庆市建筑科学研究院刘连杰博士对本书的研究工作给予了大力支持。博士研究生吴波参与了本书的部分工作。本书得到了国家自然科学基金项目(51808076,51778093,51608074)、中央高校基本科研项目(106112017CDJXY200009)、重庆市研究生科研创新项目(CYB17042)、复杂环境下典型土木工程结构力学特性和动力性能项目(2019CDXYTM0032)的大力资助。

由于作者水平有限,书中难免存在诸多不足之处,欢迎广大读者批评指正,在此深表谢意!

重庆大学土木工程学院　杨　阳

2018 年 5 月

目　录

Contents

1 绪　论 ·· 001
　1.1 工程背景及研究意义 ·· 001
　1.2 国内外研究现状及评述 ·· 005
　1.3 主要研究内容 ·· 014

2 西部山区桥址处风特性现场实测及分析 ······················ 016
　2.1 引言 ··· 016
　2.2 风特性参数 ··· 018
　2.3 风环境数据测量 ··· 023
　2.4 实测风速数据分析 ·· 027
　2.5 本章小结 ·· 041

3 大跨度悬索桥抖振响应分析 ·· 043
　3.1 引言 ··· 043
　3.2 脉动风的数值模拟 ·· 043
　3.3 工程背景及静力三分力试验 ······································ 048
　3.4 风荷载处理 ··· 055
　3.5 不同因素对抖振响应影响分析 ··································· 061
　3.6 本章小结 ·· 067

4 大跨度悬索桥涡振响应分析 ·· 069
　4.1 引言 ··· 069
　4.2 影响宽体式扁平钢箱梁静力三分力的因素 ·················· 069
　4.3 影响宽体式扁平钢箱梁涡振性能的因素 ····················· 086
　4.4 涡振性能数值分析 ·· 096
　4.5 本章小结 ·· 104

5 大跨度悬索桥颤振特性分析 ·· 106
　5.1 引言 ··· 106
　5.2 颤振导数的基本理论 ··· 106

5.3 颤振临界风速的测定及颤振导数识别 ························· 118

5.4 颤振性能数值分析 ····································· 127

5.5 本章小结 ··· 151

6 风-汽车-桥梁系统振动特性分析 ····························· 153

6.1 引言 ··· 153

6.2 汽车-桥梁系统运动方程 ······························· 154

6.3 不同因素对汽车-桥梁系统振动特性的影响 ··················· 159

6.4 桥上行车安全临界风速 ······························· 163

6.5 桥上行车安全临界车速 ······························· 168

6.6 本章小结 ··· 175

参考文献 ··· 176

1 绪 论

1.1 工程背景及研究意义

随着社会的高速发展,我国建造的公路桥梁工程越来越大、结构越来越复杂,桥址处的环境也变得更加险峻。以上因素导致了工程的投资加大,技术难度提升,灾害发生率增大。大跨度桥梁是重要的交通工程,在其正常的使用状态下,桥梁应能正常地工作、具有足够的安全性和可靠性、不能因其失效而造成生命或者财产的损失。

在四类基本桥型(梁桥、拱桥、斜拉桥和悬索桥)中,跨越能力最好的是悬索桥。斜拉桥出现前,当桥梁跨度超过 500 m 时,悬索桥是唯一可选的桥型。斜拉桥出现后,经过近半个世纪以来的飞速发展,其跨越能力已突破千米,但当斜拉桥跨度超过 1 400 m 时,由于斜拉桥拉索垂度的非线性效应及主梁中承受的轴压力的二阶效应,其结构力学性能将急剧弱化,经济指标不断下降。因此,在 1 400~5 000 m 跨度的跨江(海)工程中,悬索桥仍然是经济合理的优先备选桥型。

桥梁所遭遇到的灾害主要分为桥梁抗风、桥梁防撞和桥梁抗震三类。风灾是自然灾害中发生频率非常高和造成损失非常严重的灾害之一。目前,悬索桥越来越轻柔,结构刚度和阻尼显著下降,对风的作用更敏感,极其容易被外界干扰而产生振动。1818—1940 年,世界上已经被风摧毁的悬索桥至少有 11 座。1940 年,塔科马大桥(主跨为 853 m)在低于 20.0 m/s 的风速下发生了强烈振动,主梁被折断。这一风致振动毁坏桥梁事故全面拉开了桥梁工程界和空气动力学界研究大跨度桥梁风致振动和气动弹性理论的帷幕。截至 2018 年,全世界已建成的跨度超过千米的悬索桥共有 22 座,其中有 12 座桥的主梁为钢箱梁,10 座为钢桁架梁。在设计和使用过程中,有 7 座都出现了因风致振动导致的问题,其中 6 座为颤振,1 座为涡振。

通常情况下,在江面或海峡地区风速相对较大,但近年来,各地气候在全球变暖的影响下发生了巨大变化:大风出现的频率有所提高,强度增加,路径不规则。以重庆市为中心的长江三峡库区是我国西部山区经济发展的重要地区,江面因库区蓄水而变宽,修建桥梁时的跨度增大。同时,随着城市经济和社会的发展,城区修建的跨江桥梁宽度需要增加到 6 车道或者8车道,即需要建造宽度达到或超过35.0 m的宽体式梁体。若继续采用一般宽度(4车道)的钢箱梁,后续急速增长的交通量则可能带来桥面强行拓宽的问题。桥梁跨度增加会增大桥梁的风致响应程度,抗风设计难度加大;桥面宽度增加要求梁体的刚度增加,但从经济性角度考虑,梁体高度不宜明显增大,且梁体高度较低时气动性能相对较好。若考虑桁架梁,势必会显著增大梁高导致造价突升。若采用PK梁,其中央的开槽又将显著削弱气动性能,尤其是涡激振动性能。综上所述,宽体式扁平钢箱梁成了新建跨江桥梁的首选梁型。经过二十余年的飞速发展,以宽体式钢箱梁为主梁的大跨度桥梁在长江中下游地区获得了成功的应用。

重庆地区目前主要以牌楼长江大桥(主梁宽度为37.0 m)和寸滩长江大桥(主梁宽度为42.0 m)为代表。相对于长江中下游地区宽阔平坦的地形地貌,以重庆市为中心的三峡库区则是典型的山区地貌,具有风速高、紊流强度大、风速垂直突变大、风速沿峡谷横向分布不均匀等特点,与平原地区截然不同。对于在西部山区修建大跨度桥梁,其抗风设计与沿海地区有很大差别,例如,其设计风速不能简单采用桥址所在地区的基本风速进行推算。现行的《公路桥梁抗风设计规范》(JTG/T 3360-01—2018,以下简称《规范》)中,没有明确给出西部山区桥梁抗风设计的依据与措施,而国内外对大跨度桥梁的抗风研究工作也主要集中在沿海地区,关于西部复杂山地地貌下的大跨度桥梁抗风研究的成果极为有限。目前,我国在建和已建的超过800 m的公路悬索桥共有23座,见表1.1。其中,有16座悬索桥的主梁为钢箱梁,且11座位于我国西部地区(所占比例为68.75%)。因此,研究在西部山区风场条件下宽体式扁平钢箱梁的风致振动特性,能够揭示宽体式箱梁气动参数和所处风场条件对其结构风致特性的影响规律,并为大跨度悬索桥在西部山区的进一步应用提供科学依据。

表 1.1 国内悬索桥主梁概况

桥　名	主跨	类型	截　面	高	宽	宽/高
贵州坝陵河特大悬索桥	1 088	钢桁	2车道 2车道	10.00	28.0	2.80
镇江五峰山公铁大桥	1 092	钢桁	4车道 4车道	16.00	46.0	2.88
矮寨大桥	1 176	钢桁	2车道 2车道	7.50	27.0	3.60

桥　名	主跨	类型	截　面	高	宽	宽/高
青马大桥	1 377	钢箱		7.65	41.0	5.36
西陵长江大桥	900	钢箱		3.00	20.6	6.87
宜昌长江大桥	960	钢箱		3.00	24.4	8.13
龙江大桥	1 196	钢箱		3.00	28.5	9.50
西堠门大桥	1 650	钢箱		3.51	34.0	9.69
南溪长江大桥	820	钢箱		3.00	29.8	9.93
驷马长江大桥	1 050	钢箱		3.20	32.0	10.00
龙门跨海大桥	1 160	钢箱		3.00	31.0	10.33
江阴长江大桥	1 385	钢箱		3.02	32.5	10.70
宜昌至喜长江大桥	838	钢混		3.08	33.2	10.78
黄埔大桥（南汊）	1 108	钢箱		3.50	38.5	11.00
马鞍山长江大桥	1 080	钢箱		3.50	38.5	11.00
南京长江四桥	1 418	钢箱		3.50	38.8	11.09

续表

桥 名	主跨	类型	截 面	高	宽	宽/高
虎门大桥	888	钢箱	3车道　　　3车道	3.01	35.6	11.83
寸滩长江大桥	880	钢箱	4车道　　　4车道	3.50	42.0	12.00
润扬长江大桥	1 490	钢箱	3车道　　　3车道	3.00	36.3	12.10
阳逻长江大桥	1 280	钢箱	3车道　　　3车道	3.00	37.5	12.50

注:表中宽度栏数值不包含钢箱梁的风嘴尺寸。

2010年5月5日,重庆市瞬时风速达到了30.0 m/s,摧毁房屋2万余间。而在《规范》附表A中,给出的百年一遇最大风速为27.5 m/s。处于复杂的西部山区风环境下的桥梁,其风环境特性与《规范》中所给出的四类地表类别所对应的特性明显不同,如果按照《规范》规定的风参数进行设计,将会高估桥梁的颤振与涡激振动,显著低估了桥梁的抖振响应带来的不利影响。在重庆地区的设计风速下,颤振破坏的可能性较小,抖振和涡振发生的可能性较大,会引起疲劳破坏,影响桥上行车安全。一旦桥梁上发生风引起的行车事故,不仅会带来经济损失,还会影响行人的心理,甚至有可能带来不良的社会影响。因此,风的作用对大跨度悬索桥的动力行为和对桥面行车安全的影响就成了一个不得不解决的问题。目前,在该领域开展的研究工作比较少,对于复杂山地地貌下的宽体式扁平钢箱梁悬索桥的抗风开展的研究更少。因此,开展西部山区风下的风-汽车-桥梁系统振动的研究,对山地地形附近新建桥梁的合理选址及抗风设计、老桥的维修加固及疲劳分析都有着十分重要的意义。

基于此,本书在充分借鉴前人研究成果的基础上,以位于西部山区典型城市重庆市的主梁为宽体式扁平钢箱梁的寸滩长江大桥为研究对象,采用桥址处风环境实测、节段模型风洞试验、理论分析和数值计算等相结合的方法,开展西部山区风环境下宽体式扁平钢箱梁悬索桥抗风性能研究,根据桥址处的风环境实测数据给出了脉动风功率谱函数;通过节段模型风洞试验得到了桥梁的静力三分力系数,并将所获得的试验结果用软件编程实现程序化计算悬索桥抖振响应;研究了桥面粗糙度、栏杆透风率、导轨、桥上车辆类型、车辆数目和车辆间距等因素对宽体式扁平钢箱梁的涡振响应和颤振性能的影响;通过力的相互作用关系和位移的协调关系建立了风-汽车-桥梁振动系统,研究了不良天气下车辆通过桥梁的安全限速,进行了侧风作用下行车安全的概率评价。研究成果对深入认识西部山区宽体式扁平钢箱梁悬索桥的抗风特性具有重要的理论意义,可为西部山区大跨度悬索桥的设计、抗风性能分析及桥上安全行车限速等提供一定的借鉴和参考。

1.2 国内外研究现状及评述

1.2.1 西部山区桥址处风环境

1) 风环境研究方法

风环境研究方法主要有现场实测、风洞试验和数值模拟 3 种。

(1) 现场实测

现场实测是研究风环境最直接、最真实的一种手段,是用风速仪进行现场观测和记录,从而得到风特性参数和结构振动情况,但其具有投资大、成本高和测量周期长的局限性。目前,桥梁风环境现场观测已在 9 座大桥上得到了应用。

(2) 风洞试验

大型桥梁中应用风洞试验较多,通过在风洞中模拟桥址处地形及其风场环境来得到桥址处风特性参数。

(3) 数值模拟

数值模拟是用计算流体动力学分析和模拟风对结构的影响。数值风洞技术从比较简单的断面气动参数模拟发展到复杂的断面气动参数模拟,从二维流场计算发展到三维流场计算,从基于时间平均的雷诺应力湍流模型发展到基于瞬态求解的大涡模拟(LES)湍流模型。

2) 国内外风环境研究状况

在风场特性研究中,Davenport 等进行了开拓性的工作,提出了著名的 Davenport 风速谱,给出了风剖面指数模型、地面粗糙度及 3 种地形(中高层建筑密集区、中高层建筑稀少区和低层建筑稀少区)概念的具体描述,Davenport 得出的不同地形下的风剖面指数模型,如图1.1

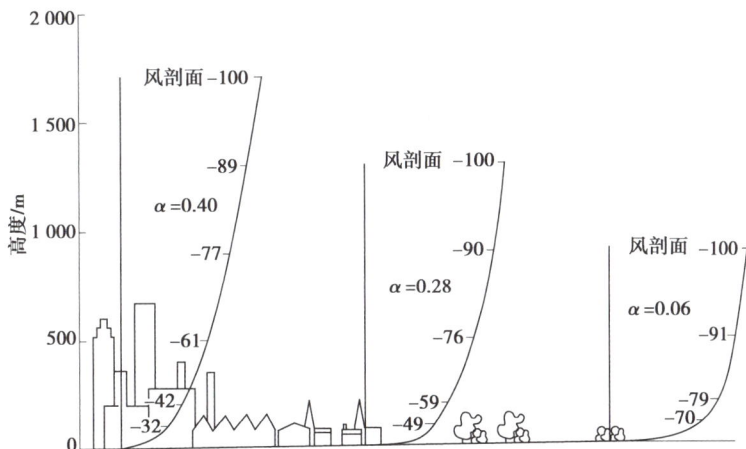

图 1.1　不同地形下的风剖面指数模型/ft

所示。

Richards 等通过实例证明了标准 $k\text{-}\varepsilon$ 模型、RNG $k\text{-}\varepsilon$ 模型、威尔科特斯 $k\text{-}\omega$ 模型和 LRR 模型四种湍流模型在风工程中应用的可行性和可信性。Bowen 等发现复杂地形的模型尺寸比例小于 1/500 时，在风洞试验中测出的该地形下的强风特性参数与实际有较大误差。Louka 等将卡尔曼滤波作为后处理方法来预测风速和风能，发现其误差小。Baker 等通过足尺模型风洞试验和 CFD 数值模拟技术用表面压力分布描述了无风下和侧风下行驶列车周围的流场变化情况。Tsang 等通过建立一个覆盖域为建筑物背风侧 400 m 范围的风洞模型试验研究了风和结构的交互影响。Blocken 等和 Montazeri 等为改善城市风环境质量，都应用 CFD 数值模拟技术建立了风舒适和安全评估模型，将仿真结果与现场长期测量结果进行对比。Razak 等应用大涡模拟（LES）对 5 种非等高、不同纵横比的建筑区域周围流场进行了模拟，对市区内行人所处的风环境进行了评价。An 等将风洞试验和 CFD 数值模拟技术相结合，对经过市区环境后的风速和湍流动能变化进行了研究。Meroney 等和 Blocken 等对近五十年计算机风工程应用的可信性、计算机模拟出的工程受到风荷载作用、工程对周围风环境的影响等方面做了总结。Vernay 等应用系统识别技术提高了建筑周围的风环境模拟的精确程度。Tominaga 等通过实例分析了稳定和非稳定雷诺时均 $N\text{-}S$ 方程（Reynolds-Averaged Navier-Stokes Equations）模拟大规模的波动对风速统计量的影响。Patlakas 等应用跨阈值方法（越界峰值法）和年极值法，对希腊群岛 10 年风速数据建立了风速分析和预测模型，经过敏感性测试和调整，得到了希腊群岛 50 年风速极值地图。

国内对风环境的研究始于 20 世纪 90 年代初期。王存忠等和刘小红等分析了边界层脉动谱特征和强风边界层。王蓓蕾等应用 1989 年 12 月—1990 年 1 月在重庆地区收集到的实测资料对自然风的风特性参数进行了研究。杨杰、胡晓红、赵林等分析了台风特性。庞加斌等对两次台风过程和四渡河峡谷大桥桥址处风特性进行了实测。李春光等在数值模拟上采用了简易模型，在试验上采用了真实复杂地形模型，将二者相结合，总结了收缩性山区峡谷地形风场特性的分布规律。陈正洪等通过已有气象资料应用比值法求得武汉阳逻长江大桥的桥址处风速。刘聪等在苏通长江公路大桥桥位南岸建立了 80 m 高风观测塔进行了 3 年的风特性实测。胡峰强等提出了梯度风速修正法推测出桥址处风速，并用传统的指数律法和桥位风观测分析法进行了验证和比较。王浩等发现带拐点的谱曲线表达式能比较准确地模拟出沿海地区桥址处的三维脉动风场。郑毅敏等修正了常用的脉动功率谱。史文海等通过实测得到了台风"海鸥"的风特性参数。张亮亮等在大宁河大桥桥址处和寸滩大桥桥址处开展了现场实测，得到了平均风速、风向、风攻角、湍流强度、湍流积分尺度等山区风环境特性参数。陈政清等通过风洞试验发现桥址处山区峡谷风场分布具有三维性，目前参考《规范》规定的四类地形不能满足工程需要。李永乐等指出深切峡谷桥址区风场特性复杂。通过对高海拔、高温差深切峡谷内的大渡河大桥桥址处风环境进行实测，发现引起桥位处的大风原因有大尺度大气环流和小尺度范围内热力驱动，也受局部地形及随时间变化的日照的影响，桥位处日常大风出现的频率较高。徐洪涛以贵州坝陵河大桥为研究对象，通过 CFD 数值模拟技术和节段模型风洞试验，对山区峡谷地形的湍流风进行了深入研究。朱乐东等在坝陵河大桥采集到了两年多的桥址处风速数据，推算出高海拔桥址处的设计基准风速。

3) 风场特性研究的必要性

桥梁在可能出现的最大风速情况下、规定的时间范围内,不应该发生毁坏性的自激发散振动,即驰振和颤振。规定的时间范围是指桥梁在设计的使用年限内;空间范围是指桥的位置所在的区域范围内,并且当风速未达到破坏性风致振动时,桥梁的振幅要满足结构的疲劳、行车的安全可靠性和行车的舒适度要求。

在桥梁设计中,设计基准风速过低时,桥梁会因发生自激发散振动而被毁坏;设计基准风速过高时,桥梁成本会大大增加,造成桥梁整体造价较高,引起不必要的经济损失。为在保证桥梁结构安全的同时控制桥梁造价,桥址处的百年一遇最大风速应尽可能精确。表 1.2 是风荷载和桥梁风致响应的分类。

表 1.2　风荷载和桥梁风致响应的分类

自然风分类	桥梁状态	风荷载类型	描述参数	结构响应类型与特征
平均风	固定状态(假定)	平均风力	三分力系数	静变形
				静力失稳
		涡激力	斯托罗哈数	介于强迫振动和自激振动
脉动风	微振动	自激力	颤振导数	颤振、驰振(自激的可能发散的振动)
	结构固定(假定)	抖振力	气动导纳	抖振限幅振动(强迫振动)

《规范》中气象资料给出的风速(包括风速大小、风向等)是开阔平坦地区,10 m 标高,百年一遇的 10 min 平均风速,没有给出湍流特性方面的资料。对于大跨度桥梁的动力响应问题,湍流特性(特别是脉动功率谱、湍流积分尺度、阵风强度和相关函数)的正确模拟尤为重要,它们是引起桥梁结构抖振响应和涡激振动的主要因素,可能导致桥梁结构的疲劳,甚至引起桥梁结构的涡激共振。西部山区风被不均匀地形破碎成小漩涡,导致了湍流变化急剧强烈。山区的公路交通设施因这些特殊的地形条件制约而落后于沿海和平原地区。我国西部地区属于峡谷山区地形,其地形地貌复杂,因此自然风特性也相当复杂。目前,山区桥梁和大型结构建设项目日益增多。尽管国内各科研单位逐步开展了一些西部山区风环境研究,但对西部山区风环境现场的测试研究十分有限,而风场特性直接影响桥梁的抗风设计。对西部山区风环境开展现场测试,得到桥址处风场特性后,可以根据西部山区风场的特点(如西部沿江的峡谷风场),有针对性地对大跨度桥梁的主梁进行气动设计和优化,以最大限度地适应西部山区跨江、跨河桥梁的建设。随着我国西部大开发的逐渐扩大,以及近年来内陆地区经济的高速增长,在西部山区建造的大跨度桥梁已不是个案,随着桥梁建设投入的加大、桥梁跨度的增大,对桥址处风场特性的研究迫在眉睫,尤其是作为西部山区经济增长高地的重庆市三峡库区长江沿线的风场特性研究。从已有的文献看,目前开展的相关研究工作还亟待提升。

1.2.2　大跨度悬索桥抖振响应

桥梁的抖振是指桥梁在湍流场作用下的被迫随机振动,它会导致疲劳破坏,影响车辆在桥上行驶的安全性和行人过桥的舒适性。

1)国内外研究现状

国外学者 Scanlan 等在颤振分析理论的基础上提出了准定常气动力抖振模型。Lin 等在随机振动理论的基础上,用卷积积分表达自激力。Jain 等在 Scanlan 的研究基础上引入了颤振导数导致的气动耦合及模态交叉产生的力学耦合。Katsuchi 等在 Jain 的基础上又做了改进,分析了明石海峡大桥多模态耦合的颤振和抖振响应。Xu 等结合虚拟激励法提出了能够全面考虑固有模态及模态间耦合效应的抖振分析方法。Kovacs 等和 Boonyapinyo 等分别用不同的方法模拟风速,对海格兰德大桥(Helgeland Bridge,主跨为 425 m)和明石海峡大桥(Akashi Kaikyō Bridge,主跨为 1 991 m)进行了时域抖振分析。Chen 等和 Ding 等都应用时域法对大跨度悬索桥进行了抖振分析,Chen 将抖振力用有理函数表示,Ding 突出了各种非线性因素。Karmakar 等模拟了非服从高斯分布的风速,应用模拟结果对文森特·托马斯大桥(Vincent Thomas Bridge,主跨为 457 m)进行了抖振响应分析。Seo 等分别应用蒙特卡洛法和拟蒙特卡洛法预测计算了因气动弹性加载而引起的大跨度桥梁抖振响应误差。Phan 等通过研究,发现了扁平钢箱梁的腹板的位置,角度和长度对悬索桥的模态起着控制作用,因此,其对悬索桥的颤振和抖振有较大影响。Kim 等通过 CFD 数值模拟技术建立了三维实体桥梁模型分析桥梁抖振响应,发现其分析结果与传统二维振动分析一致,可以用来代替传统的风洞试验分析桥梁的振动特性。Domaneschi 等应用 ANSYS 软件研究了考虑和不考虑鲁棒性时调谐质量阻尼器抑制悬索桥抖振响应的差别。

近年来,国内学者对桥梁抖振分析也进行了较为深入的研究:王浩等对台风作用下的苏通长江公路大桥、实测脉动风速谱与规范风速谱下和有无桥塔风下的润扬长江大桥的抖振响应进行了研究。应用 ANSYS 中的 matrix27 矩阵形式的输入来表达气动自激力,实现了直接由风环境数据得到大跨度桥梁抖振响应的时域分析。龙晓鸿等通过 Geodatis 改进型的谱表示法模拟脉动风分析了四渡河特大桥的抖振响应。张茜等对杭州湾跨海大桥北通航孔斜拉桥施工中最大双悬臂及最大单悬臂状态进行了风致抖振响应时域分析。李少鹏等利用 Davenport 提出的相干函数经验式计算了自然大气紊流场中抖振力的相关性并进行了验证。胡俊等根据实测风速风向分布规律分析了大跨悬索桥的抖振疲劳寿命,对风雨共同作用下的大跨度悬索桥加劲梁进行了抖振响应分析。马存明等通过测压法,用三维导纳分析了桥梁抖振。刘明、赖马树金、韩万水、赵凯、晏致涛、李宁、彭丹、张志田、胡钢、杨转运、喻梅、黄国庆等也对大跨度桥梁抖振响应进行了分析,分析时考虑了几何非线性、气动自激力、风速谱、气动导纳、多模态、斜风效应、模态耦合效应、山区非平稳强风等多种因素的影响。李立、马麟等综合了时域分析和频域分析的优点,用时频混合法分析了大跨度桥梁在脉动风激励下的抖振响应。

2)开展西部山区桥梁抖振研究的必要性

处于西部山区的桥梁,其风环境特性与《规范》中所给出的四类地表类别所对应的特性明显不同,如果按照《规范》规定的风特性参数进行抖振计算,与实际情况会发生较大的出入,若实际中脉动风较《规范》中大,可能会引起悬索桥节点部位的疲劳破坏进而引发安全事故,同时对桥上行驶车辆的舒适度也会产生很大的影响。因此,应根据实际测量出的风环境特性参数——西部山区的悬索桥进行抖振计算,研究西部山区风特性参数下与规范中风特性参数下桥梁抖振响应的区别,可以为西部山区桥址处的宽体式钢箱梁悬索桥的设计、施工和运营提供一定的参考。文中在风-汽车-桥梁振动系统中的侧翻力学模型中,考虑了桥梁抖振所产生的水平惯性力及竖向惯性力,因此研究桥梁的抖振响应是风-汽车-桥梁系统振动研究的前提。

1.2.3 大跨度悬索桥涡振响应

国内外学者针对近流线型断面进行了大量的涡振试验研究,发现这种断面一般都会产生涡激振动,且涡振强烈程度与断面外形、结构动力特性、漩涡脱落强度、雷诺数效应等有密切关系。一般而言,旋涡脱落强度大、阻尼小、正攻角来流对应高幅值涡激振动。由于断面涡激振动的产生与近尾流区漩涡脱落形式密切相关,因此,这类断面的涡振形式、临界风速、幅度、锁定区范围、尾流模式等也将随断面外形、雷诺数效应、结构动力特性等发生剧烈变化。在风的作用下,车辆和桥梁间的气动力存在着相互影响,桥梁断面的形状会影响车辆的气动力,桥上通过的车辆类型、车辆数量及车辆间距也会改变桥梁断面附近的风场,影响桥梁的气动力,研究其规律和对桥梁的影响能够为桥上行车准则提供依据。

1) 国内外研究现状

国外学者 Baker 等最先通过油迹试验和相关的流体力学理论对车辆气动力系数变化作出了基本解释,并对 3 种不同比例的列车做了风洞试验,发现车辆的边界层仅在全尺寸模型中可用二维流场描述,小尺寸模型的流场区需要用三维流场描述。Baker 还通过试验发现小风偏角下车辆的速度对车辆气动力系数的影响大。在实车测试了横向风作用下车辆的气动荷载,并与模型风洞试验结果进行了比较。Suzuki 发现车辆的气动力特性不仅与车辆自身的外形相关,还与它们所处的环境有密切联系,在桥面上行驶的列车和汽车的气动力特性与在路面行驶的列车和汽车的气动力特性有很大差别;研究了在 3 种不同主梁高度下的 4 种类型的车辆(双层巴士、单层巴士、小轿车、集装箱车)的气动力系数变化情况,发现气动力系数随主梁高度的增加而增大。Sterling 将风洞试验、现场足尺模型试验和 CFD 数值模拟三者相结合,研究了单辆货车在桥上行驶时风的作用下货车受力和力矩的作用机理。Cheli 在米兰理工大学进行了一系列风洞试验,通过测量车辆表面的压力分布变化情况,研究了车辆类型、车辆尺寸、车辆所处周边环境(平地、路堤、单双高架桥)、车辆空载和满载、车辆迎风和逆风等因素对作用于重型车辆空气动力载荷的影响。Kozmar 制作了桥梁和厢式货车的玻璃模型来进行瞬态气动加载试验,发现随着阵风速度的增加,厢式货车的平均侧向力和倾覆力矩以近线性增加,确定了影响厢式货车行驶状态的两个主要因素为经过桥梁和厢式货车的涡脱和阵风因子。Dorigatti 研究了当横风风速大于 10.0 m/s 且桥面上有车流通过时的典型桥梁断面的气动力特性变化,发现升力系数、阻力系数和力矩系数与横风平均风速及车辆的偏航角度有关。

国内对风-汽车-桥梁系统气动力性能的研究首先是在铁路上,葛玉梅发现列车-桥梁影响相互的气动力参数。祝志文建立客车-桥和客车-路模型,研究了客车在桥和地面行驶时的气动力参数的差别。韩万水对桑卡纳、厢式货车、小客车和拖车进行风洞试验并获得了 4 种车型车辆的气动力系数。李永乐考虑了列车与桥梁间相互的气动力性能影响,建立了风-列车-桥系统,进行了非线性空间耦合分析。通过移动的车辆模型风洞试验,测试了不同工况下车辆、桥梁的气动力系数,解释了不同因素对其气动力性能的影响。岳澄对风压分布进行分析,得到了考虑风-汽车-桥梁相互影响时的外流场的特性。韩艳发现汽车-桥梁间的相互干扰明显,在不同交通状态下,车辆会引起桥梁气动力和局部风压的变化,并拟合了一套考虑桥梁影响的车辆气动力系数计算式,通过研究发现桥梁气动力参数对桥梁和车辆耦合动力响应都有较大的影响,而车辆气动力参数对车辆耦合动力响应有较大影响,对桥梁耦合动力响应基本没有影响。周立研究了 6 种工况下汽车-桥梁系统的涡振响应,发现桥上无车时涡振范围会提前,车辆改变了主梁的气动外形,因此,汽车应对桥梁的涡振响应引起足够重视。

2)扁平钢箱梁气动力性能国内外研究现状

扁平钢箱梁气动力性能优良,因此在大跨度悬索桥和斜拉桥中被广泛应用。许多学者通过风洞试验研究了附属构件(栏杆、导流板、阻尼、风嘴及桥面减振板)对涡振的影响,发现主梁截面的形状及其附属物对均匀流低风速下的涡振响应影响很大,长时间的涡振响应会导致构件疲劳,影响乘客及驾驶员的舒适度,因此,避免大幅度涡振不仅能保证结构安全还能提高使用者的舒适度。

国外学者 Larsen 和 Luca 在风洞试验中研究了风嘴导流板及形式、栏杆等构件对气动力性能的影响。Miyata 和 Wilde 探讨了不同主梁外形、主动翼板控制系统对气动力稳定性的影响。Yang 给出了提高大跨度桥梁颤振临界风速的措施。

目前,国内对扁平钢箱梁的气动力特性做出的研究主要有:李春光对宽高比为11.08的扁平钢箱梁进行了节段模型试验,研究了移动检修轨道位置、有无安装悬臂、变化轨道导流板尺寸以及有无底板竖直稳定板时主梁涡振性能的变化。孙延国对宽高比为 11.086 的扁平钢箱梁进行了节段模型试验,研究了人行道栏杆、检修轨道、导流板对其涡振性能的影响。鲜荣对南京长江四桥主梁进行了两种缩尺比的涡振试验,研究了宽高比为 10.771 的扁平钢箱梁阻尼比、模型细部构造对其涡振区间和振幅的影响。辛大波对宽高比为 8.589 的扁平钢箱梁进行了节段模型试验,研究了风雨共同作用下开口钢箱梁模型和闭口钢箱梁模型涡振的起振风速、幅值及区间的变化。李永乐对宽高比为 10.953 的扁平钢箱梁进行了节段模型试验,研究了检修车轨道、栏杆、分流板、风攻角和阻尼等因素对主梁涡振性能的影响。朱思宇对宽高比为 11.167 的扁平钢箱梁进行了节段模型试验,发现了在大攻角来流作用下扁平钢箱梁涡振性能的改变。李薇对宽高比为 9.6 的扁平钢箱梁雷诺数改变时的静力三分力系数进行了计算。刘志文、宋锦忠、刘慈军研究了扁平钢箱梁成桥状态和施工状态、扁平箱梁外形、栏杆及下方路缘石对其气动力特性的影响。

3)开展宽体扁平钢箱梁气动力性能研究的必要性

1966 年,扁平钢箱梁首次出现在英国的威尔士塞文桥(主跨 988 m,宽 22.86 m)上。这种全新的桥梁断面除了风阻系数和用钢量显著小于桁梁外,其颤振性能同样优秀,且后期的维护工作量和花费也显著降低。在全世界跨度排名前 10 位的斜拉桥和排名前 10 位的悬索桥中,使用扁平钢箱梁断面的就占了 11 座(悬索桥 5 座,斜拉桥 6 座),如果只计入主跨的梁型,则前 10 位的斜拉桥均采用了扁平钢箱梁。

前人研究主要关心的是有无车辆(汽车、列车)、不同车流及不同主梁断面形式下车辆-桥梁系统的气动力响应,很少有人研究具体车型、车辆数目及车流间距对涡振性能的影响,宽体式扁平钢箱梁出现时间较短,是一种比较新颖的梁型,因此,对宽体式扁平钢箱梁风-汽车-桥梁系统气动力性能研究的文献更为少见。但随着社会的发展,宽体式扁平钢箱梁将会被越来越广泛地应用于大跨度桥梁中,因此有必要对其进行研究。本书以位于西部的典型山区城市重庆市的寸滩长江大桥为工程背景,此桥的主梁是少见的宽高比高达 12 的宽体式扁平钢箱梁,采用风洞试验与数值模拟相结合的方法,对主梁自身以及该梁的汽车-桥梁系统的气动力特性进行研究,研究了大攻角、栏杆透风率、桥面粗糙度、不同车辆类型、车辆数目及车流间距对宽体式扁平钢箱梁气动力性能的影响,为后续的研究提供了一定的经验。

1.2.4 大跨度悬索桥颤振特性

桥梁风致振动按照后果严重程度大致可分为两大类:一类是灾难性后果,产生的气动力会致使桥梁出现失稳现象,更有甚者会致使桥梁毁灭。这一类主要表现为发散性振动特征,如颤振和驰振。另一类并非灾难性后果,产生的气动力会致使桥梁出现限幅振动现象但不会出现毁灭。这一类主要表现为收敛性振动特征,如涡振和抖振。

1)国内外研究现状

风洞试验进行颤振导数识别最早出现并采用的是节段模型自由振动法:Scanlan 提出了采用分状态自由振动法进行颤振导数识别的理论;Beliveau 分别在风洞试验均匀流和紊流流场中进行主梁节段模型的颤振导数试验,并采用非线性最小二乘法的原理对试验数据进行处理,成功识别了颤振导数;Kumarasena 采用耦合状态自由振动法进行颤振导数识别的理论,成功识别了主梁断面的颤振导数;Shinozuka 在进行颤振导数识别的数据处理方法中引入了 ARMA 模型方法;Imai 等全面总结了基于 ARMA 模型方法的颤振导数识别理论;Yamada 等从耦合状态自由振动方法得到的时程曲线中采用扩展卡尔曼滤波法(Extended Kalman Filter,EKF)对主梁断面的 8 个颤振导数进行了同时识别;国内学者中,张若雪于1998 年采用总体最小二乘法原理对主梁断面的 8 个颤振导数进行了识别;丁泉顺于 2001 年提出采用总体最小二乘法原理进行颤振导数识别的方法所存在的不妥之处,在其基础上得到了修正最小二乘法原理识别颤振导数的方法;李永乐于 2003 年在总结前述理论的基础上提出了加权整体最小二乘法,并成功地在节段模型风洞试验中对颤振导数进行识别;Chowdhury 于 2004 年引入迭代状态空间法对自由振动法风洞试验得到的位移时程曲线数据进行处理,成功地对 3 自由度方向的 18 个颤振导数进行了识别。

同时,风洞试验中发展起来的另一种颤振导数识别方法就是节段模型强迫振动法:Matsumoto 于 1995 年首次通过节段模型强迫振动法对颤振导数进行识别,通过变换不同的断面形式定性总结了一定规律;Jensen 于 1997 年设计了一套强迫振动装置用于进行节段模型风洞试验的颤振导数识别(该装置为悬臂支撑,可通过分状态振动的方式对颤振导数进行一一识别);Cigada 于 1999 年设计了一套二自由度的强迫振动装置用于进行节段模型风洞试验的颤振导数识别,该装置为了消除传动机构中摩擦力对试验结果的影响,采取了直接由测力元件驱动的方式。国内学者,陈政清等于 2000 年开发了一套二自由度的强迫振动装置,通过采用节段模型强迫振动的方法对颤振导数进行了识别。发展至今,采用节段模型风洞试验识别桥梁颤振导数的方法已得到广泛应用。

计算流体动力学(Computational Fluid Dynamics,CFD)是以流体动力学作为基础,采用先进计算机进行数值计算,从而求解各种流动问题。随着计算机技术的发展,到 1960 年前后,计算流体动力学最早用于航天航空技术中,模拟飞行中的空气流动问题,后续应用范围扩展到能源、汽车等行业。直到 1990 年以后,计算流体动力学开始应用于土木工程行业中模拟结构的空气动力响应。

Larsen 等首先通过数值计算识别了理想平板的颤振导数,并依据临界风速计算方法得到了理想平板的颤振临界风速,接着又以丹麦大贝尔特桥(Great Belt Bridge)为基础,识别了主梁流线型断面的颤振导数,并经计算得到了颤振临界风速。Ostenfeld 通过采用计算流体动力学中的离散涡法和有线差分法对 5 种不同类型的主梁模型分别进行计算,识别了其各自的颤振导数,并经计算得到了颤振临界风速,总结了一定的规律。Ostenfeld、Larsen 等又采用数值模拟的方法对旧塔科马大桥的风毁过程进行了分析,获得了风毁过程中围绕主梁断面的旋涡脱落以及受到的气动力数据,同时得到了整个过程中风与结构相互作用的机理。随后,计算流体动力学在我国也取得了快速的发展,曹丰产等在计算流体动力学中引入有限元方法(Finite Element Method,FEM),通过采用数值计算和风洞试验两种方法对江阴长江大桥等多座大桥进行了抗风研究,经过对比分析获得了丰硕的成果,并验证了采用有限元法进行数值计算的可行性。祝志文等在计算流体动力学中引入了有限体积法(FVM),通过对平板进行数值计算识别颤振导数,同时又采用风洞试验的方法进行多次对比,验证了采用有限体积法进行数值计算的可行性。杨咏昕、刘儒勋等运用计算流体动力学的方法对中间开槽的主梁断面进行气动稳定性分析,并与相同条件下的风洞试验得到的结果进行对比,验证采用数值计算的方法进行气动稳定性分析的可行性。

流体动力学理论为桥梁抗风数值模拟方法奠定了理论基础,并逐步形成了计算流体动力学这种研究方法。与风洞试验模拟不同,数值模拟的方法采用计算机来对流场条件和桥梁结构进行模拟,并同时考虑两者之间的相互作用。由于受到计算机计算能力以及数值模拟方法等的限制,最开始实现的是均匀流场中的二维结构断面模拟,然后逐步向紊流场以及三维结构模拟的方法发展。与风洞试验相比,计算流体动力学具有很多方面的优势,虽然现在还不能取代风洞试验方法,只能作为一种辅助研究方法,但是随着计算机计算能力的提高以及数值模拟方法的不断更新,这种研究方法将成为未来发展的重点方向。

2) 开展颤振研究的必要性

颤振形成的气动力会导致桥梁发生失稳现象,桥梁结构出现的颤振现象主要包括分离流颤振和弯扭耦合颤振。分离流颤振的颤振较为普遍,常发生在非流线型断面的桥梁结构中,或者是流线型不好的断面桥梁结构中。气流流经桥梁的钝体断面,在迎风面的棱角处发生旋涡脱落及分离现象,从而导致主梁断面发生单自由度扭转颤振,这种现象就是分离流颤振。弯扭耦合颤振常发生在流线型较好断面的桥梁结构中,是一种在竖弯和扭转两个自由度方向上同时发生的耦合颤振现象。

因为桥梁不同于飞机机翼的流线型结构,气流流经桥梁钝体截面,会出现大大小小的涡旋以及本身出现分离现象,这时空气作用力会变得相当复杂。如果桥梁刚度大到足以改变空气流场的边界条件,则空气力对桥梁结构的作用发生了改变。反复循环过程中,桥梁结构不断吸收空气流场中的能量,且无法抵消阻尼耗散的能量,使得风和桥梁整个系统处于发散状态。颤振是桥梁风致振动中最为主要的发散性自激振动,会导致结构发生失稳现象,从而引发严重的后果,影响最为深远的就是旧塔科马大桥风毁事故。因此,在桥梁抗风中应防止这种破坏性的颤振振动形式的发生。

1.2.5　风-汽车-桥梁系统振动特性

由于列车的运行速度大、荷载重、车身长,因此风-车-桥系统动力相互作用的研究最初始于铁路桥梁。早在 19 世纪,工程师们就对铁路桥上的风-列车-桥梁系统振动进行了研究。公路桥梁的风-汽车-桥梁系统振动研究相对于铁路桥梁滞后很多,但随着客运量及货运量的显著增长,汽车的车型尺寸不断增高增长,车辆的载重量不断突破新纪录。与此同时,公路桥上的车辆密度一直在持续增长,汽车通过桥梁的速度越来越高,汽车和桥梁之间的振动越来越明显,因此,许多学者对风-汽车-桥梁系统振动开展了研究。

1) 风-汽车-桥梁系统振动国内外研究状况

Chen 等将随机生成的交通车流通过等效动态车轮荷载作用在桥上,提出了更接近实际情况的基于半确定随机车流的风-汽车-桥梁耦合振动系统,并对一座长度为836.9 m的斜拉桥进行了分析。Cheung 等将连续模拟技术(CST)模拟应用于风-汽车-桥梁系统的模拟,通过分析发现,在风的作用下,不仅仅是重型汽车过桥时易发生交通事故,轻型汽车在较低风速下过桥时也可能因失稳而发生事故,相同风速下不同类型车辆失稳原因和机理不同,同一类型车辆失稳原因和机理随着风速变化而发生变化。Chan 等将连续模拟技术(CST)和局部迭代技术(PIP)相结合应用于风-汽车-桥梁系统的模拟,显著降低了程序运行时间,通过研究,发现斜拉桥的最高行车限速比箱形梁桥最高限速低,在安全风速下,车速、桥面粗糙度和车辆模型自由度对系统振动影响较大。Argentini 等通过 1/40 风洞模型试验研究了有无风障和不同风障下单个集装箱车经过桥塔时气流变化的情况,发现风障对车辆横向力和倾覆力矩影响较大。Rocchi 等通过建立考虑驾驶员反应的单个集装箱车模型,应用时域分析法研究了横风作用下单个集装箱车经过桥塔时的安全性。Kozmar 等通过研究发现当风作用于车辆的角度较大时,车辆受到的非定常力荷载主要是由脉动风的冲击特征频率决定的,车辆在桥上的位置对桥上行车安全有很大影响,迎风侧车辆更容易发生事故。Guo 等通过在桥面和汽车轮胎之间引入一个阻尼器来考虑汽车在桥面上的侧滑响应。Cai 等建立了一个 6自由度的风-汽车-桥梁系统振动模型,该模型能分析汽车的点头、摇头和竖向响应。韩万水建立了 17 自由度和 23 自由度车辆运动方程,针对不同天气下桥上行车限速做了评价。马麟等引入驾驶员反应时间并将其量化,同时考虑了风速风向联合分布因素,建立了风荷载作用下桥上行车安全可靠度评价系统。周立以桥梁的疲劳失效概率为切入点进行研究,结合Monte-Carol法实现了汽车和风荷载同时作用的情况下桥梁主梁的疲劳失效概率分析。陈晓东等建立了简化的侧风行车模型。赵凯基于面向对象法编制了风-汽车-桥梁系统耦合振动分析程序(WVBroad),并评述了面向对象方法与面向过程方法的优缺点。海贵春根据实测风速建立了简化的正弦侧风模型,验证了侧风对汽车操纵稳定性的影响将直接影响汽车的高速行驶安全性。赵利苹等通过风洞试验得到了小客车和集装箱车在均匀流场下受到的风作用力,得到了不同风速和设计速度条件下小客车和集装箱的限速值。何杰等进行了整车仿真试验,分析了不同天气下安全行车差别。

2) 研究风-汽车-桥梁的必要性

桥上安全行车与很多因素有关。主梁跨径的增加令桥梁柔性增大,受到外界荷载干扰时振动幅度更加明显,当车辆过桥时会增加驾驶员及乘客的不舒适感。当出现不良天气时,桥梁限速过低或过早关闭会影响通行效率,限速太高会导致交通事故,因此,有必要对风-汽车-桥梁系统振动进行研究,以确保车辆通过桥梁时的安全性和行人的舒适性。

1.3 主要研究内容

本书以主梁的宽高比为12的大跨度悬索桥为研究对象,采用场地实测、风洞试验、理论分析和数值模拟相结合的方法,对桥址处的风环境进行了实测研究,对西部山区宽体式大跨度悬索桥的抖振响应作了分析,研究了宽体式扁平钢箱梁的风-汽车-桥梁系统的气动力性能和振动情况,主要研究内容如下:

1) 西部山区风环境参数特性

在桥址处布置了高度为100 m的风速风向观测系统,测量了离地面10~100 m范围内风速和风向沿垂直方向的变化情况,研究了月最大风速和月极大风速、风向分布玫瑰图随着高度的变化趋势,分析了风攻角、湍流度比值、湍流积分尺度的变化情况,将桥址处的风剖面指数和脉动风功率谱与《规范》中的进行了比较。

2) 大跨度悬索桥的抖振响应

根据桥址处的脉动风功率谱,通过谐波合成法模拟桥址处的风场,研究了脉动风单独作用在主梁上、脉动风同时作用在主梁和主塔上,不同风速、不同风攻角下大跨度悬索桥的抖振时程响应。

3) 大跨度悬索桥涡振响应

制作了比例为1:60的宽体式扁平钢箱梁节段模型,研究了攻角、栏杆透风率及桥面粗糙度因素对主梁静力三分力系数的影响,以及大攻角、桥面粗糙度、车辆类型、车辆数目及车流间距因素对主梁涡振性能的影响;通过流体软件模拟,从绕流特性方面探究了风-汽车-桥梁系统气动力性能变化的机理。

4) 大跨度悬索桥颤振特性

通过在风洞中进行颤振性能试验,对施工态和成桥态的颤振临界风速进行了测定,并与颤振检验风速进行对比,同时采用自由振动法识别颤振导数,对 3 种不同透风率栏杆的主梁节段模型进行风洞试验,对 3 种情况的颤振导数进行了识别。通过建立数值模型,研究了附属结构、不同栏杆透风率及导流板对颤振性能的影响。

5) 风-汽车-桥梁系统振动特性

根据分离迭代法建立出的汽车-桥梁系统运动方程,编制了汽车-桥梁振动系统程序,研究了不同风速、不同桥面粗糙度、不同车辆数目、不同车辆间距下桥梁的响应变化,根据 Baker 的车辆事故分析模型,研究了西部山区桥址处不同车型在常见车速下行车安全的临界风速、不同桥面状况下的非安全行车概率。

2 西部山区桥址处风特性现场实测及分析

2.1 引 言

风环境特性是进行桥梁抗风分析的基础,主要有以下两种方法获得桥址处的风环境特性:一种是在桥址处进行实际观测,对采集到的数据进行处理后分析;另一种是根据目前已有的估算桥址处的风环境模型,通过附近气象台风观测资料推算。山区风对桥梁的影响显著,但是在相关的抗风设计规范中并没有针对山区地形风特性的具体描述,通常情况下,桥址位于山区的桥梁在进行设计风速计算时,笼统地将场地地表类别划分为表 2.1 中 B 类或 C 类,忽略了山区地形对风特性的影响。表 2.1 中,Z_0 为粗糙高度,α_w 为风剖面指数。由表 1.1 可知,位于西部山区的桥梁约占 47.83%,所占比重较大,因此有必要对位于西部山区桥梁的桥址处风环境进行实际观测,为西部山区桥梁的桥址处风特性参数的确定提供依据和支撑。

表 2.1 地表粗糙度分类

地表粗糙度类别	地表状况	Z_0/m	α_w
A	海面、海岸、开阔水面、沙漠	0.01	0.12
B	田园、乡村、平坦开阔地及低层建筑物稀少地区	0.05	0.16
C	树木及低层建筑密集地区、中高层建筑稀少地区、平缓丘陵地区	0.3	0.22
D	中高层建筑密集地区、起伏较大的丘陵地区	1.0	0.30

为探究桥址处风环境的特性,得出接近实际情况的风特性参数,众多学者在桥址处布置了风环境观测系统,对桥址处风环境开展了研究。研究内容主要集中在以下几个方面:

①平均风的风速和主导风向。

②最大风速和风向沿垂直方向的变化情况。

③风剖面指数的确定。

④风环境的平均风攻角及其变化范围。

⑤脉动风 3 个方向湍流强度的大小及平均值。

⑥湍流强度和平均风速、湍流强度和阵风因子之间的关系。

⑦湍流积分尺度的变化范围和分布情况。

⑧根据脉动风功率谱密度分析湍流动能分布变化情况。

在表 2.2 中,从观测塔高度、观测层布置和观测仪器型号 3 个方面对国内目前已有的 8 座桥梁风观测系统进行了归纳总结,发现目前观测塔高度最高为 90 m。本书研究西部山区桥址处风环境的特性,在前人研究的基础上对风环境观测系统作出了以下改进:

①观测塔高达 100 m,能够测出离地面 10~100 m 范围内风速和风向沿垂直方向的变化情况。

②每隔 10 m 布置一个观测层,能够更精确地拟合出风剖面指数。

③观测塔布置地点离桥址距离近,能够测量出下垫面为水面的山区风环境特性及小范围内的突发性大风,记录的数据能够更好地反映西部山区桥址处的风环境特性。

表 2.2　国内已有桥梁风观测系统

桥　名	观测塔高度/m	观测层布置/m	观测仪器
润扬长江大桥	15	15	EL 风向风速仪
坝陵河大桥	10	10	机械式测风仪
	60	30	机械式测风仪
		10,20,40,60	Gill-R3-50 超声风速仪
苏通长江公路大桥	80	10,30,50,70,80	EN2 自动测风仪
禹门口黄河大桥	60	10,20,30,45,60	CSAT3-3D 超声风速仪、Gill-2D 超声风速仪
	30	30	Young 超声风速仪
四渡河大桥	20	20	Windsonic 二维超声风速仪
	6	10,30,45	Windsonic 二维超声风速仪
		60	CSAT3-3D 超声风速仪
大宁河特大桥	90	10,20,30,40,50,60,70,80,90	PH 风速风向仪
舟山西堠门大桥	6	0.9,1.8,2.7,3.6,4.5,6.0	Young81000 超声风速仪
		1.8,3.6,6.0	Young81000 超声风速仪
黄河大桥(拟建)	85	10,30,50	Young05103 超声风速仪
		10,80	Young81000 超声风速仪

本章中介绍了重庆市寸滩长江大桥桥址处改进的风速风向观测系统的详细布置情况,所用风速数据以 2014 年 5 月 1 日—2015 年 4 月 30 日观测(10.0 m/s 以上风速数据共有 16 次,6.0 m/s 以上风速数据共有 51 次)为研究对象,研究了寸滩长江大桥桥址处的风环境特性,并解释了实测风环境特性与《规范》之间出现偏差的原因,为西部山区桥梁设计时基本风速的确定和风致响应分析时的主要参数的确定提供了参考。

2.2　风特性参数

桥梁抗风设计中用到的风特性参数主要有平均风特性参数和脉动风特性参数。自然风在坐标系内可以被分解为水平方向的平均风速和 3 个相互垂直的脉动风之和。平均风为自然风中的风速运动周期在 10 min 以上的长周期部分,一定时间间隔内风速相对稳定,平均风有可能导致桥梁出现颤振、涡振及静风失稳。脉动风为自然风中的风速运动周期在 10 s 左右的短周期部分,具有空间和时间上的随机性,脉动风有可能导致桥梁出现抖振。图 2.1 中为脉动风 v_f、瞬时风速 v 和平均风速 $\bar{v}$ 之间的关系示意图。由图 2.1 可知,某一时刻的瞬时脉动风速为该时刻的脉动风与平均风速之和。

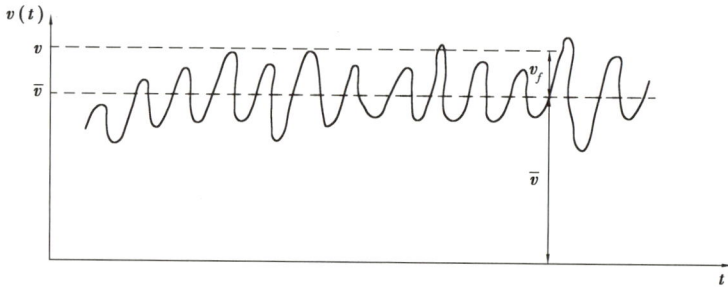

图 2.1　脉动风、瞬时风速和平均风速的关系

2.2.1　平均风特性参数

1)风速与风向

实测到的风速数据为 $u_x(t)$,$u_y(t)$ 和 $u_z(t)$。

水平平均风速 U 为:

$$U = \sqrt{\overline{u_x(t)}^2 + \overline{u_y(t)}^2}$$

(2.1)

风向角 ϕ 为:

$$\cos \phi = \frac{\overline{u_x(t)}}{U}$$

(2.2)

垂直平均风速 W 为:

$$W = \overline{u_z(t)} \tag{2.3}$$

式中　$\overline{u_x(t)}$, $\overline{u_y(t)}$, $\overline{u_z(t)}$——平均值,其样本时间长度为 10 min。

纵向脉动风速 u_t 为:

$$u_t = u_x(t) \cos \phi + u_y(t) \sin \phi - U \tag{2.4}$$

横向脉动风速 v_t 为:

$$v_t = - u_x(t) \sin \phi + u_y(t) \cos \phi \tag{2.5}$$

垂直脉动风速 w_t 为:

$$w_t = u_z(t) - W \tag{2.6}$$

2) 风剖面

风速在竖向的变化规律无论是理论分析还是实际观测的结果都比较复杂,有指数律、Ekman 螺线律、对数律和复合律 4 种方式描述风剖面模型,对数律模型和指数律模型不受温度影响,两种模型的表达式及优缺点见表 2.3。

表 2.3　风剖面模型

风剖面模型	数学表达式	优缺点
对数律分布	$U_z = \dfrac{U}{k} \ln \dfrac{z}{z_0}$	摩阻速度 U 和粗糙长度 z_0 不易测量,较小的误差都会引起结果的较大偏差
指数律分布	$\dfrac{U}{U_0} = \left(\dfrac{z}{z_0} \right)^{\alpha_w}$	风剖面指数 α_w 可以直观反映地表类别,并且容易测量

进行风剖面观测是为了确定风剖面指数 α_w,基于表 2.3 中的对比,本书采用指数律模型对 10 ~ 100 m 的风剖面进行拟合。表 2.1 中给出了 α_w 的取值,但对于山区地形,不满足地表地貌均匀的假设,地表粗糙度类别归类模糊,直接从《规范》中选用其值不合理。《规范》中风剖面指数的取值是在大量风观测数据的基础上拟合得到的,没有充分考虑边界层的稳定性。风剖面指数与桥址处风速大小和局部区域小气候等相关。基于以上原因本章通过在桥址处设立 100 m 高的风速风向观测系统获取了不同高度的风速数据,在实际观测数据的基础上拟合复杂山区地形下的风剖面指数。

3) 风攻角

水平面与来流方向的夹角称为风攻角,主要是因为不均匀地形引起的,因为气流被迫发生改变而产生。天气系统不同时,风攻角会发生变化,当出现涡旋结构强烈的天气系统时,如热带气旋、龙卷风,风攻角会急剧变化。大风情况下风攻角对桥梁结构的影响至关重要。

2.2.2　脉动风特性参数

1) 湍流强度

通过 3 个正交方向(顺风向、横风向和竖风向),根据瞬时风速分量计算,通常情况下,顺风向的湍流强度值要比其他两个方向的湍流强度值大。

风速沿纵桥向、横桥向、竖桥向 3 个分量分别为 V_x,V_y 和 V_z。

$$V_x = U + u(t),V_y = v(t),V_z = w(t) \tag{2.7}$$

湍流强度 I_u,I_v 和 I_w:

$$I_u(z) = \frac{\sigma_u}{U(z)},I_v(z) = \frac{\sigma_v}{U(z)},I_w(z) = \frac{\sigma_w}{U(z)} \tag{2.8}$$

式中 σ_u,σ_v,σ_w——$u(t)$,$v(t)$ 和 $w(t)$ 的均方根。

依据式(2.7)和式(2.8),可以通过实测的风速值计算出湍流强度。

表 2.4 顺风向湍流强度 I_u

高度/m	地面粗糙度类别			
	A	B	C	D
$10<z \leqslant 20$	0.14	0.17	0.25	0.29
$20<z \leqslant 30$	0.13	0.16	0.23	0.29
$30<z \leqslant 40$	0.12	0.15	0.21	0.28
$40<z \leqslant 50$	0.12	0.15	0.20	0.26
$50<z \leqslant 70$	0.11	0.15	0.18	0.24
$70<z \leqslant 100$	0.11	0.13	0.17	0.22
$100<z \leqslant 150$	0.10	0.12	0.16	0.19
$150<z \leqslant 200$	0.10	0.12	0.15	0.18

从表 2.4 中可知,湍流强度与高度和地表类型有关。当顺风向的湍流强度 I_u 按表 2.4 选取时,横风向的湍流强度 $I_v = 0.88I_u$,竖风向的湍流强度 $I_w = 0.50I_u$。

2) 湍流积分尺度

湍流积分尺度为湍流涡漩平均尺度的量度。假设旋涡做周期脉动,频率 $\omega = 2\pi n$,波长为 $\lambda = \frac{\bar{v}}{n}$,其中 $\bar{v}$ 为风速,n 为频率,旋涡波数为 $K = \frac{2\pi}{\lambda}$。

湍流积分尺度为:

$$L = \int_0^\infty \rho(r)\mathrm{d}r = \int_0^\infty \frac{E[y(r_1,t)z(r_1 + r,t + \tau)]}{\sigma_y(r_1)\sigma_z(r_1 + r)}\mathrm{d}r \tag{2.9}$$

式中 $\rho(r)$——互相关系数;

r——两点间距。

3 个方向的湍流积分尺度为:

水平纵向:

$$L_u = \int_0^\infty \frac{E[u(r_1)u(r_1 + r)]}{\sigma_u(r_1)\sigma_u(r_1 + r)}\mathrm{d}r \tag{2.10}$$

水平横向:

$$L_v = \int_0^\infty \frac{E[v(r_1)v(r_1+r)]}{\sigma_v(r_1)\sigma_v(r_1+r)}\mathrm{d}r \tag{2.11}$$

竖向方向:

$$L_w = \int_0^\infty \frac{E[w(r_1)w(r_1+r)]}{\sigma_w(r_1)\sigma_w(r_1+r)}\mathrm{d}r \tag{2.12}$$

式中　u,v,w——顺风向、横风向和竖风向的脉动风速。

3) 脉动风功率谱

脉动风功率谱表示湍流中不同尺度的旋涡对湍流动能的贡献大小,可以由建立在一定假设基础上的理论推导得到,也可以由气象站实测风速记录的相关函数经过快速傅里叶变换而得到。假定 $S_i(i=u,v,w)$ 为脉动风功率谱,σ_i^2 为对应的脉动动能,则有:

$$\int_0^\infty S_i(n)\mathrm{d}n = \sigma_i^2 \tag{2.13}$$

式中　$i=u,v,w$——水平、横向和竖向;

　　　n——频率。

根据 Kolmogorov 相似原理,大气边界层近地区域内无量纲脉动风速功率谱密度函数的一般形式为:

$$\frac{nS_i(n)}{u_*^2} = A_i f^{-\frac{2}{3}} \tag{2.14}$$

式中　$S_i(i=u,v,w)$——湍流功率谱密度函数;

　　　u_*——摩擦速度;

　　　$f=\dfrac{nz}{U}$——莫宁相似坐标;

　　　$A_i(i=u,v,w)$——近似为 0.27,0.36,0.36。

脉动风功率谱的归一化功率谱一般形式可表示为:

$$\frac{nS_i(z,n)}{\sigma_*^2} = \frac{A_i^{\gamma_i}}{(1+B_i f^{\mu_i})^{\delta_i}} \tag{2.15}$$

式中　$A_i,B_i,\gamma_i,\delta_i$——需要拟合的无量纲系数。

根据是否考虑湍流积分尺度随高度的变化,将脉动风功率谱分两类,其表达式如图 2.2 所示。

1962 年,Davenport 提出了著名的 Davenport 谱:

$$\frac{nS_u(n)}{U_{10}^2} = \frac{4kf^2}{(1+f^2)^{\frac{3}{4}}}$$

$$f = \frac{1\,200n}{U_{10}} \tag{2.16}$$

式中　$S_u(n)$——水平顺风向脉动风功率谱;

　　　U_{10}——平均风速;

　　　n——脉动风频率,Hz;

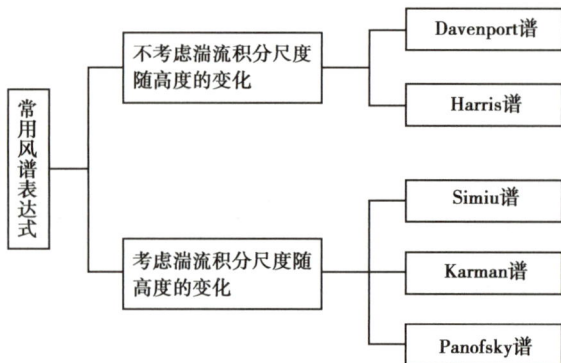

图 2.2　常用风谱表达式

k——地面粗糙度系数；

1 200——湍流积分尺度 $L=1\,200$ m。

1970 年，Harris 等给出了修正脉动风功率谱，Harris 风速谱表达式为：

$$\begin{cases} \dfrac{nS_{\mathrm{u}}(n)}{\sigma_{\mathrm{u}}^2} = \dfrac{4f}{6.677\,(2+f^2)^{\frac{5}{6}}} \\ f = \dfrac{1\,800n}{U_{10}} \end{cases} \tag{2.17}$$

1972 年，Karman 等提出了随离地高度变化的纵向脉动风功率谱，即 Karman 谱：

$$\frac{S_{\mathrm{u}}(n)}{u_*^2} = \frac{200f}{n\,(1+50f)^{\frac{5}{3}}} \tag{2.18}$$

式中　$S_{\mathrm{u}}(n)$——水平向脉动风功率谱；

$u_* = \sqrt{\dfrac{\tau_0}{\rho}}$——气流剪切摩阻速度；

n——脉动风频率，Hz；

τ_0——剪切力；

ρ——空气密度；

f——折算频率，$f=\dfrac{nz}{U_z}$；

U_z——基本风速。

1974 年，Emil Simiu 等提出了能考虑随高度变化的顺风向脉动风速湍流功率谱，即 Simiu 谱，采用分段函数表示为：

$$\begin{cases} S_{\mathrm{u}}(n) = 200u_*^2\,\dfrac{f}{n\,(1+50f)^{\frac{5}{3}}},\ f \leqslant 0.2 \\[2mm] S_{\mathrm{u}}(n) = 0.26u_*^2\,\dfrac{1}{nf^{\frac{2}{3}}},\ f>0.2 \\[2mm] f = \dfrac{nz}{U_z} \end{cases} \tag{2.19}$$

《规范》中水平方向采用了 Simiu 脉动风速谱：

$$\frac{nS_{u}(z,n)}{u_*^2} = \frac{200f}{(1+50f)^{\frac{5}{3}}}$$ (2.20)

垂直方向脉动风功率谱常采用 Panofsky 谱：

$$\frac{nS_{w}(z,n)}{u_*^2} = \frac{6f}{(1+4f)^2}$$ (2.21)

式中　z——高度；

　　　u_*——摩阻速度。

2.3 风环境数据测量

2.3.1 风环境选址

重庆市特殊的地理环境形成了其独特的全年有风、夏季伏旱、多雾高湿的局部气候。不同地形高度以及不同下垫面类型(江面和陆地)的热力、动力差异能形成了山谷风、江陆风。重庆市的水平风场和垂直气流都受到了地形、山谷风和江陆风等共同影响，下午 14:00 左右，湍流在整个城区异常活跃，最大值为 2.1 m²/s²。其中，地形的影响起主导作用，大于山谷风、江陆风和热岛环流因素的影响。重庆市机场专用快速路工程南段区域内全年主导风向为北，频率为 13%左右，夏季主导风向为北西，频率为 10%左右，年平均风速为 1.12 m/s 左右，最大风速为 26.7 m/s。

寸滩长江大桥位于重庆市寸滩港区下游 1.2 km，与朝天门(长江与嘉陵江汇合口)之间距离约 7.7 km，距宜昌航道里程约 652.1 km，大桥的左岸连接江北区港城工业园区，右岸接南岸弹子石。距离上游已建的大佛寺长江大桥约 3.0 km，与朝天门长江大桥的距离约为 5.5 km，如图 2.3(a)所示。寸滩长江大桥跨越地貌较为复杂，地形起伏较大，地面高程变化

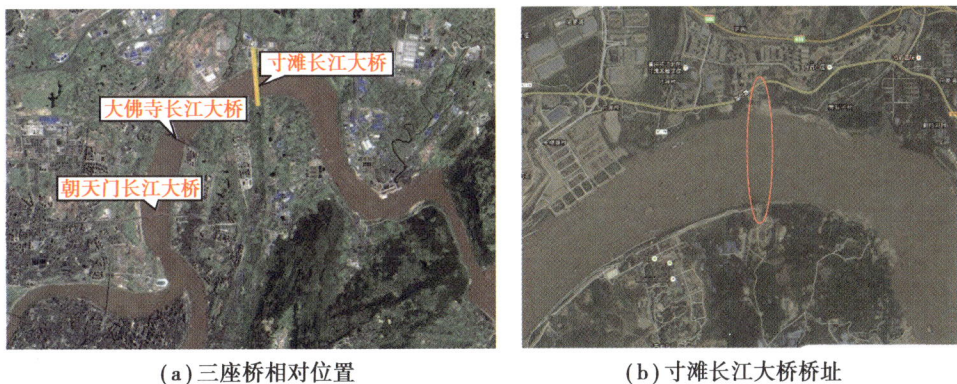

(a)三座桥相对位置　　　　(b)寸滩长江大桥桥址

图 2.3　寸滩长江大桥、大佛寺长江大桥、朝天门长江大桥的位置

范围为152.0~200.0 m,南北岸漫滩比较狭窄,地表不均匀,岸坡相对陡峭,为典型山地地貌。南岸为堆积岸,剖角变化范围为15°~25°;北岸为冲刷岸,剖角变化范围为15°~40°。河流纵坡为1.1%~2.1%,相对切割深度为30.0~40.0 m。桥下长江流向为自西向东,河谷走向平直,宽度变化范围为840.0~900.0 m,如图2.3(b)所示。

2.3.2 测量设备选型

为了选取合适的观测仪器,对目前已有的桥梁桥址处风观测系统进行了研究。表2.2给出了风观测系统的观测塔高度、观测仪器及观测层布置。从中可知,最高的观测塔的高度为90 m,布置了9个观测层。为了得到更精确的西部山区桥址处风数据,本章中利用桥塔处的塔吊作为观测塔,每隔10 m布置一个观测层,共布置了10个观测层,观测到100 m处的风速数据。10 m观测层处和50 m观测层处为FY-FS风杯风速仪和Yong81000超声风速仪。风速仪支架为角钢焊接而成,如果风速仪与桥墩距离较近,风速被桥墩严重影响。因此,设置角钢支架向塔吊外伸10 m,观测仪器被安装固定在角钢的末端。

1)风杯风速仪

平均风特性观测采用了FY-FS风杯风速仪,其技术参数见表2.5。风杯风速仪通过观测设备上的4个安装孔与安装支架相固定,其尺寸和安装如图2.4所示。

表2.5 风速风向观测设备技术参数

项目	风杯风速仪	超声风速仪 Yong81000
测量范围	0~70 m/s	风速:0~40 m/s 风向:0°~360°
精度	$\pm(0.3\pm0.03v)$ m/s	风速:±0.05 m/s(0~30 m/s),$\pm3\%$(30~40 m/s) 风向:$\pm2°$(1~30 m/s),$\pm5°$(30~40 m/s)
分辨率	0.1 m/s	风速:0.01 m/s 风向:0.01°
启动风速	≤0.3 m/s	≤0.5 m/s
质量	≤500 g	1 200 g
工作环境	温度-40~50 ℃ 湿度≤100%RH	温度-50~50 ℃ 湿度≤100%RH
输入	5 V,12 V,24 V 可选	5 V,12 V,24 V 可选
输出	1.脉冲信号 2.电流:4~20 mA 3.电压:0~5 V 4.RS232/RS485 网络通信 5.TTL 电平:频率和脉宽	1.脉冲信号 2.电流:4~20 mA 3.电压:0~5 V 4.RS232/RS485 网络通信 5.TTL 电平:频率和脉宽

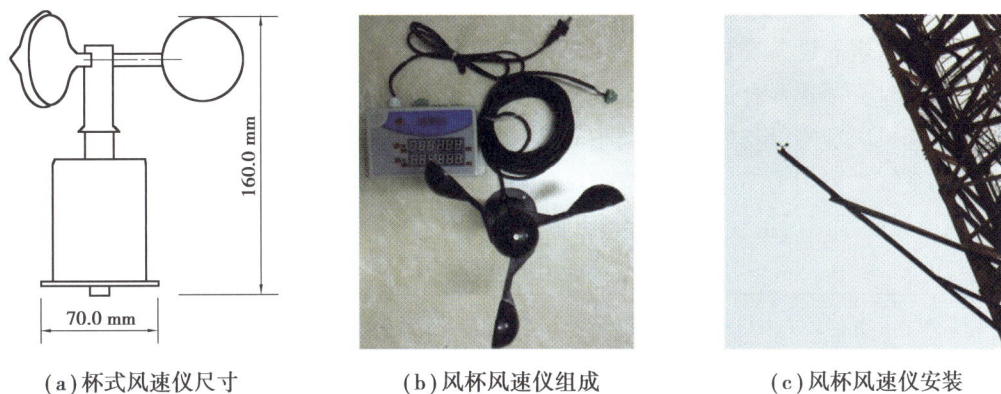

（a）杯式风速仪尺寸　　　　　（b）风杯风速仪组成　　　　　（c）风杯风速仪安装

图 2.4　风杯风速仪尺寸及安装

2）超声风速仪

脉动风特性观测设备采用 Yong81000 三维超声风速仪，该超声风速仪由 120°张角的 3 组探头组成，如图 2.5（a）所示，每一组探头中的两个探头都要在其轴向上交替发射声音信号并接收对面探头的脉冲信号。由于受探头轴向上的风速分量的影响，声音到达接收器的时间随风速而变化。三维超声风速仪便利用探头之间的距离以及两次脉冲信号传播的时间差来实现对风速的全方位观测，通过超声波时差法对风速进行测量，在固定的检测条件下，将超声波在空气中传播的速度与风速函数相对应，通过计算即可得到精确的风速和风向。超声风速仪在安装后处于水平状态，为了保证架设铁塔、支撑臂等支撑结构对超声风速仪信号获取造成的影响降到最小，超声风速仪的张角正对当地的主导风方向——正北风向，如图 2.5（b）所示。三维超声风速仪被安装固定在角钢的末端，如图 2.5（c）所示。

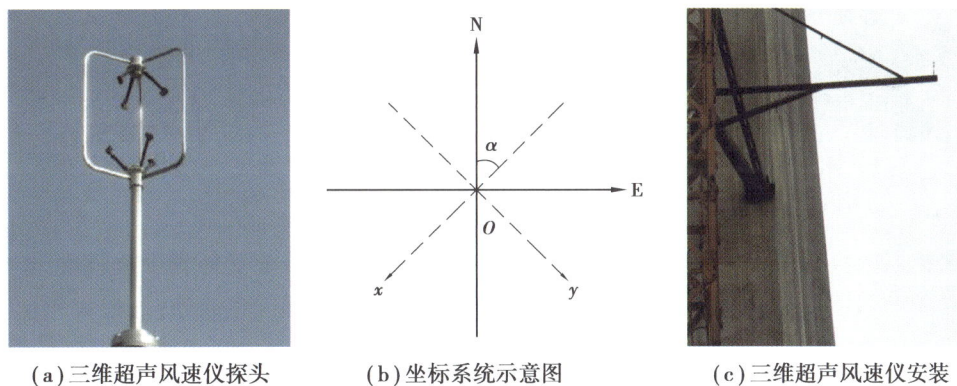

（a）三维超声风速仪探头　　　（b）坐标系统示意图　　　（c）三维超声风速仪安装

图 2.5　Yong81000 三维超声风速仪

2.3.3　风速测量点布置

我国西部山区山高谷深、地形地貌非常复杂，风场分布非常复杂，地形对风观测结果的影响较大，因此观测站的选址特别重要，要结合工程背景综合考虑地形地貌、天气条件、观测时段、观测内容等条件来布置观测地址。表 2.6 中给出了观测不同风速类型时所使用的仪器，能直接测量和间接测量得到的相关参数。

观测设备宜安装在塔架主风向的一侧或安装在能减小塔架和观测设备尾流影响的一侧。风速风向观测设备安装位置会影响测量结果的精度,为了准确观测风特性,风速风向观测设备安装时必须选择合适的位置。施工塔吊与桥墩位置处于同一标高处,考虑经济性以及安装风速风向观测设备的方便性,把观测设备安装到大桥的施工塔吊上较为合理。风速风向观测系统中采用了 10 套风速风向仪观测设备,分别安装在离塔吊底端 10~100 m 高的位置,风速风向观测设备安装如图 2.6 所示。

表 2.6　风观测内容

类　型		观测仪器	观测内容	
			直接测量参数	间接测量参数
平均风速观测	基本风速	风速风向仪	平均风速	10 m 高度基本风速、N 年重现期最大风速、垂直风速剖面指数
	风剖面	超声风速仪	风向角	
脉动风速观测	统计参数空间相关	超声风速仪	脉动风速3 个分量	湍流度,阵风因子,湍流积分尺度、脉动风速功率谱

(a)安装测量设备　　　　(b)角钢支架与塔吊的连接　　　　(c)观测设备的布置

图 2.6　观测设备安装及布置情况

风速风向仪观测设备每隔 10 m 高安装一套。考虑无线传输受外界干扰较大,本书仍采用传统的数据线传输数据方式,数据采集箱安装在塔架中心 50 m 处,通过太阳能电池给蓄电池充电,整套设备中的用电都由蓄电池提供,该电池可在连续阴天情况下工作 5 天左右。

为了排除边界层不稳定性引起的湍流特性参数不确定性,有必要对实测数据进行筛选,有针对性地研究用于结构抗风设计的湍流特性参数及模型。在桥梁抗风研究中,主要考虑强风的作用。气象上通常将 5 级及以上的风称为大风,根据蒲氏风级表 5 级风的下限为 8.0 m/s,经综合分析,重庆市全年平均风速较小,同时考虑数据的有效性,本书建议强风风速的下限为 10 m、高度 10 min 平均风速为 6.0 m/s。

2.4 实测风速数据分析

2.4.1 平均风特性分析

历史气象观测资料表明,重庆市的强对流天气的高发期集中在 5—9 月,因此风速测量起止时间选择了 2014 年 5 月 1 日—2015 年 4 月 30 日,历时一年,研究人员按月对数据进行采集,每月采集整理一次。采集到的数据分析流程如图 2.7 所示。文中应用矢量分解法对采集到的风速数据进行处理,其原理如图 2.8 所示。在对测量结果进行处理之前,首先需要对原始数据进行预处理。根据风速仪数据的校验位检验各点数据的有效性,对于受降雨、环境或者数据采集系统稳定性影响的无效数据必须删除,同时计算数据的有效率,只有有效数据超过 90% 的才参与计算。湍流特性分析基于 10 min 时距,根据日期、时间顺序划分 10 min 子样本,重新计算子样本的有效率,有效率超过 95% 的子样本才被用作湍流特性分析的数据,而且在进行积分尺度和频谱分析时,被删除的无效数据点在对应时间位置插值补充完整,保证时间信息完整性和样本长度一致性。

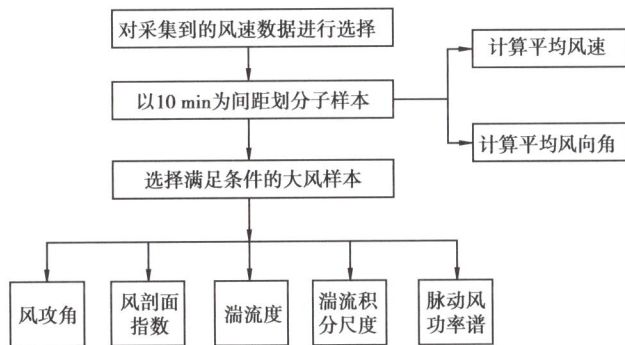

图 2.7　数据分析流程图

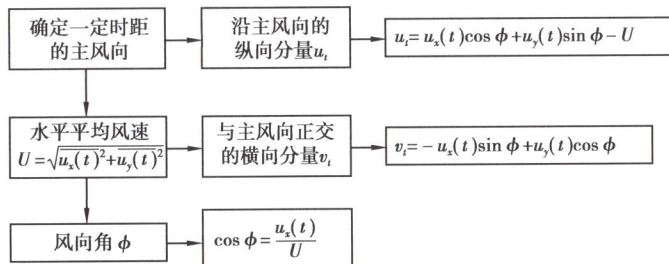

图 2.8　矢量分解法原理图

1) 风速与风向

图 2.9 中给出了风速风向测量系统不同高度处在观测期间每个月的最大风速和每个月

的极大风速曲线。

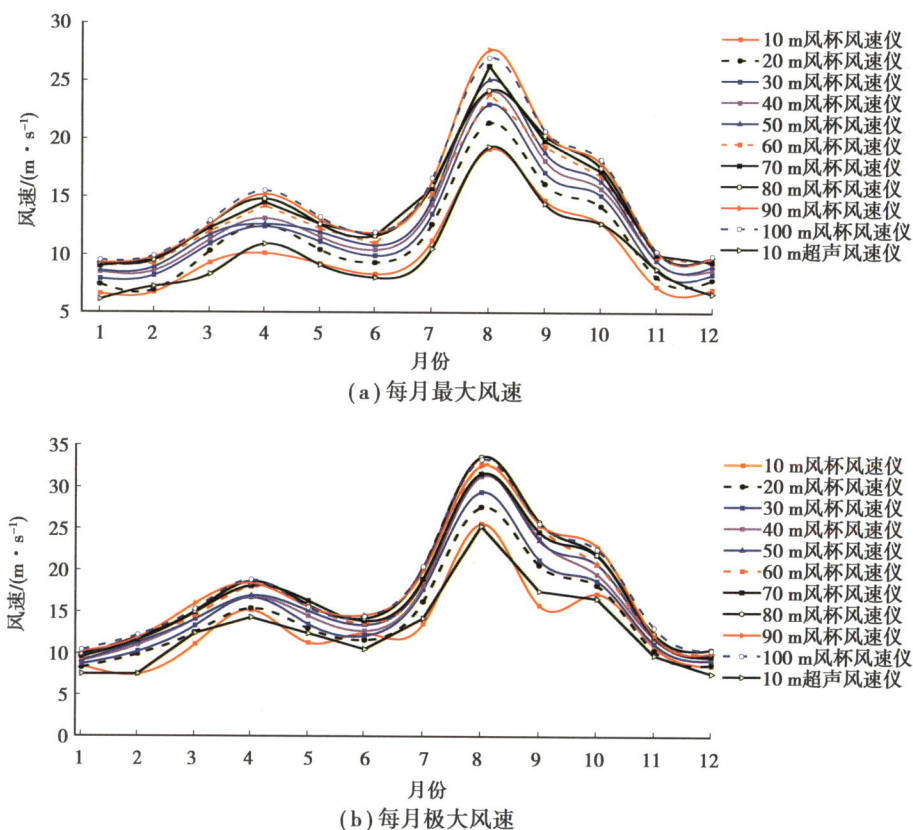

（a）每月最大风速

（b）每月极大风速

图 2.9　观测期每月最大风速和每月极大风速

从图 2.9 中可知：

①风速风向观测系统在 10 m 高度处的风杯风速仪测量得到的月最大风速和月极大风速与三维超声风速仪的测量数据基本接近，表明这两套风速仪都处于正常工作状态，得到的数据可信度高。

②月最大风速和月极大风速的变化趋势均为随着高度的增加而增大，月最大风速比月极大风速变化趋势更加规律、更加明显。10 m 高度处月最大风速和月极大风速分别为 19.3 m/s 和 25.2 m/s，100 m 高度处月最大风速和月极大风速分别为 27.7 m/s 和 33.3 m/s。

③在 4 月、7 月、8 月、9 月和 10 月这 5 个月份中月最大风速均超过了 10.0 m/s，其余月份风速相对较小。重庆市累年平均风速较小，为 1.12 m/s，而桥址处一年的平均风速为 3.8 m/s，最大风速和极大风速约为累年平均风速的 17.23 倍和 22.86 倍，证明桥址处的局域性小气候特征明显。形成局域性小气候的原因可能为局地强对流，空气受热不均，因压力差而形成动力，也可能是风在通过时受到两岸坡地的阻挡，速度加快，形成了局部大风。

④出现月最大风速大于 10.0 m/s 的时间主要集中在 4—10 月，将本次数据记录和重庆市历史天气资料相比，发现大风与雷雨天气同时出现概率较大。

通过对一年的风向实测数据进行统计分析，得到了寸滩长江大桥桥址处的风玫瑰图。10 m 高度和 50 m 高度处的风玫瑰图如图 2.10 所示。

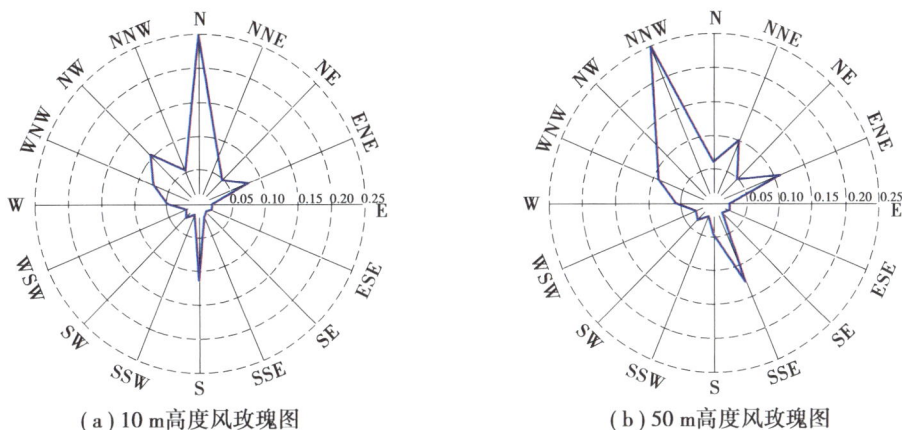

（a）10 m 高度风玫瑰图　　　　　　（b）50 m 高度风玫瑰图

图 2.10　不同高度处风玫瑰图

由图 2.10（a）可知，10 m 处的风玫瑰图风向以北为主，频率值为 0.254，其次为正南方向（S）风速，频率值为 0.112。由图 2.10（b）可知，50 m 处的风玫瑰图风向以北风偏西北为主，频率值为 0.205，其次为东南偏南方向（SSE）风速，频率值为 0.101。风玫瑰图随高度的变化而变化，随着高度的增加，主风向朝着西北方向发生了偏移。10 m 高度处主风向为北风（N），50 m 高度处主风向为北风偏西北风（NNW）。

在计算寸滩长江大桥桥址处的基本风速时，如果直接根据观测期间实测数据来计算该桥桥址处 100 年重现期下的基本风速，其结果可靠性较低。为此，采用了仅需要较小样本数量的跨阈值方法（越界峰值法）来进行推算，这样在降低最大风速权重的同时，有可能保留一年中较多的次最大风速，使在较短风速序列的基础上估计基本风速成为可能。与跨阈值方法关联的概率分布模型一般采用 GPD 模型：

$$G(x) = 1 - \left[\frac{1 + c(x - v_s)}{b} \right]^{-\frac{1}{c}} \tag{2.22}$$

式中　x——风速变量；

　　　v_s——风速阈值；

　　　b,c——尺度和形状参数，且满足：

$$b > 0, \frac{1 + c(x - v_s)}{b} > 0 \tag{2.23}$$

跨阈值方法关键在于确定适当的阈值。对于取自风速母体的子样 $\{v_1, v_2, v_3, \cdots, v_n\}$，选取足够高的风速阈值 v_s，使 $\{v_i, i = 1, 2, \cdots, m \leqslant n, v_i > v_s\}$，满足独立性要求，即风速超越阈值成为泊松事件。当 $n \to \infty$ 时，跨阈值风速分布渐近于 GPD。确定阈值的原则就是在满足跨越阈值次数服从泊松分布的前提下保留尽可能多的独立子样个体，在本次计算中风速阈值 $v_s = 12.0$ m/s。

对于给定阈值 v_s 的合理范围，GPD 具有跨阈分布的稳定性，可确定 GPD 的分布参数，也可由变量 $y = x - v_s$ 的矩特征得出 GPD 分布的其他待估参数。

其尺度和形状参数 b,c 的表达式分别为：

$$b = \frac{1}{2} E(Y) \left\{ 1 + \left[\frac{E(Y)}{\sigma(Y)} \right]^2 \right\} \tag{2.24}$$

$$c = \frac{1}{2}\left\{1 - \left[\frac{E(Y)}{\sigma(Y)}\right]^2\right\} \tag{2.25}$$

式中 Y——跨阈值风速样本序列;

E, σ——风速样本的期望值和方差。

若要计算重现期 T 年内的最大风速 v_{max},首先确定最大风速分布的分位点概率值:

$$G(v_{max}) = 1 - \frac{1}{\lambda(v_s)T} \tag{2.26}$$

式中 $\lambda(v_s)$——风速年均跨越阈值率。

一般情况下,$\lambda(v_s)$ 可表达为:

$$\lambda(v_s) = \frac{\mu_0 n(v_s)}{N} \tag{2.27}$$

式中 μ_0——超过某一给定风速值的年均发生率(强风发生概率);

$n(v_s)$——风速超越阈值 v_s 的极值风速平均发生次数;

N——超过某一给定风速值的年平均次数。

以 6.0 m/s 为给定风速值,根据实测到的 291 组数据,$\mu_0 = 0.175$,$N = 51$,$n(v_s) = 5$。

将式(2.26)、式(2.27)代入式(2.22),可得:

$$1 - \left[1 + \frac{c(x - v_{max})}{b}\right]^{-\frac{1}{c}} = 1 - \frac{1}{\lambda(v_s)T} \tag{2.28}$$

由此可计算重现期 T 年(本次计算中取 $T = 100$)内的最大风速,即桥址处的设计风速为:

$$v_{max} = v_s - b\frac{1 - \left[\frac{\mu_0 n(v_s)T}{N}\right]^c}{c} \tag{2.29}$$

在实测数据中经过筛选,共有 291 组有效数据值,数据的期望值 $E(Y) = 3.8$ m/s,$\sigma(Y) = 1.51$。通过式(2.29),可以得到该桥桥址处 100 年重现期下的基本风速为28.1 m/s。

2) 风剖面指数

当风速风向观测系统的位置离主桥位置较远时,较低高度的测量数据不能够准确地反映桥址处风廓线特征。本次测量塔布置在桥墩的塔吊上,因此,观测数据能够比较合理地反映桥址处的风速剖面特征。

风剖面模型有指数律分布和对数律分布两种。测量塔位于长江水域边缘,江面要比陆地更快到达摩擦层上部的大气层,贴地层比陆地上的要薄,因此风速剖面用指数律分布模型形式更合适。

为了得到大风风速剖面特性,首先选择实测到的 10 m 高度处平均风速大于10.0 m/s的风速数据进行分析。在观测期内共记录了 16 次满足条件的大风数据,应用 Origin 中的自定义函数非线性拟合功能(Nolinear Curve Fitting 选项),自定义函数为 $x = (y/10)^\alpha \times 28.1$,对 $10 \sim 100$ m 高度处的风速数据点进行拟合,得到的风剖面指数见表2.7,部分拟合曲线在图 2.11 中给出。其中,风剖面指数的最大值为 0.239,最小值为 0.143,平均值为 0.170,标准差为 0.023,其值高于规范值 0.160,证明桥址处风剖面模型与《规范》差别较大。

表 2.7   16 次强风记录风速及风剖面指数

记录时间	10 m	30 m	50 m	70 m	90 m	100 m	风剖面拟合指数
2015 年 4 月 1 日	10.1	12.4	13.6	14.5	15.2	15.5	0.158
2015 年 4 月 14 日	10.1	12.0	13.1	13.7	14.3	14.4	0.156
2014 年 7 月 3 日	11.21	13.5	14.8	15.7	16.4	16.6	0.187
2014 年 7 月 14 日	10.5	13.1	14.6	15.4	16.2	16.5	0.198
2014 年 8 月 26 日	19.1	23.0	25.1	26.3	27.7	27.1	0.143
2014 年 8 月 1 日	11.6	15.2	17.2	18.4	19.5	20.1	0.239
2014 年 8 月 11 日	11.2	13.8	15.1	16.0	16.6	17.0	0.172
2014 年 8 月 17 日	12.7	15.2	16.4	17.3	17.8	18.1	0.154
2014 年 8 月 21 日	10.8	13.0	14.0	14.8	15.5	15.7	0.167
2014 年 8 月 31 日	12.1	14.4	15.8	16.9	17.7	18.0	0.170
2014 年 9 月 1 日	14.7	17.1	18.8	19.8	20.7	21.0	0.143
2014 年 9 月 18 日	12.3	14.6	15.7	16.6	17.3	17.5	0.152
2014 年 9 月 24 日	11.7	14.1	15.3	16.2	17.0	17.2	0.168
2014 年 9 月 27 日	10.7	12.9	14.1	14.9	15.6	15.9	0.169
2014 年 10 月 27 日	12.7	15.1	16.3	17.2	17.9	18.2	0.207
2014 年 10 月 15 日	11.9	14.2	15.4	16.3	16.9	17.1	0.145

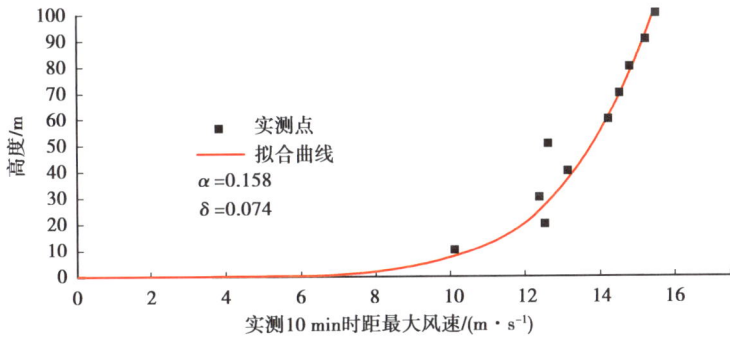

（a）2015年4月1日

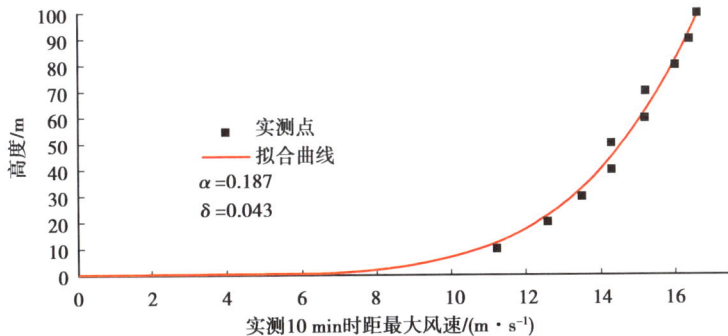

（b）2014年7月3日

（c）2014年9月1日

（d）2014年10月27日

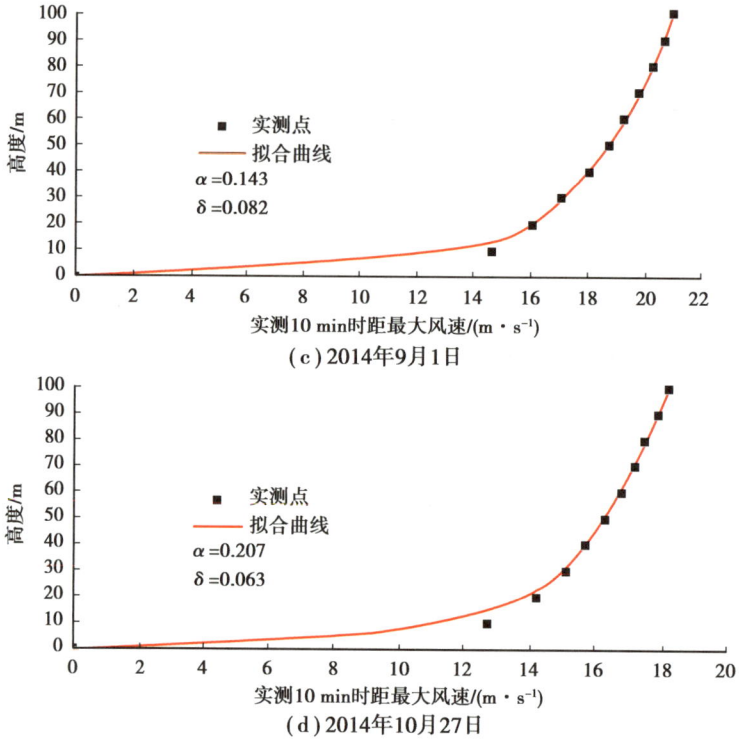

图 2.11 风剖面拟合曲线

为了更合理地描述桥址处风速剖面特性，需要增加风速实测值的数量，因此，将平均风速阈值降低至 6.0 m/s。此时满足条件的风速样本数据记录共有 51 次，通过不同高度处的风速进行拟合，得到其风剖面指数见表 2.8。风剖面指数的最大值为 0.239，最小值为 0.103，平均值为 0.168。风剖面指数的统计描述可为今后进一步开展桥梁抗风概率设计研究奠定基础。考虑到目前公路桥梁抗风设计规范采用确定性设计方法，故建议本桥抗风分析时桥位风剖面指数取为 0.170。

表 2.8 51 次风剖面拟合指数 α_w 值

α_w							
0.103	0.143	0.151	0.159	0.163	0.172	0.191	0.211
0.105	0.143	0.152	0.160	0.164	0.172	0.192	0.239
0.112	0.145	0.153	0.160	0.165	0.174	0.198	
0.113	0.146	0.154	0.161	0.167	0.179	0.207	
0.115	0.147	0.156	0.162	0.168	0.180	0.207	
0.121	0.149	0.158	0.163	0.169	0.187	0.207	
0.121	0.149	0.159	0.163	0.170	0.188	0.209	

3)风攻角

据重庆市气象资料记载,1985年5月2日,最大风速达到36.8 m/s(十二级),风向为北风。1991年6月24—25日,连续两天以上出现大风天气,极大风速分别是:24.3 m/s(九级)和17.4 m/s(八级),风向都是东北风。2014年8月26日2:25—2:35时段记录到一次强风,风速时程曲线如图2.12所示,瞬时极大风速达到了25.2 m/s(十级)。本次记录到的强风在重庆市较为罕见。

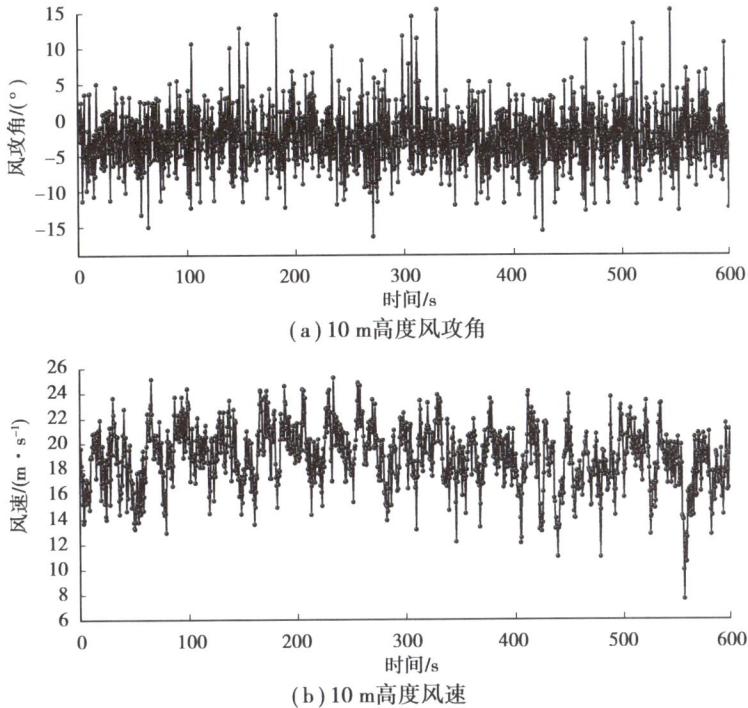

(a)10 m高度风攻角

(b)10 m高度风速

图2.12　2014年8月26日2:25—2:35时段风攻角及风速变化曲线

选择观测期间的51次风速在6.0 m/s以上的风速记录对风攻角进行分析,给出了2014年8月26日2:25—2:35时段风攻角及风速变化曲线,此段为一个基本时距记录值,共计1 200个数据点,如图2.12所示。

在2014年8月26日2:25—2:35时段内,10 m高度处10 min平均风速最大值为19.3 m/s,对应的10 min平均风攻角为-2.56°,该时段风攻角范围为-16.3°~15.4°。从图2.12(b)可知,在2014年8月26日2:25—2:35时段内,50 m高度处10 min平均风速最大值为25.1 m/s,对应的10 min平均风攻角为0.1°,该时段风攻角范围为-20.4°~18.7°。本次测量获得的风速样本较多,为了便于分析,在数据处理中,先根据原始数据计算不同高度观测设备在10 min时距内平均风速及风攻角,然后再通过加权平均得到一天的平均风速及风攻角,最后得到不同高度处的平均风速及风攻角的变化规律。图2.13给出了2014年8月26日10 m和50 m处平均风速及风攻角的变化情况,此段记录中包含144个基本时距,共计172 800个数据点。

由图2.13可知,观测期间强风时段(10 m高度处平均风速>10.0 m/s)10 m高度处,风

（a）10 m高度

（b）50 m高度

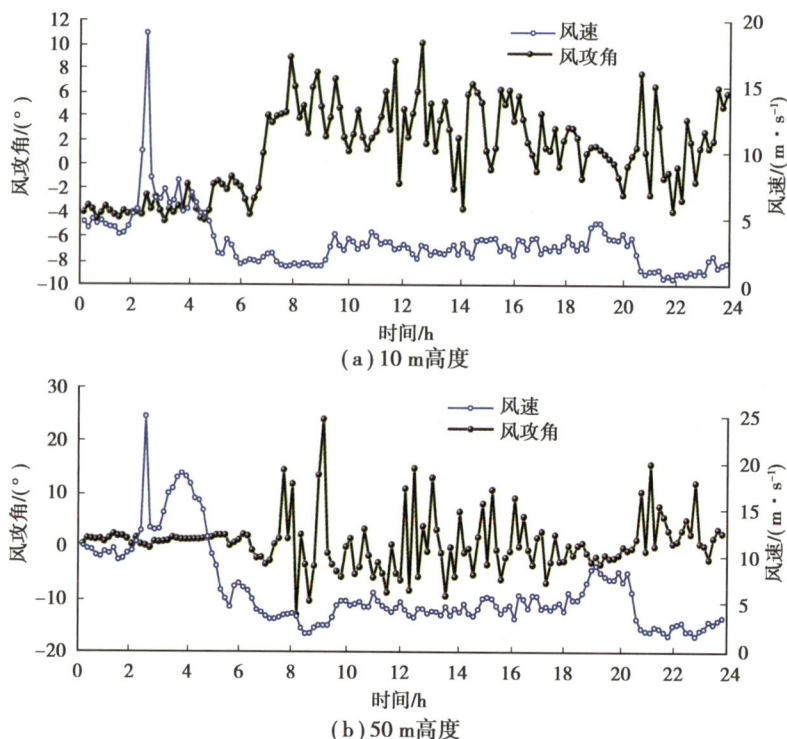

图 2.13　2014 年 8 月 26 日平均风速及风攻角

攻角范围为−18.3°～17.8°,50 m 高度处风攻角范围为−22.4°～20.1°。观测期间大风时段（10 m高度处平均风速>6.0 m/s）10 m 高度处风攻角范围为−20.4°～19.1°,80 m 高度处风攻角范围为−23.0°～21.3°。10 min 平均风速超过 6.0 m/s 的大风样本中风攻角的变化范围非常大,则平均值为−3.9°,但是数值极其不稳定。

寸滩长江大桥桥址处的平均风特性如下:

①大风主要集中在 7、8、9 三个月份,大风的极值风速远大于平均风速。

②风向主要为北风,风向随着高度的增加而变化,主导风向朝着西北方向偏移。

③桥址处 100 年重现期下的基本风速为 28.10 m/s。

④10.0 m/s 以上大风的风剖面指数的最大值为 0.239,最小值为 0.143,平均值为 0.170,标准差为 0.023。6.0 m/s 以上大风的风剖面指数的最大值为 0.239,最小值为 0.103,平均值为 0.168。两个值都高于规范值 0.160,证明桥址处风剖面模型与规范差别较大。

⑤风攻角变化范围较大,且数值极其不稳定。

2.4.2　脉动风特性分析

1）湍流度

在 2014 年 8 月 26 日 2:25—2:35 时段内,根据 10 m 高度处 10 min 的顺风向、横风向和竖风向脉动风速数据记录结果,得到顺风向、竖风向和横风向 3 个方向的脉动风速,如图2.14所示。在 2014 年 8 月 26 日,10 m 高度处 10 min 的顺风向、横风向和竖风向脉动风速 24 h 记录数据,如图 2.15 所示。

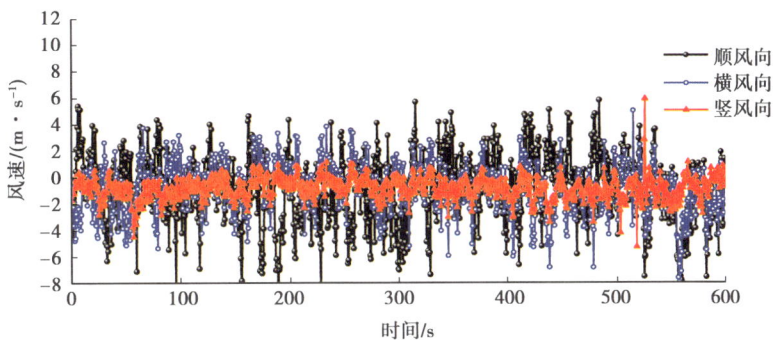

图 2.14　10 min 3 个方向脉动风速记录

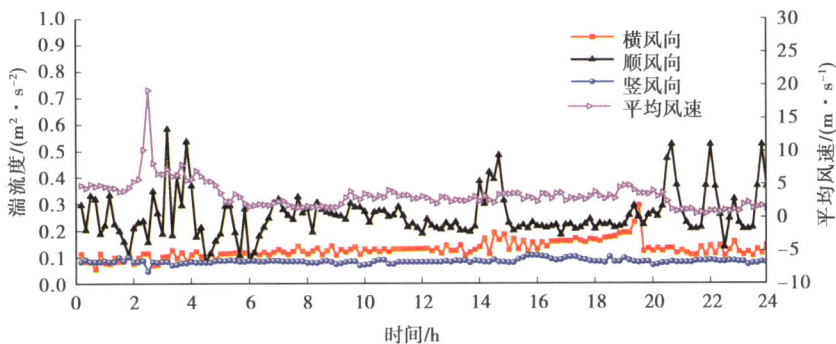

图 2.15　10 m 高度处湍流强度变化曲线

根据图 2.14 中可计算出 3 个方向的脉动风速均方差分别为 2.934,2.054,0.883;3 个方向的湍流度为 0.154,0.107,0.046,其比值为 1∶0.73∶0.26。根据图 2.15 可计算出 3 个方向的脉动风速均方差分别为 0.781,0.381,0.243。2014 年 8 月 26 日,10 m 高度处24 h 平均风速为3.1 m/s,3 个方向的湍流度为 0.253,0.123,0.078,其比值为 1∶0.48∶0.31。

本次观测中记录到的风速样本较多,为了便于分析,在数据处理中,先根据原始数据计算不同高度观测设备在 10 min 时距内顺风向脉动风速、横风向脉动风速和竖风向脉动风速的均方根与水平平均风速的比值,分别得到这三个方向的湍流强度,然后再通过加权平均得到每一天的湍流强度值,最后得到 10 m 高度处湍流强度随时间的变化规律。图 2.16 为 2014 年 7 月 3 日和 2014 年 9 月 18 日两次测到的 3 个方向湍流度及平均风速图。

由图 2.16(a)可知,2014 年 7 月 3 日最大风速 11.2 m/s 发生在 18:10—18:20,平均风速为3.4 m/s,顺风向湍流度平均值为 0.304,最大值为 0.399,横风向湍流度平均值为0.204,最大值为 0.291,竖风向湍流度平均值为 0.108,最大值为 0.132,其比值为1∶0.67∶0.35。由图 2.16(b)可知,2014 年 9 月 18 日最大风速 10.3 m/s 发生在 17:20—17:30,平均风速为 4.9 m/s,顺风向湍流度平均值为 0.178,最大值为 0.660,横风向湍流度平均值为 0.114,最大值为0.309,竖风向湍流度平均值为 0.034,最大值为 0.062,其比值为 1∶0.64∶0.19。本书给出了观测期间 16 次大风的湍流度及当日平均风速(表 2.9),从表中可看出湍流度比值与《规范》所给偏差较大,10 m 高度处 16 次大风的顺风向湍流度平均值为 0.251,横风向湍流度平均值为 0.161,竖风向湍流度平均值为 0.111,其顺风向湍流强度较大,容易引起抖振响应。由图2.16 可看出平均风速增加时湍流度呈减小的趋势,推测其原因为平均风速较大时,气流稳定性较好,因此湍流度小;当平均风速较小时,气流稳定性差,因此湍流度大。

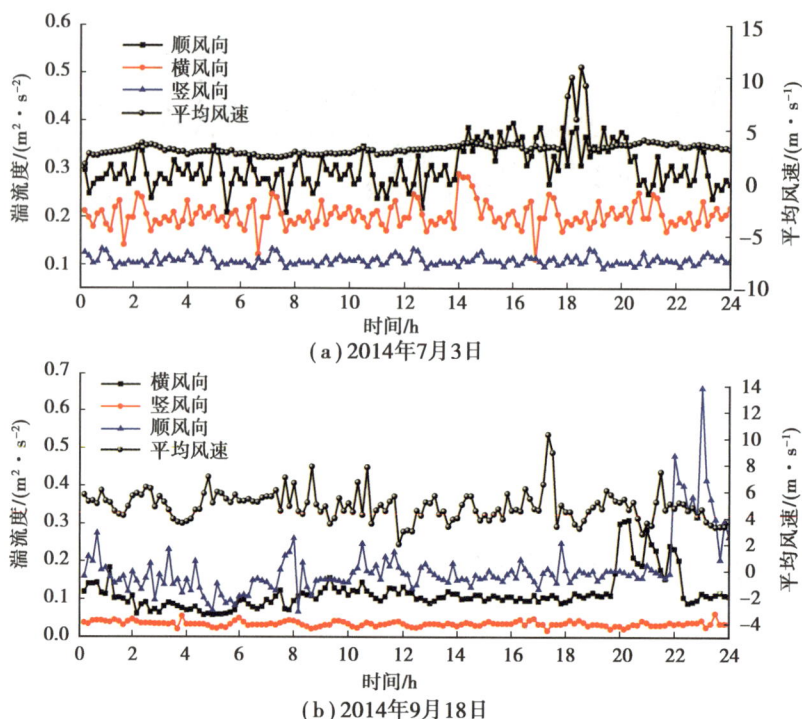

（a）2014年7月3日

（b）2014年9月18日

图 2.16　湍流度及平均风速图

表 2.9　观测期间 16 次大风的湍流度及当日平均风速

记录时间	顺风向 湍流度 /(m²·s⁻²)	横风向 湍流度 /(m²·s⁻²)	竖风向 湍流度 /(m²·s⁻²)	平均风速 /(m·s⁻¹)	湍流度 比值
2015 年 4 月 1 日	0.261	0.191	0.139	2.1	1 : 0.73 : 0.53
2015 年 4 月 14 日	0.297	0.184	0.114	1.7	1 : 0.62 : 0.38
2014 年 7 月 3 日	0.304	0.204	0.108	3.4	1 : 0.67 : 0.35
2014 年 7 月 14 日	0.288	0.157	0.117	3.6	1 : 0.55 : 0.41
2014 年 8 月 26 日	0.253	0.123	0.078	3.1	1 : 0.48 : 0.31
2014 年 8 月 1 日	0.299	0.119	0.054	2.7	1 : 0.39 : 0.18
2014 年 8 月 11 日	0.231	0.104	0.092	4.3	1 : 0.45 : 0.40
2014 年 8 月 17 日	0.255	0.189	0.133	3.7	1 : 0.74 : 0.52
2014 年 8 月 21 日	0.246	0.180	0.121	3.9	1 : 0.73 : 0.49
2014 年 8 月 31 日	0.105	0.078	0.021	2.6	1 : 0.74 : 0.20
2014 年 9 月 1 日	0.219	0.195	0.038	2.4	1 : 0.89 : 0.17

续表

记录时间	顺风向 湍流度 /(m² · s⁻²)	横风向 湍流度 /(m² · s⁻²)	竖风向 湍流度 /(m² · s⁻²)	平均风速 /(m · s⁻¹)	湍流度 比值
2014 年 9 月 18 日	0.178	0.114	0.034	4.9	1∶0.64∶0.19
2014 年 9 月 24 日	0.301	0.194	0.117	3.7	1∶0.64∶0.39
2014 年 9 月 27 日	0.259	0.177	0.081	4.1	1∶0.68∶0.31
2014 年 10 月 27 日	0.222	0.183	0.074	1.9	1∶0.82∶0.03
2014 年 10 月 15 日	0.293	0.196	0.111	2.2	1∶0.67∶0.38

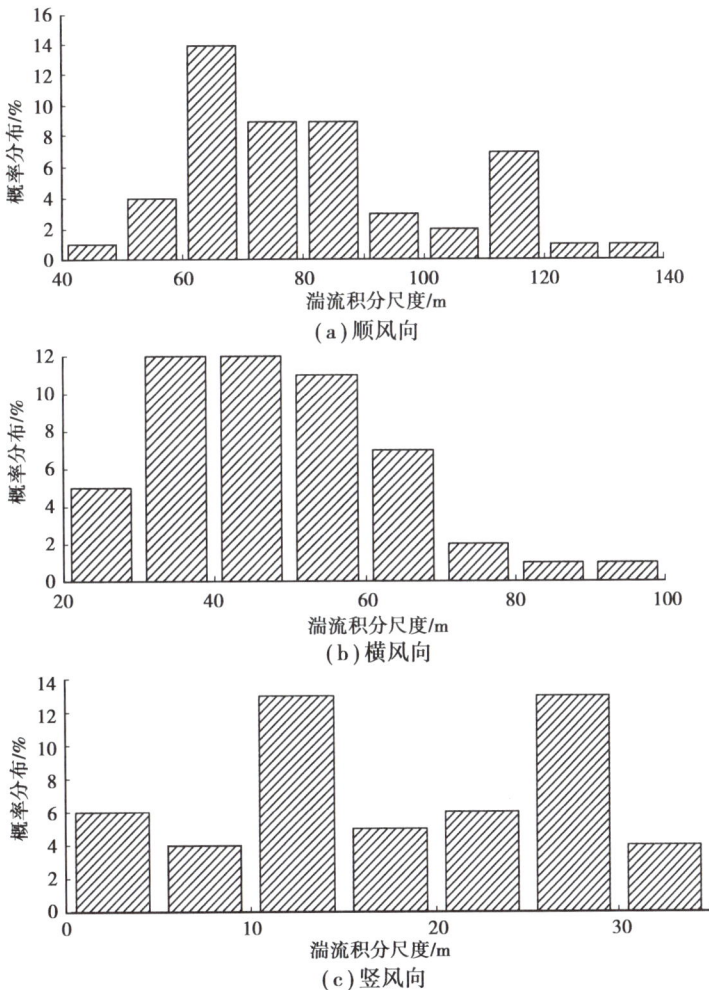

图 2.17　湍流度分布直方图

2) 湍流积分尺度

　　湍流积分尺度在较大范围内会发生波动。对观测期记录到的 51 次强风 10 min 数据样本进行分析统计。图 2.17 中给出了 51 次强风的三个方向的湍流度概率分布情况,其中横坐标表示湍流积分尺度,顺风向和横风向以 10 m 间隔作为一个计算区域,竖风向以 5 m 间隔作为一个计算区域,纵坐标为对应的概率分布。

由图 2.17 可计算出顺风向湍流积分尺度最大值为 136.0 m,最小值为 49.1 m,平均值为 81.8 m,大部分集中在 60~90 m。横风向湍流积分尺度最大值为 93.5 m,最小值为 21.6 m,平均值为 49.1 m,大部分集中在 30~70 m。竖风向湍流积分尺度最大值为 32.2 m,最小值为 1.4 m,平均值为 17.6 m,大部分集中在 10~30 m。

图 2.18 为记录到的强风数据的最大风速和三个方向湍流度的关系。

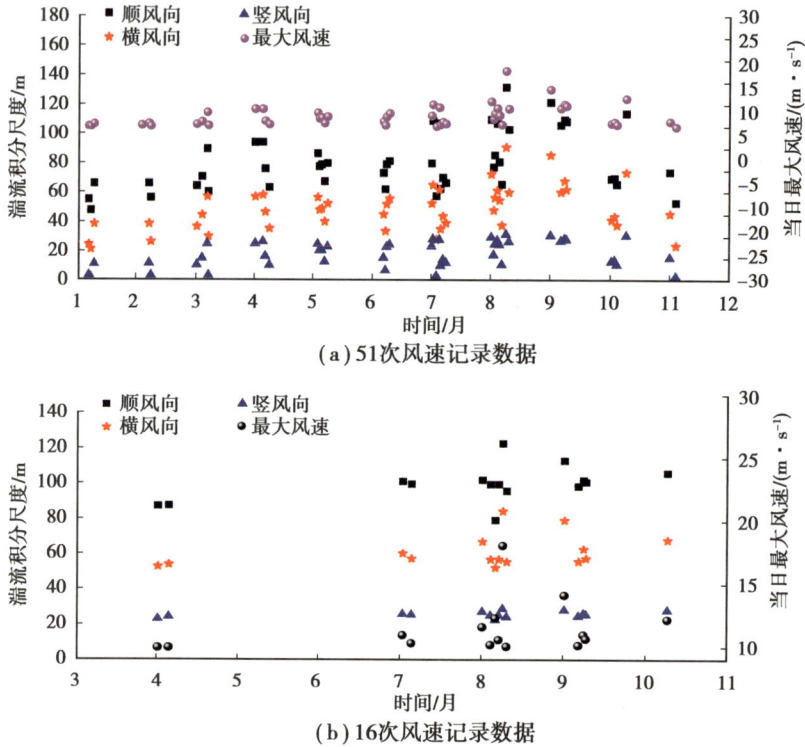

(a)51次风速记录数据

(b)16次风速记录数据

图 2.18 平均风速与湍流度之间的关系

由图 2.18 可知,在 51 次 6.0 m/s 以上风速记录数据中,8 月 26 日风速为 25.2 m/s 时湍流积分尺度最大,顺风向、横风向和竖风向分别为 136.0,95.4 和 32.3 m。1 月 21 日风速为 6.0 m/s 时湍流积分尺度最小,顺风向、横风向和竖风向分别为 49.0,21.6 和 1.4 m。整体上湍流积分尺度随平均风速的增大有增大的趋势,因为风速高时,气流稳定性好;风速较低时,气流稳定性差,很容易被耗散掉。

3)脉动风功率谱

脉动风中高低频率对结构的影响能够通过脉动风功率谱函数体现。获取一个地区准确的脉动风速功率谱函数的方法是:在实测风速数据的基础上进行函数拟合。在处理脉动风谱实测数据时,为了减少谱值产生的随机误差,使用了分段平滑技术。如果信号在时域中被截断,在频域中会发生泄漏,为了减少这一现象,使用了 Hamming 窗技术。在进行脉动风速功率谱拟合时,用到的数据为 16 次 10.0 m/s 以上的大风记录数据。以每个样本出现月最大风速值的点为中心,向前后各延长 5 min 得到 10 min 共计 1 200 个点的数据,将其分成 8 段,每段包含 150 个数据。为了得到更稳定的功率谱值,数据段之间采用了 20% 的重叠进行过渡。应用快速傅里叶变换(FFT)实现功率谱从时域到频域的转换。《规范》中,顺风向脉动风功率谱为 Simiu 谱,横风向脉动风功率谱为 Panofsky 谱,以此为基础,顺风向和竖风向脉动风功率谱的拟合式分别为式(2.30)和式(2.31),需要拟合参数为 A_u,A_w,B_u,B_w。

$$\frac{nS_u(n)}{\sigma_u^2} = \frac{A_u f}{(1 + B_u f)^{\frac{5}{3}}} \tag{2.30}$$

$$\frac{nS_w(n)}{\sigma_w^2} = \frac{A_w f}{(1 + B_w f)^2} \tag{2.31}$$

风速过低时不能引起风致振动,通常研究的结构抗风范围都为强风,只有强风才能引起较大的振动,影响桥梁结构的安全,因此在研究脉动风功率谱时,选择的风速样本为观测系统中记录到的 16 次强风。图 2.19 为 2015 年 4 月 14 日、2014 年 8 月 26 日、2014 年 9 月 18 日和 2014 年 10 月 15 日 4 次顺风向脉动风速谱的实测功率谱、拟合功率谱和标准功率谱的对比情况。

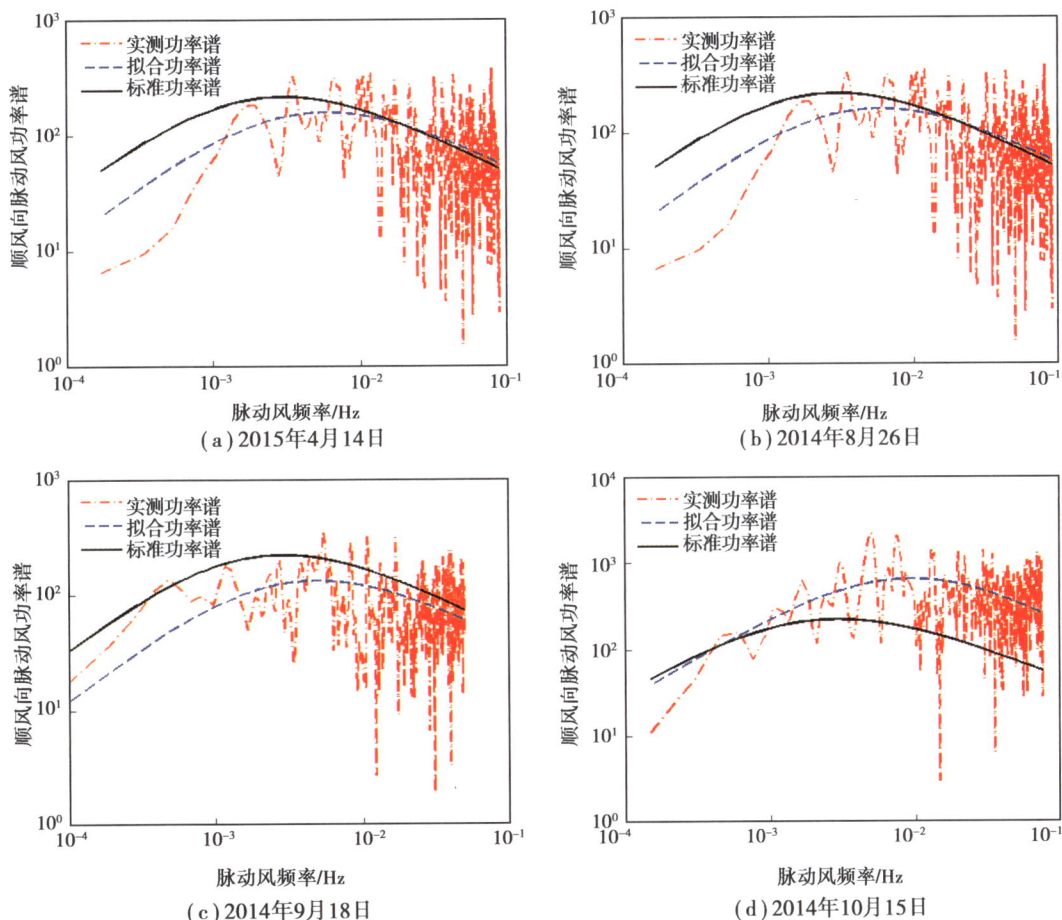

(a) 2015 年 4 月 14 日　　　　　　　(b) 2014 年 8 月 26 日

(c) 2014 年 9 月 18 日　　　　　　　(d) 2014 年 10 月 15 日

图 2.19　顺风向脉动风速谱

图 2.20 为 2015 年 4 月 14 日、2014 年 8 月 26 日、2014 年 9 月 18 日和 2014 年 10 月 15 日 4 次竖风向脉动风速谱的实测功率谱、拟合功率谱和标准功率谱的对比情况。

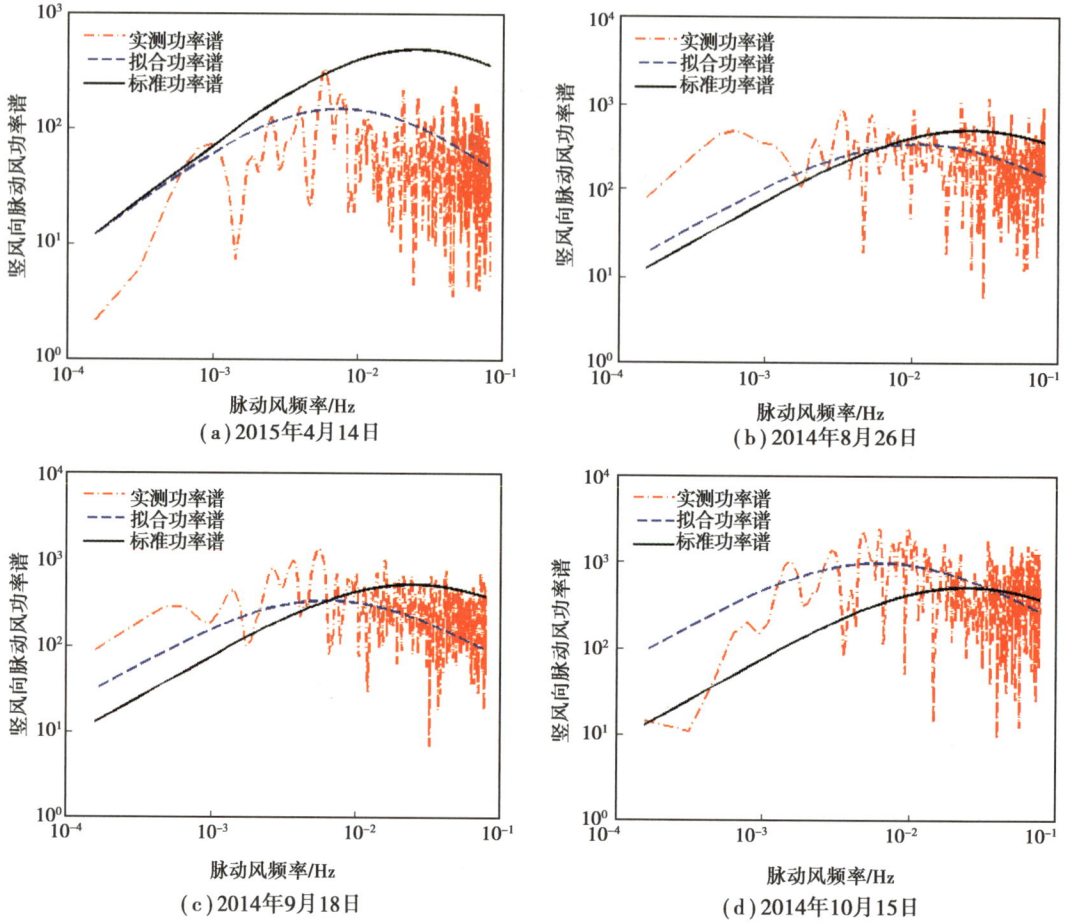

（a）2015年4月14日

（b）2014年8月26日

（c）2014年9月18日

（d）2014年10月15日

图 2.20　竖风向脉动风速谱

由图 2.19 和图 2.20 可看出：

①实测顺风向和竖风向湍流功率谱函数与规范谱都不一致。证明桥址处的风场特性与《规范》中的风场特性不同，《规范》所给定的功率谱参数适用于比较平坦的地区，而对于西部山区，实测谱与规范谱存在着较大偏差。

②顺风向多数实测谱在高频率段比规范谱大，低频率段比规范谱小，表明实测脉动风在水平向上的湍流动能分布向高频率段发生了偏移。

③竖风向刚好相反，多数实测谱在低频率段偏小，而在高频率段偏大，表明实测脉动风在垂直方向上的湍流动能分布向低频率段发生了偏移。

④脉动风功率谱值随风速的增加有增大的趋势。

⑤对 16 次脉动风速记录进行拟合，得到其变量 A_u，A_w，B_u，B_w 的值，见表 2.10。

由表 2.10 可计算出 A_u，A_w，B_u，B_w 的平均值分别为 29.31，4.22，27.22，6.56。因此，桥址处的顺风向（横桥向）和竖风向（竖桥向）脉动功率谱式为：

$$\frac{nS_u(n)}{\sigma_u^2} = \frac{29.31f}{(1 + 27.22f)^{\frac{5}{3}}}$$

(2.32)

$$\frac{nS_w(n)}{\sigma_w^2} = \frac{4.22f}{(1 + 6.56f)^2} \tag{2.33}$$

表 2.10 变量拟合值

记录时间	10 min 平均风速 /(m·s^{-1})	A_u	A_w	B_u	B_w
2015 年 4 月 1 日	10.1	25.12	4.80	26.26	4.74
2015 年 4 月 14 日	10.1	34.31	4.79	29.37	3.16
2014 年 7 月 3 日	11.2	29.47	2.45	24.27	3.11
2014 年 7 月 14 日	10.5	27.82	4.11	26.86	7.84
2014 年 8 月 26 日	19.1	29.45	3.84	28.06	6.19
2014 年 8 月 1 日	11.6	27.52	5.42	29.33	6.14
2014 年 8 月 11 日	11.2	27.69	6.35	30.36	10.14
2014 年 8 月 17 日	12.7	31.07	6.38	26.98	7.35
2014 年 8 月 21 日	10.8	30.90	2.45	23.34	7.12
2014 年 8 月 31 日	12.1	30.92	4.32	25.07	10.56
2014 年 9 月 1 日	14.7	29.36	1.75	24.33	4.64
2014 年 9 月 18 日	12.3	25.42	1.95	32.22	8.35
2014 年 9 月 24 日	11.7	29.45	4.15	25.36	8.70
2014 年 9 月 27 日	10.7	31.37	7.22	28.52	6.03
2014 年 10 月 27 日	12.7	28.97	2.64	26.34	7.16
2014 年 10 月 15 日	11.9	30.12	4.91	28.84	3.74

2.5 本章小结

本章中介绍了重庆市的寸滩长江大桥桥址处的风速风向观测系统的详细布置情况,研究了寸滩长江大桥桥址处的风环境特性,并解释了实测风环境特性与《规范》之间出现偏差的原因。主要得到了以下结论:

①在前人研究的基础上对风环境观测系统的布置作出了以下改进:观测塔高达 100 m,能够测出离地面 10~100 m 范围内风速和风向沿垂直方向的变化情况;每隔 10 m 布置一个观测层,能够更精确地拟合出风剖面指数;观测塔布置在桥塔处,能够更好地测量到桥位处

的风环境特性,并且能够测量到小范围内突发性大风,记录的数据能够更好地反映西部山区桥址处的风环境特性。

②月最大风速和月极大风速的变化趋势均随着高度的增加而增大,月最大风速比月极大风速变化趋势更加规律、更加明显。10 m 高度处月最大风速和月极大风速分别为19.3 m/s和25.2 m/s,100 m 高度处月最大风速和月极大风速分别为 27.7 m/s 和 33.3 m/s。在 4,7,8,9 和 10 月这 5 个月份中月最大风速均超过了 10.0 m/s,其余月份风速相对较小。重庆市累年平均风速为 1.12 m/s,相对较小,而桥址处的一年的平均风速为 3.8 m/s,最大风速和极大风速约为累年平均风速的 17.23 倍和22.86 倍,证明桥址处的局域性小气候特征明显。形成局域性小气候的原因可能为局地强对流,空气受热不均,因压力差而形成动力,还可能是风在通过时,受到两岸相对陡峭的坡地阻挡,加快了速度,形成了局部大风。出现月最大风速大于 10.0 m/s 的时间主要集中在 4—10 月,通过本次数据记录和重庆市历史天气资料相比,发现大风与雷雨天气同时出现概率较大。通过跨阈值方法推算出桥址处一百年重现期下的基本风速为 28.1 m/s。

③风向分布玫瑰图随着高度的变化而有所变化,随着高度的增加主风向朝着西北方向发生了偏移。10 m 高度处主风向为北风(N),50 m 高度处主风向为北风偏西北风(NNW)。

④16 次强风风速记录的风剖面指数的最大值为0.239,最小值为 0.143,平均值为 0.170,标准差为 0.023,51 次大风风速记录风剖面指数的最大值为 0.239,最小值为0.103,平均值为 0.168。其值均高于规范值 0.160,考虑到目前公路桥梁抗风设计规范采用确定性设计方法,故建议本桥抗风分析时桥位风剖面指数取 0.170。桥址处风攻角较大,且数值极其不稳定。

⑤湍流度比值与《规范》所给偏差较大,10 m 高度处 16 次大风的顺风向湍流度平均值为 0.251,横风向湍流度平均值为 0.161,竖风向湍流度平均值为 0.111。其顺风向湍流强度较大,容易引起抖振响应。可看出平均风速增加,湍流度减小,因为当风速较大时,气流稳定性较好,因此脉动风小,当平均风速较小时,气流稳定性差,因此脉动风大。

⑥在 51 次 6.0 m/s 以上风速记录数据中,8 月 26 日风速为 19.3 m/s 时湍流积分尺度最大,顺风向、横风向和竖风向分别为 136.0,95.4 和 32.3 m。1 月 21 日风速为6.0 m/s时湍流积分尺度最小,顺风向、横风向和竖风向分别为 49.0,21.6 和 1.4 m。整体上湍流积分尺度随着平均风速的增大有增大的趋势,因为风速高时,气流稳定性好;风速较低时,气流稳定性差,很容易被耗散掉。

⑦顺风向和竖风向脉动功率谱函数与规范谱都有偏差,桥址处风场特性与《规范》中的风场特性不同,规范值所给定的脉动功率谱参数适用于比较平坦的地区,而对于西部山区,实测谱与规范谱存在较大偏差。顺风向多数实测谱在高频率段又略偏大,而在低频率段略偏小,实测脉动风在水平方向上的湍流动能分布向高频率段发生了偏移。竖风向与之相反,实测脉动风在垂直方向上的湍流动能分布向低频率段发生了偏移。脉动风功率谱值随着风速的增加有增大的趋势。

目前,重庆市有桥梁 4 500 多座,有 14 座为跨江大桥,准确模拟出桥址处风环境特性不仅能够为该桥的抗风计算提供更合理的依据,还能够为周围类似地形的大型结构,特别是类似的西部山区跨江大桥抗风设计、施工和运营阶段抗风计算提供参考。

3 大跨度悬索桥抖振响应分析

3.1 引 言

悬索桥结构的刚度随着跨径的不断增加而减小,整体结构变得越来越轻柔,在风的作用下抖振位移响应和内力响应越来越大,因此,对桥梁进行抖振分析越来越重要。目前分析桥梁抖振响应的方法主要有频域法和时域法两种。时域法可以考虑结构的几何非线性和材料非线性。目前,应用较多的抖振分析方法为时域法。

本章对位于西部山区的大跨度悬索桥进行了时域抖振特性分析,主要分析了寸滩长江大桥在脉动风单独作用在主梁和主缆上和同时作用在主梁、主缆和主塔上、不同风速、不同风攻角下的抖振响应,为后续风-汽车-桥梁系统振动的计算打下了基础。

3.2 脉动风的数值模拟

在进行桥梁抖振分析时,引起桥梁结构单位长度的抖振力式中包含了两个方向的脉动风。目前,Monte-Carlo 随机变量模拟方法被广泛应用于模拟脉动风速,其中谐波合成法因其误差小、稳定性好而被广泛应用。

通常大跨度悬索桥的风场可用 3 个方向的风速来表示:

$$\begin{cases} U = \overline{U}(z) + u(y,z,t) \\ v = v(y,z,t) \\ w = w(y,z,t) \end{cases} \qquad (0 < y \leqslant 桥长, 0 < z \leqslant 塔高)$$

式中　U——横桥向风速;

　　　　y——横桥向,垂直于主流风向;

　　　　z——竖向,同样垂直于主流风向;

$\overline{U}(z)$——横桥向的平均风速;

w,u,v——竖风向、顺风向、横风向的脉动风速;

t——时间。

风在某一空间内具有连续性,为了实际应用的需要,利用有限元的离散思想,将主塔高度、桥长范围内的连续化的风场进行离散。大跨悬索桥风致响应主要集中在主梁,而主梁是垂直于主流风向的线状结构,故横风向脉动风 v 可以忽略。脉动风的空间相关性和空间间距相关,这里采用 Devenport 相干函数。

3.2.1 谐波合成法

为了在计算机中模拟目标一维多变量平稳随机过程,首先需对目标双边功率谱密度矩阵 $S_v^o(\omega)$ 进行分解:

$$S_v^o(\omega) = H(\omega)H^{T*}(\omega) \tag{3.1}$$

用 Cholesky 矩阵分解法实现,$H(\omega)$ 即为下三角矩阵,其表达形式为:

$$H(\omega) = \begin{bmatrix} H_{11}(\omega) & 0 & \cdots & 0 \\ H_{21}(\omega) & H_{22}(\omega) & \cdots & 0 \\ \vdots & \vdots & & 0 \\ H_{n1}(\omega) & H_{n2}(\omega) & \cdots & H_{nn}(\omega) \end{bmatrix} \tag{3.2}$$

通常 $S_v^o(\omega)$ 为复数矩阵,因此 $H(\omega)$ 也是复数矩阵,其对角元素统为实数,其余元素为复数。$H^{T*}(\omega)$ 是 $H(\omega)$ 的转置共轭矩阵。$H(\omega)$ 中各元素之间的关系可表示为:

$$H_{jj}(\omega) = H_{jj}(-\omega), j = 1,2,\cdots,n \tag{3.3}$$

$$H_{jk}(\omega) = H_{jk}^*(-\omega), j = 2,3,\cdots,n; k = 1,2,\cdots,n-1; j > k \tag{3.4}$$

非对角元素 $H_{jk}(\omega)$ 用极坐标表示为:

$$H_{jk}(\omega) = |H_{jk}(\omega)| e^{i\theta_{jk}(\omega)}, j = 2,3,\cdots,n; k = 1,2,\cdots,n-1; j > k \tag{3.5}$$

式中 $\theta_{jk}(\omega) = \arctan\left\{\dfrac{\text{Im}[H_{jk}(\omega)]}{\text{Re}[H_{jk}(\omega)]}\right\}$。

通过对矩阵 $S_v^o(\omega)$ 进行分解,即可按式(3.6)对随机过程 $V_j(t), j = 1,2,\cdots,n$ 进行模拟:

$$V_j(t) = 2\sum_{m=1}^{j}\sum_{l=1}^{N} |H_{jm}(\omega_{ml})| \sqrt{\Delta\omega} \cos[\omega_{ml}t - \theta_{jm}(\omega_{ml}) + \varphi_{ml}], j = 1,2,\cdots,n \tag{3.6}$$

$$\Delta\omega = \omega_u/N; \omega_{ml} = (l-1)\Delta\omega + \frac{m}{n}\Delta\omega, l = 1,2,3,\cdots,N。$$

式中 ω_{ml}——双索引频率;

ω_u——截断频率;

φ_{ml}——$[0,2\pi]$ 上的相位角。

一般情况下,风工程中所采用的脉动风速功率谱模型通常只考虑振幅,而忽略相位信息,从该角度出发,目标功率谱密度矩阵 $S_v^o(\omega)$ 则变为实数矩阵,与其对应的三角矩阵也为实数矩阵,$H(\omega)$ 矩阵中各元素相位角 $\theta_{jk}(\omega)$ 则都为零。

将式(3.6)改写为：

$$V_j(t) = 2\sum_{m=1}^{j}\sum_{l=1}^{N}|H_{jm}(\omega_{ml})|\sqrt{\Delta\omega}\cos[\omega_{ml}t - \theta_{jm}(\omega_{ml}) + \varphi_{ml}], j = 1, 2, \cdots, n$$

$$V_j(p\Delta t) = \mathrm{Re}\left\{\sum_{m=1}^{j}G_{jm}(q\Delta t)\exp\left[i\left(\frac{m\Delta\omega}{n}\right)(p-1)\Delta t\right]\right\}, p = 1, \cdots, M\times n; j = 1, 2, \cdots, n$$

$$(3.7)$$

其中，$M>2N$，q 是 p/M 的余数，$q = 1, 2, \cdots, M$。$G_{jm}(q\Delta t)$ 由式(3.8)得：

$$G_{jm}(q\Delta t) = \sum_{l=1}^{M}B_{jm}(l\Delta\omega)\exp[i(l-1)\Delta\omega(q-1)\Delta t] \tag{3.8}$$

式中：

当 $1 \leqslant l \leqslant N$ 时，

$$B_{jm}(l\Delta\omega) = 2\sqrt{(\Delta\omega)}\left|H_{jm}\left[(l-1)\Delta\omega + \frac{m\Delta\omega}{n}\right]\right|\exp\left\{-i\theta_{jm}\left[(l-1)\Delta\omega + \frac{m\Delta\omega}{n}\right]\right\}\exp(i\phi_{ml})$$

$$(3.9)$$

当 $N+1 \leqslant l \leqslant M$ 时，

$$B_{jm}(l\Delta\omega) = 0 \tag{3.10}$$

可将式(3.8)改写为：

$$G_{jm}^{(q)} = \sum_{l=1}^{M}B_{jm}^{(l)}\exp\left[\frac{2\pi i(l-1)(q-1)}{M}\right] \tag{3.11}$$

其中，$G_{jm}^{(q)} = G_{jm}(q\Delta t)$，$B_{jm}^{(l)} = B_{jml}(l\Delta\omega)$。由式(3.11)可知，$G_{jm}^{(q)}$ 即为 $B_{jm}^{(l)}$ 的傅里叶离散变换，故可引进 FFT 技术。

根据

$$nM\Delta t = T_0 = n\frac{2\pi}{\Delta\omega} \tag{3.12}$$

可得：

$$\Delta t = \frac{2\pi}{M\Delta\omega} \tag{3.13}$$

FFT 技术的使用大大提高了仿真信号的计算速度，Shinoz 等结合双索频率的概念应用快速傅里叶变换技术(FFT)模拟了各态历经的多变量平稳随机过程，即沿不同高度分布的多点脉动风速，根据其研究成果，当 M 为 1 024 时，计算时间将减至原来的 1/200。

3.2.2 脉动风场布置

1)参数的选取

为了让计算模型符合实际情况，在风速谱取为前面介绍的拟合风速谱 $j(j=x,y,z)$ 方向、相距为 r_j 的两点间脉动风速 $i(i=u,v,w)$ 的空间相关函数 $\mathrm{Coh}(f)$，其近似表达式为：

$$\mathrm{Coh}(f) = \exp\left(-\lambda_{ij}\frac{fr_i}{U_z}\right) \tag{3.14}$$

式中　λ_{ij}——衰减因子，在 7~21 中取值，保守取 $\lambda_{ij} = 7$。

通常程序编制时用其换算圆频率表达,如式(3.15):

$$\mathrm{Coh}(\omega) = \exp\left(-\lambda_{ij}\frac{\omega r_i}{2\pi U_z}\right) \tag{3.15}$$

大气边界层内风速假定在垂直方向的分布服从指数率。

风剖面可用式(3.16)表示:

$$\frac{U_z}{U_0} = \left(\frac{z}{10}\right)^{\alpha_w} \tag{3.16}$$

式中 U_z——高度 z 处的风速;

α_w——无量纲幂指数,是为了考虑地表的粗糙度而引入的参数。

根据 2.4.1 节中实测分析,取其值为 0.170。

风速谱采用 2.4.2 节中拟合得到的脉动风速谱:

$$\frac{nS_u(n)}{\sigma_u^2} = \frac{29.31f}{(1+27.22f)^{\frac{5}{3}}} \tag{3.17}$$

$$\frac{nS_w(n)}{\sigma_w^2} = \frac{4.22f}{(1+6.56f)^2} \tag{3.18}$$

2) 风场模拟点位置分布

寸滩长江大桥桥面标高约为 267.8 m,建模时假设主梁 y 方向值相同,在同一水平面上,主梁离地高度为 122.8 m,沿主梁的方向从左到右以 30.0 m 为间距布置 29 个风速模拟点,其编号为 1~29;沿主缆的方向同样以 30.0 m 为间距布置 29 个风速模拟点,其编号为 30~58。每个点输入横桥向和竖桥向两个方向的脉动风速。模拟点在寸滩长江大桥上的位置,如图 3.1 所示。

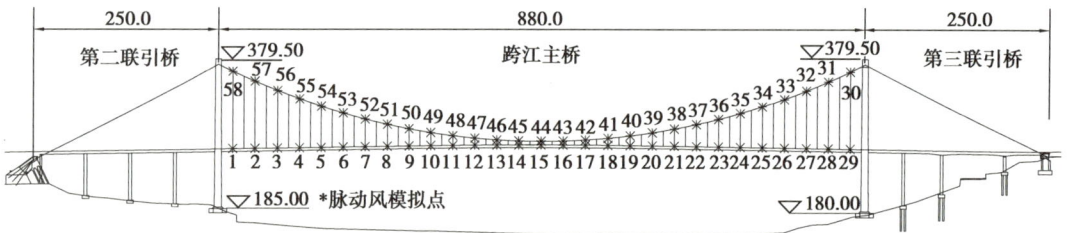

图 3.1 寸滩长江大桥风速模拟点布置图(单位:m)

3) 脉动风模拟

进行主梁脉动风模拟时截止频率为 4 rad/s,10 m 高度处基准风速为 28.1 m/s 时,根据拟合出的风剖面指数式,主梁处的平均风速为 43.03 m/s,频率等分数为 1 024,采样时间间距为 0.25 s,采样时间长度为 600 s。进行主缆脉动风场模拟时所用参数、程序与主梁相同,主缆脉动风的高度参数发生了变化,因此在模拟主缆脉动风时需特别注意高度参数的输入,主缆脉动风模拟点高度见表 3.1。图 3.2 给出了 1 点、7 点和 25 点的顺风向脉动风时程,3 点的脉动风围绕零值附近波动,波动范围为(-15.0~+15.0)m/s。由图 3.3 可知,1 点、7 点和 25 点的竖风向脉动风时程,3 点的脉动风围绕零值附近波动,波动范围为(-4.0~+4.0)m/s。图 3.4 给出了相关函数的对比情况,可看出模拟风速的相关函数与目标函数基本一致。因此,本次所用的谐波合成法模拟脉动风具有可行性,程序运行结果可靠,模拟的脉动风可以较好地反映桥址处的脉动风特性。

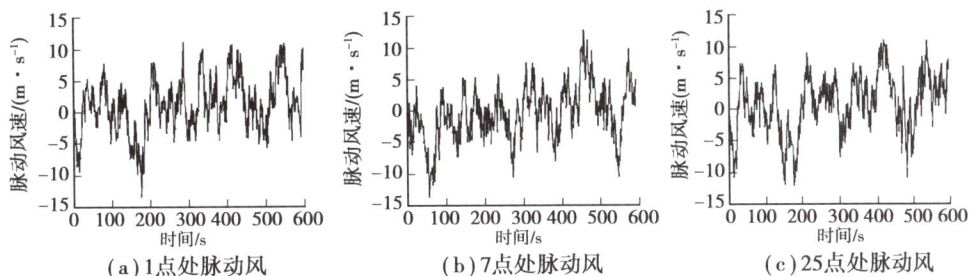

| (a)1点处脉动风 | (b)7点处脉动风 | (c)25点处脉动风 |

图 3.2　顺风向脉动风模拟

表 3.1　主缆脉动风模拟点高度

点号	(58、30)	(57、31)	(56、32)	(55、33)	(54、34)	(53、35)	(52、36)	51
高度/m	213.06	206.01	199.14	192.18	185.28	178.38	171.48	164.58
点号	(50、38)	(49、39)	(48、40)	(47、41)	(46、42)	(45、43)	44	37
高度/m	161.36	158.1	154.77	151.46	148.16	144.86	141.58	164.58

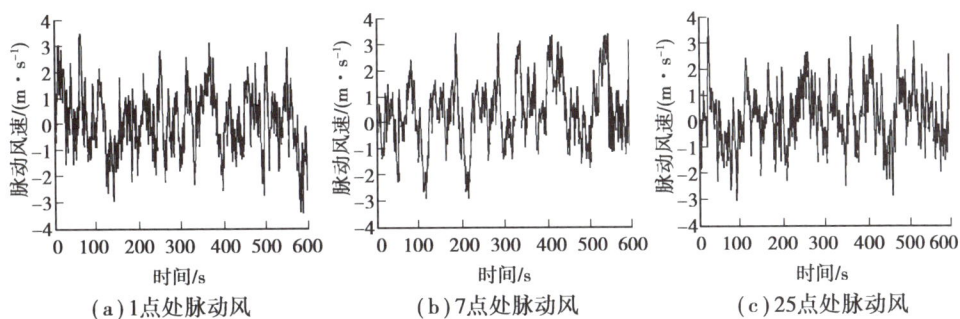

| (a)1点处脉动风 | (b)7点处脉动风 | (c)25点处脉动风 |

图 3.3　竖风向脉动风模拟

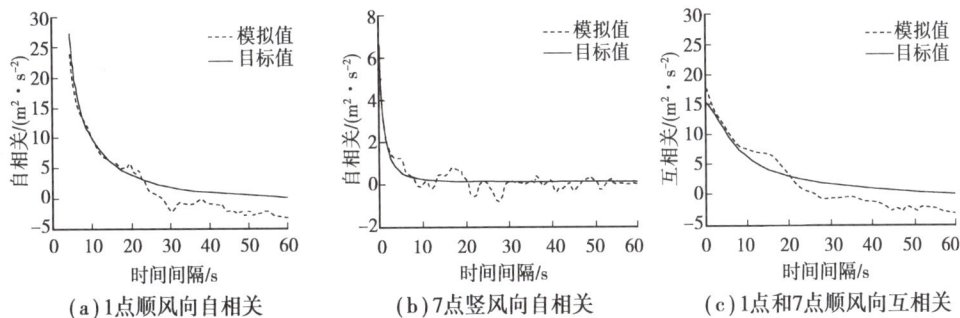

| (a)1点顺风向自相关 | (b)7点竖风向自相关 | (c)1点和7点顺风向互相关 |

图 3.4　主梁上脉动风自相关和互相关

3.3 工程背景及静力三分力试验

3.3.1 工程概况

寸滩长江大桥位于朝天门长江大桥和大佛寺长江大桥的下游。该桥全长 1 600.0 m,分成跨江主桥和南北引桥两部分,其中主跨跨度为 880.0 m,主缆边跨为 250.0 m,主跨矢跨比为1/8.8,两根主缆的中心距离为 39.2 m,如图 3.5 所示。主塔结构形式采用门式框架,基础为分离式承台,承台下采用钻孔灌注柱桩,每个承台下有 21 根 2.0 m 的灌注桩。索端锚定采用重力式锚定,基础为明挖扩大型基础。加劲梁选用封闭钢箱梁,该箱梁为扁平流线型,有利于抗风,箱梁梁高 3.5 m,总宽 42.0 m,如图 3.6 所示。主缆材料采用平行钢丝索股,两边各 1 根主缆,共 2 根,每根主缆由镀锌高强钢丝按照标准形式合成,其组合形式为 110 股127ϕ5.1 mm。

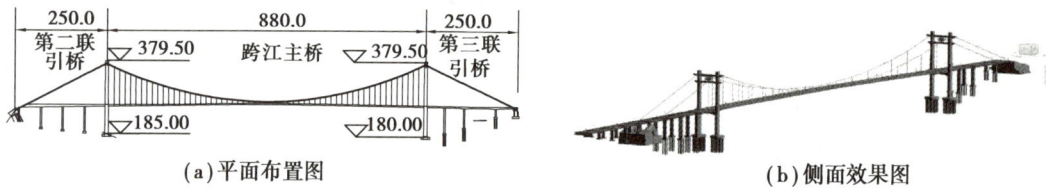

(a)平面布置图　　　　　　　　　　　(b)侧面效果图

图 3.5　寸滩长江大桥示意图(单位: m)

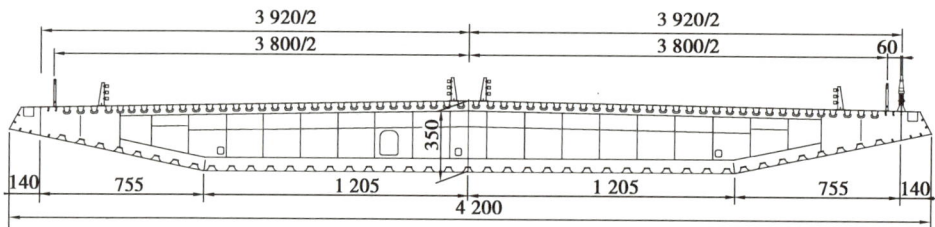

图 3.6　寸滩长江大桥主梁截面(单位: cm)

3.3.2 动力特性分析

由于主塔截面为变截面,故采用beam44 单元(空间变截面梁单元)模拟,主梁采用传统的单梁形式,主梁截面基本可看成沿桥走向不变化,采用beam4 空间梁单元,本书建模时吊杆与主梁之间的连接采用刚臂连接法。吊杆和主缆属于二力构件,在 ANSYS 中采用杆单元link10 来模拟,该单元每个节点有 3 个自由度。二次铺装质量及灯塔栏杆等质量及质量惯性矩通过质量单元 mass21 单元施加。主缆的垂度用 Earnst 式来考虑,主梁与塔上横梁之间的约束采用耦合自由度考虑,考虑了 3 个方向自由度的耦合,即竖向 U_y、侧向 U_z 和绕桥轴向的扭转rotx。表 3.2 给出了建模时选用的单元类型,表 3.3 给出了对应的材料类型。

表 3.2　单元类型

编　号	单元类型	备　注
1	beam44	主塔、刚臂
2	beam4	主梁
3	link10	主缆、吊索
4	mass21	二期荷载
5	combin14	阻尼器

表 3.3　材料类型

材料编号	弹性模/Pa	泊松比	密度/($N \cdot m^{-3}$)	材料种类	备　注
1	2.10E+11	0.3	7 850	Q345QD	钢梁
2	2.00E+11	0.3	8 650	高强钢丝	主缆、吊索
3	3.45E+10	0.2	2 650	C50 钢筋混凝土	塔、墩
4	1.00E+15	0	0		刚性横梁

主缆及吊索的初应变采用成桥状态分析结果,结构的质量为成桥状态的质量,边界条件为:

①主缆的锚固处为固定约束,塔柱在承台顶面处嵌固。

②塔和梁的交接处,梁的竖向、横向及绕顺桥向的扭转位移有塔梁约束,其他自由度均为释放。

③塔梁交界处的阻尼器支座用弹簧阻尼单元模拟。按上述边界条件基于 ANSYS 平台建立了寸滩长江大桥三维空间有限元计算模型,其模型如图 3.7 所示。通过该模型计算出有限元的动力特性,得到了模型的固有频率和振型特点。

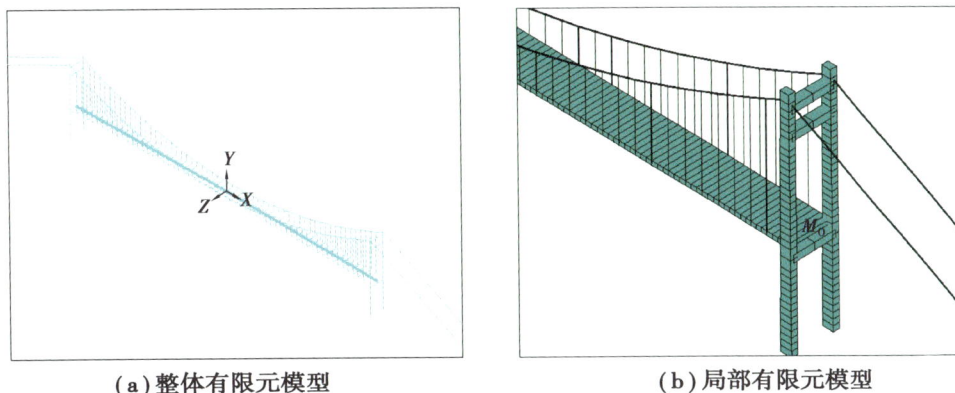

(a)整体有限元模型　　　　**(b)局部有限元模型**

图 3.7　寸滩长江大桥有限元模型

表 3.4 中给出了通过软件计算出的桥梁有限元模型的前 20 阶模态频率。

表 3.4 寸滩长江大桥动力特性

模态阶数	模态频率/Hz	模态阶数	模态频率/Hz
1	0.112 2	11	0.329 0
2	0.116 2	12	0.337 5
3	0.173 5	13	0.377 0
4	0.249 5	14	0.388 7
5	0.268 9	15	0.391 4
6	0.269 8	16	0.423 7
7	0.271 9	17	0.443 5
8	0.282 5	18	0.454 7
9	0.305 5	19	0.467 8
10	0.310 7	20	0.470 2

由表 3.4 中可知,该桥的前 20 阶模态频率分布区间为 0.112 2~0.470 2 Hz,同为悬索桥的江阴大桥前 20 阶模态频率分布区间为 0.051 6~0.342 8 Hz,西堠门大桥前 20 阶模态频率分布区间为 0.048 3~0.259 3 Hz,润扬悬索桥前 20 阶模态频率分布区间为 0.049 4~0.274 1 Hz,南京长江第四大桥前 20 阶模态频率分布区间为 0.064 99~0.299 07 Hz。通过比较发现,寸滩长江大桥基频较高,基本周期相对较短,桥梁整体频率分布区间较广。如果相同车流对桥梁进行周期性的激励,车辆和桥梁之间有可能发生共振现象。而悬索桥本身特点为柔性相对较大、刚度较小,因此,桥梁抗风性能为其设计、施工及运营阶段的主要控制因素。图 3.8 为该桥前 10 阶振型图。

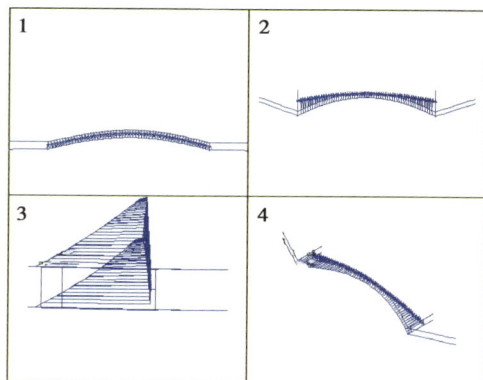

(a)模态 1 主梁一阶侧弯

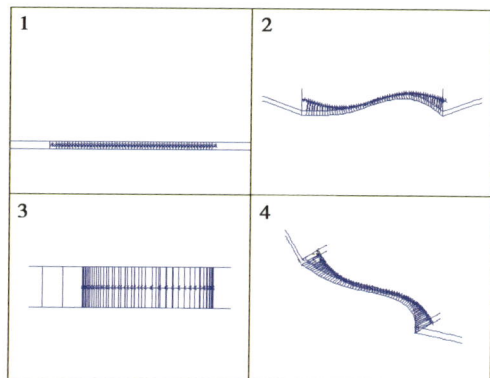

(b)模态 2 主梁一阶反对称竖弯

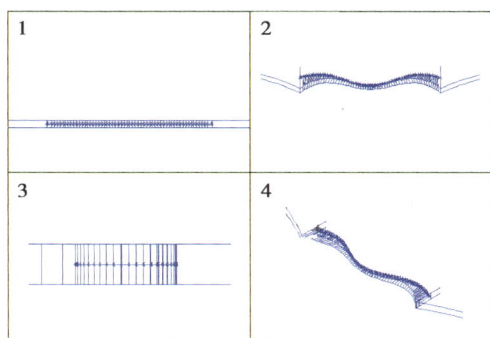

（c）模态3　主梁二阶对称竖弯

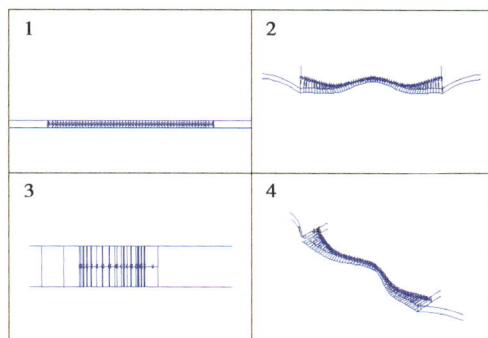

（d）模态4　主梁三阶对称竖弯

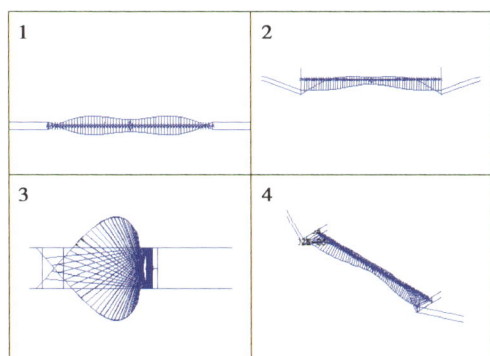

（e）模态5　双主缆一阶对称侧弯

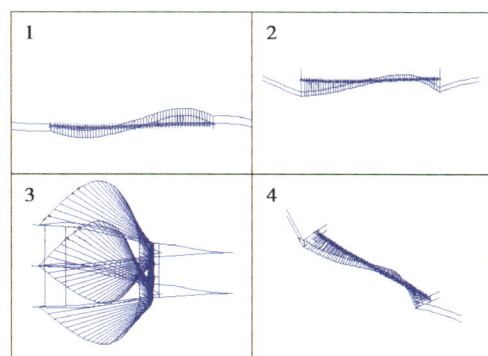

（f）模态6　主梁二阶侧弯

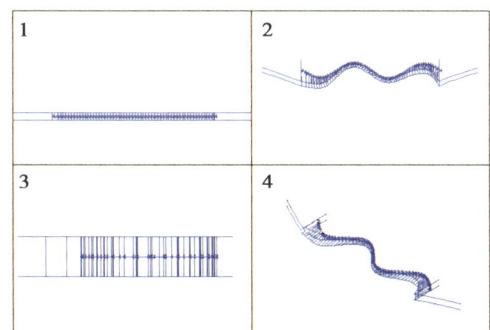

（g）模态7　主梁四阶侧弯

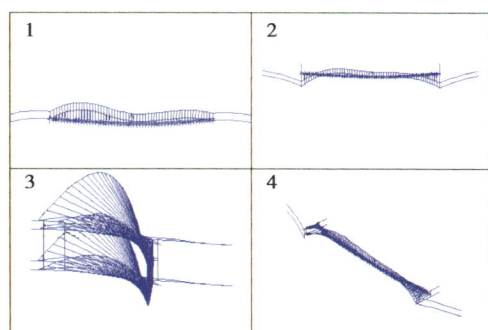

（h）模态8　双主缆二阶同向侧弯

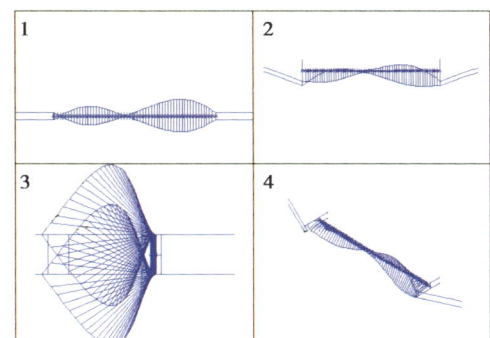

（i）模态9　双主缆三阶对称侧弯

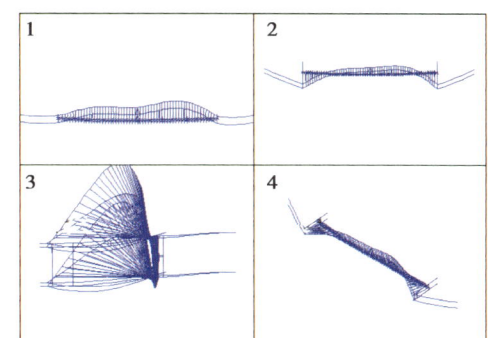

（j）模态10　双主缆四阶同向侧弯

图3.8　寸滩长江大桥前十阶振型模态

由图 3.8 可知,寸滩长江大桥基频为 0.112 2 Hz,基本周期较短,其对应振型为主梁一阶对称侧弯振型;第二阶振动频率为 0.116 2,其对应振型为主梁一阶反对称竖弯振型,符合大跨度悬索桥这一柔性结构的动力特性的基本规律。在前 20 阶振型中,未出现以主塔振动为主的振型,出现的都是以主缆和主梁的振动为主的振型,推测其原因为悬索桥的主塔结构的刚度要远大于主缆和主梁的刚度。主梁的第一阶振型为横向侧弯振型,这表明此宽体式扁平钢箱梁的横向振动问题将会比较突出,进行抖振分析时,应特别注意主梁的侧向位移。但进行车辆-桥梁系统振动分析时,横向激励通常被忽略,因此后续车辆-桥梁振动系统中未分析桥梁的横向响应。

3.3.3 静力三分力试验

寸滩长江大桥桥梁的静力三分力试验是在西南交通大学风洞(XNJD-1)第二试验段中完成的,XNJD-1 为单回流串联双试验段工业风洞,该试验段内配置了专用的测力天平及相应的支撑系统用于测量桥梁截断模型的静力三分力系数,风攻角 α 的调整是通过计算机来控制实现的,可以控制的攻角范围为 $\pm20°$,可以变化的间隔的最小值为 $0.1°$。用来测量截断模型静力三分力系数的测力天平的设定荷载值:阻力值为 490 N,升力值为 1 176.8 N,俯仰力矩值为 117.7 N·m。试验中数据采集仪采用的是美国制造的 780B 数据采集系统。第二试验段的断面为 2.4 m×2.0 m 的矩形,来流风速范围为 0.5~45.0 m/s。试验来流为均匀流。试验时所用风速为: $U = 10.0$ m/s、15.0 m/s、20.0 m/s。试验时攻角变化范围为: $\alpha = (-12° \sim +12°)$,攻角变化增量为 $\Delta\alpha = 1°$。节段模型采用木材制作,因节段模型的附属构件对试验结果影响较大,中央分隔带栏杆、桥面防撞护栏、人行道护栏、检修轨道等,如图 3.9 所示。节段模型风洞试验不仅要求模型与实桥在几何外形上相似,还要求二者之间的频率比和阻尼比一致。试验中取节段模型几何缩尺比为 1/60,模型长为 2.100 m,宽为 0.700 m,高为 0.058 3 m。具体的节段模型试验设计参数见表 3.5,可以看出模型实现值与模型要求值相差不大,基本满足了几何相似、阻尼比及频率比的要求。

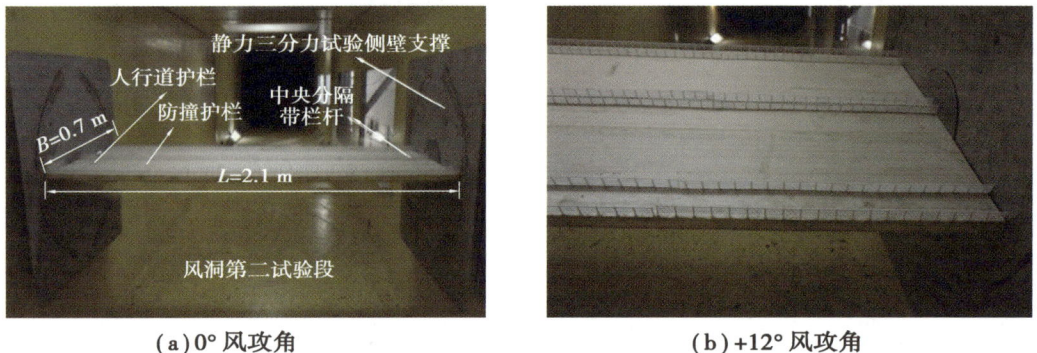

(a)0° 风攻角   (b)+12° 风攻角

图 3.9 静力三分力系数试验

表 3.5 模型设计参数

参　数	实桥值	模型要求值	模型实现值
主梁长/m	12.6	2.100	2.100
主梁高/m	3.5	0.058 3	0.058 3

参 数	实桥值	模型要求值	模型实现值
主梁宽/m	42.0	0.700	0.700
单位长度质量/(kg·m^{-1})	27 600	7.667	7.667
单位长度量惯性矩/(kg·m^2·m^{-1})	5 137 700	0.398 7	0.398 7
竖弯频率/Hz	0.174 46	2.216	2.203
竖弯阻尼比/%	0.5	0.389	0.372
扭转频率/Hz	0.397 3	5.404	5.404
扭转阻尼比/%	0.5	0.439	0.422

静风荷载作用于主梁断面的力学示意图,如图 3.10 所示。

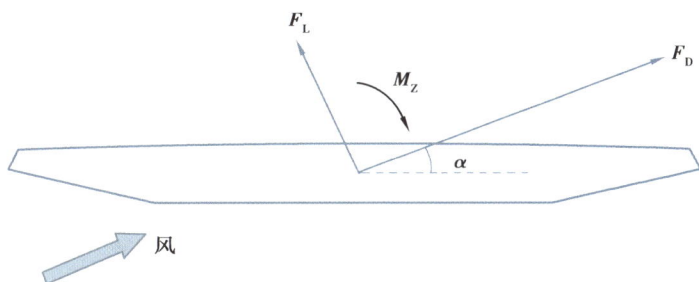

图 3.10　风轴坐标系下静力三分力模型

风轴下,静力三分力系数为:

$$C_D(\alpha) = \frac{F_D}{0.5\rho U^2 DL} \tag{3.19a}$$

$$C_L(\alpha) = \frac{F_L}{0.5\rho U^2 BL} \tag{3.19b}$$

$$C_M(\alpha) = \frac{M_Z}{0.5\rho U^2 B^2 L} \tag{3.19c}$$

体轴下,静力三分力系数为:

$$C_H(\alpha) = \frac{F_H(\alpha)}{\frac{1}{2}\rho U^2 HL} \tag{3.20a}$$

$$C_V(\alpha) = \frac{F_V(\alpha)}{\frac{1}{2}\rho U^2 BL} \tag{3.20b}$$

$$C_M(\alpha) = \frac{M_Z}{0.5\rho U^2 B^2 L} \tag{3.20c}$$

式中　U——来流风速,m/s;

ρ——空气密度,取 $1.225\ \mathrm{kg/m^3}$;

F_D——风轴下横桥向阻力;

F_L——风轴下竖向升力;

M_Z——风轴下俯仰力矩;

F_H——体轴下横桥向阻力;

F_V——竖向力;

M_Z——体轴下俯仰力矩;

B——参考宽度,对于箱梁取顶板宽度 $0.70\ \mathrm{m}$;

D——参考高度,取箱梁中心高度 $0.058\ \mathrm{m}$;

L——节段长度,取 $2.1\ \mathrm{m}$。

两种坐标系下转换式为:

$$F_\mathrm{H} = D\cos\alpha - L\sin\alpha \tag{3.21}$$

$$F_\mathrm{V} = D\sin\alpha + L\cos\alpha \tag{3.22}$$

$$F_\mathrm{M} = M \tag{3.23}$$

通过静力三分力试验测出的体轴下的静力三分力系数及其导数,如图 3.11 所示。

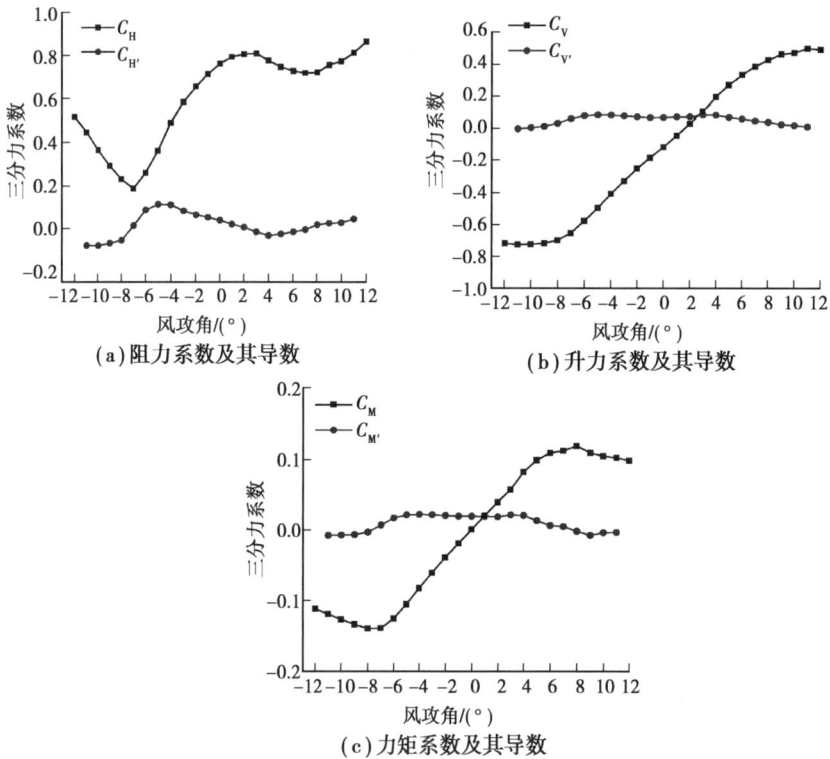

(a)阻力系数及其导数

(b)升力系数及其导数

(c)力矩系数及其导数

图 3.11　体轴下的静力三分力系数及其导数

3.4 风荷载处理

作用于桥梁上的风荷载有静风力、抖振力和自激力。静风力可通过节段模型风洞试验测得的静力三分力系数计算,抖振力采用由 Scanlan 等提出的准定常气动力式,计算中考虑 Liepmann 等提出的气动导纳的影响,根据 Lin 等给出的脉冲函数表达式计算自激力。

3.4.1 静风力

风轴坐标系中,作用在桥梁构件单位长度上的静风力:

静风升力:

$$L_{st} = C_L(\alpha) qB \tag{3.24a}$$

静风阻力:

$$D_{st} = C_D(\alpha) qB \tag{3.24b}$$

静风扭矩:

$$M_{st} = C_M(\alpha) qB \tag{3.24c}$$

式中 q——气流的动压力, $q = 1/2 \cdot U^2$;

B——桥梁节段长度,计算主梁静风力时其值为桥面宽度,计算缆索静风力时其值为缆索直径;

$C_L(\alpha)$, $C_D(\alpha)$, $C_M(\alpha)$——静风升力、静风阻力及静风扭矩系数;

α——风攻角。

静风三分力系数是攻角的函数,目前还没有理论式表示,一般是通过风洞试验测得的。由式(3.24)可知,静力三分力与空气密度、平均风速、桥面宽度及风攻角有关,与时间无关,因此,静风荷载不需要进行时域化处理。

对寸滩长江大桥主梁进行静风荷载计算时,主梁断面高度值为 3.5 m,宽度值为 42.0 m,主梁高度处的平均风速根据 10 m 高度桥址处设计的基本风速 28.1 m/s,根据指数法,通过实际测得的风剖面函数换算为 43.03 m/s,取风攻角为 0°时的静力三分力系数及其导数值。吊杆、主缆和主塔上的静风荷载,只考虑其阻力作用,阻力系数参考《规范》,对于变截面主塔,B 取值为主塔响应高度处的宽度值。

3.4.2 抖振力

单位长度上的抖振力

$$L_b = \frac{1}{2}\rho U^2 qB\left\{2C_L(\alpha)\chi_{Lu}\frac{u}{U} + \left[C'_L(\alpha)\right] + C_D(\alpha)\chi_{Lu}\frac{w}{U}\right\} \tag{3.25a}$$

$$D_b = \frac{1}{2}\rho U^2 B\left[2C_L(\alpha)\chi_{Lu}\frac{u}{U} + C'_D(\alpha)\chi_{Dw}\frac{w}{U}\right] \tag{3.25b}$$

$$M_b = \frac{1}{2}\rho U^2 B^2\left[2C_M(\alpha)\chi_{Lu}\frac{u}{U} + C'_M(\alpha)\chi_{Mw}\frac{w}{U}\right] \tag{3.25c}$$

式中　C_L,C_D,C_M——静风力系数(参考长度均为桥面宽度),$C_L' = \mathrm{d}C_L/\mathrm{d}\alpha,C_D' = \mathrm{d}C_D/\mathrm{d}\alpha,C_M' = \mathrm{d}C_M/\mathrm{d}\alpha$;

　　　　$\chi_{Lu},\chi_{Lw},\chi_{Du},\chi_{Dw},\chi_{Mu},\chi_{Mw}$——不同方向的气动导纳函数,其值随折减风速的变化而变化,且与桥面构型有关;

　　　　w,u——脉动风速的竖向与横向风速分量。

Sear 推导出了基于平板的复变函数形式的气动导纳表达式,但其过于复杂,因此本书采用简化的 Liepmann 表达式:

$$|\varphi(k)|^2 = \frac{1}{1+2\pi k} = \frac{1}{1+\dfrac{\pi\omega B}{U}} \tag{3.26}$$

对于悬索桥的主塔,可考虑抖振力,也可不考虑。一般情况下,考虑抖振力作用时,作用于单位长度上的抖振力通常可表达为:

$$D_t = \rho U B_t C_{D,t} u \tag{3.27}$$

式中　$C_{D,t}$——索塔横断面抖振阻力系数;

　　　　B_t——迎风面上,主塔塔柱的宽度。

对寸滩长江大桥主梁进行抖振分析时,按照式(3.25)计算其抖振荷载,主梁断面高度值为 3.5 m,宽度值为 42.0 m,平均风速、静力三分力系数与主梁所取平均风速保持一致,脉动风速采用 3.2 节中模拟得到的风速时程结果。对主缆和主塔进行抖振分析时,按照式(3.27)计算其抖振荷载,抖振阻力系数参考《规范》,对于变截面主塔,B_t 取值为主塔响应高度处的宽度值。

3.4.3　自激力

桥梁梁断面自激力为:

$$\begin{cases} L_{se}(t) = \omega^2\rho B^2\big[C_{Lh}(v)h(t) + C_{Lp}(v)p(t) + BC_{L\alpha}(v)\alpha(t)\big] \\ D_{se}(t) = \omega^2\rho B^2\big[C_{Dh}(v)h(t) + C_{Dp}(v)p(t) + BC_{D\alpha}(v)\alpha(t)\big] \\ M_{se}(t) = \omega^2\rho B^2\big[BC_{Mh}(v)h(t) + BC_{Mp}(v)p(t) + B^2C_{M\alpha}(v)\alpha(t)\big] \end{cases} \tag{3.28}$$

式中　$C_{rs}(r=D,L,M;s=h,p,\alpha)$——复数形式的自激力系数,其变量采用折减风速($v=2\pi/K$)。

式(3.28)中颤振导数采用频率表达式,故不能用于风-汽车-桥梁时域分析。

韩万水扩展了 Lin 的自激力的表达:

$$\begin{cases} L_{se} = L_h(t) + L_p(t) + L_\alpha(t) \\ \quad = \displaystyle\int_{-\infty}^{t} f_{Lh}(t-\tau)h(\tau)\mathrm{d}\tau + \int_{-\infty}^{t} f_{Lp}(t-\tau)p(\tau)\mathrm{d}\tau + \int_{-\infty}^{t} f_{L\alpha}(t-\tau)\alpha(\tau)\mathrm{d}\tau \\ D_{se} = D_h(t) + D_p(t) + D_\alpha(t) \\ \quad = \displaystyle\int_{-\infty}^{t} f_{Dh}(t-\tau)h(\tau)\mathrm{d}\tau + \int_{-\infty}^{t} f_{Dp}(t-\tau)p(\tau)\mathrm{d}\tau + \int_{-\infty}^{t} f_{D\alpha}(t-\tau)\alpha(\tau)\mathrm{d}\tau \\ M_{se} = M_h(t) + M_p(t) + M_\alpha(t) \\ \quad = \displaystyle\int_{-\infty}^{t} f_{Mh}(t-\tau)h(\tau)\mathrm{d}\tau + \int_{-\infty}^{t} f_{Mp}(t-\tau)p(\tau)\mathrm{d}\tau + \int_{-\infty}^{t} f_{M\alpha}(t-\tau)\alpha(\tau)\mathrm{d}\tau \end{cases}$$

$$\tag{3.29}$$

式(3.29)中每个积分符号里的第一项则表示相应的脉冲响应函数,其具体表达式可根据振动时式(3.28)与式(3.29)的等价性确定。

应用 Fourier 技术对式(3.28)做变换可得:

$$
\begin{cases}
L_{se}(\omega) = \omega^2 \rho B^2 \big[C_{Lh}(v) h(\omega) + C_{Lp}(v) p(\omega) + B C_{L\alpha}(v) \alpha(\omega) \big] \\
D_{se}(\omega) = \omega^2 \rho B^2 \big[C_{Dh}(v) h(\omega) + C_{Dp}(v) p(\omega) + B C_{D\alpha}(v) \alpha(\omega) \big] \\
M_{se}(\omega) = \omega^2 \rho B^2 \big[C_{Mh}(v) h(\omega) + C_{Mp}(v) p(\omega) + B C_{M\alpha}(v) \alpha(\omega) \big]
\end{cases}
\tag{3.30}
$$

对式(3.29)做傅里叶变换:

$$
\begin{cases}
L_{se}(\omega) = L_h(\omega) + L_p(\omega) + L_\alpha(\omega) \\
\qquad\quad = F_{Lh}(\omega) h(\omega) + F_{Lp}(\omega) p(\omega) + F_{L\alpha}(\omega) \alpha(\omega) \\
D_{se}(\omega) = D_h(\omega) + D_p(\omega) + D_\alpha(\omega) \\
\qquad\quad = F_{Dh}(\omega) h(\omega) + F_{Dp}(\omega) p(\omega) + F_{D\alpha}(\omega) \alpha(\omega) \\
M_{se}(\omega) = M_h(\omega) + M_p(\omega) + M_\alpha(\omega) \\
\qquad\quad = F_{Mh}(\omega) h(\omega) + F_{Mp}(\omega) p(\omega) + F_{M\alpha}(\omega) \alpha(\omega)
\end{cases}
\tag{3.31}
$$

将式(3.30)和式(3.31)相对应的部分进行比较:

$$
\begin{cases}
F_{Lh}(\omega) = \rho B^2 \omega^2 \big[H_4^*(v) + i H_1^*(v) \big] \\
F_{Lp}(\omega) = \rho B^2 \omega^2 \big[H_6^*(v) + i H_5^*(v) \big] \\
F_{L\alpha}(\omega) = \rho B^2 \omega^2 \big[H_3^*(v) + i H_2^*(v) \big] \\
F_{Dh}(\omega) = \rho B^3 \omega^2 \big[P_6^*(v) + i P_5^*(v) \big] \\
F_{Dp}(\omega) = \rho B^2 \omega^2 \big[P_4^*(v) + i P_1^*(v) \big] \\
F_{D\alpha}(\omega) = \rho B^3 \omega^2 \big[P_3^*(v) + i P_2^*(v) \big] \\
F_{Mh}(\omega) = \rho B^3 \omega^2 \big[A_4^*(v) + i A_1^*(v) \big] \\
F_{Mp}(\omega) = \rho B^3 \omega^2 \big[A_6^*(v) + i A_5^*(v) \big] \\
F_{M\alpha}(\omega) = \rho B^4 \omega^2 \big[A_3^*(v) + i A_2^*(v) \big]
\end{cases}
\tag{3.32}
$$

颤振导数一般可由风洞试验测得,从理论上讲,式(3.32)可通过 Fourier 变换获得脉冲响应的数学表达式。然而,基于目前试验技术,通过风洞试验获得低频率部分的颤振导数是比较困难的,另外,Fourier 变换所获得的只是一部分离散数据,实际应用起来很不方便。故寻找脉动函数的近似表达式势在必行。

实际上有很多人已做过相关研究,这里仅介绍 Lin 的方法。该理论是将机翼经典力学原理中常用的 Roger 形式的频响函数非定常气动力推广应用到桥梁中,从而获得的一种近似表达桥梁非定常气动力的表达式,即:

$$
F_{M\alpha}(\omega) = \rho U^2 B^2 \left[C_1 + i C_2 \frac{B\omega}{U} + \sum_{k=3}^{n} C_k \frac{i\omega}{d_k \dfrac{U}{B} + i\omega} \right]
\tag{3.33}
$$

式中　$C_1, \cdots, C_n; d_3, \cdots, d_n$——均为频率无关的待定系数;第一项为桥梁位移导致的;第二项为速度引发的;第三项为非定常部分,滞后于气动力。

研究发现,加速度引起的气动效应很小,通常可忽略不计。

为方便试验研究,常将颤振导数表达为风速 $v = \dfrac{2\pi U}{B\omega}$ 的函数,从而得到以风速为变量的表达式:

$$F_{M\alpha}(v) = \rho U^2 B^2 \left[C_1 + \mathrm{i}C_2 \frac{2\pi}{v} + \sum_{k=3}^{n} C_k \frac{4\pi^2 + \mathrm{i}2\pi d_k v}{d_k^2 + 4\pi} \right] \tag{3.34}$$

经简单变换,式(3.34)可表示为:

$$\frac{4\pi^2}{v^2} \left[A_3^*(v) + \mathrm{i}A_2^*(v) \right] = C_1 + \mathrm{i}C_2 \frac{2\pi}{v} + \sum_{k=3}^{n} \frac{4\pi^2 + \mathrm{i}2\pi d_k v}{d_k^2 + 4\pi^2} \tag{3.35}$$

由复数相等(实部和虚部分别相等)的定义,可得:

$$\begin{cases} \dfrac{v^2}{4\pi^2} + \displaystyle\sum_{k=3}^{n} \dfrac{C_k v^2}{d_k^2 v^2 + 4\pi^2} = A_3^*(v) \\[4mm] \dfrac{C_2 v^2}{2\pi^2} + \displaystyle\sum_{k=3}^{n} \dfrac{C_k d_k v^3}{2\pi^2 d_k^2 v^2 + 8\pi^2} = A_2^*(v) \end{cases} \tag{3.36}$$

由最小二乘法原理可获得式(3.36)中的待定系数 $C_1, \cdots, C_n; d_3, \cdots, d_n$ 的拟合估计值。同理,可得到 $F_{Lh}(\omega)$,$F_{Lp}(\omega)$,$F_{L\alpha}(\omega)$,$F_{Dh}(\omega)$,$F_{D\alpha}(\omega)$,$F_{Mh}(\omega)$,$F_{Mp}(\omega)$ 的近似式和相应的待定系数值。

对式(3.34)引入 Fourier 变换,则可得到式(3.29)中所示的脉冲响应函数形式的表达式:

$$f_{M\alpha}(t) = \rho U^2 B^2 \left[C_1 \delta(t) + C_2 \frac{B}{U}\dot{\delta}(t) + \delta(t)\sum_{k=3}^{n} C_k - \sum_{k=3}^{n} C_k d_k \frac{B}{U} \exp\left(-\frac{d_k U}{B}t \right) \right] \tag{3.37}$$

将式(3.37)代入式(3.29)中,得 $M_\alpha(t)$ 为:

$$M_\alpha(t) = \rho U^2 B^2 \left[\left(C_1 + \sum_{k=3}^{n} C_k \right)\alpha(t) + C_2 \frac{B}{U}\dot{\alpha}(t) - \sum_{k=3}^{n} C_k d_k \frac{U}{B}\int_{-\infty}^{t} \mathrm{e}^{-\frac{d_k U}{B}(t-\tau)}\alpha(\tau)\mathrm{d}\tau \right] \tag{3.38}$$

可将式(3.38)中的积分项采用分部积分法进行化简,$M_\alpha(t)$ 的最终形式为:

$$M_\alpha(t) = \rho U^2 B^2 \left[C_1\alpha(t) + C_2 \frac{B}{U}\dot{\alpha}(t) + \sum_{k=3}^{n} C_k \int_{-\infty}^{t} \mathrm{e}^{-\frac{d_k U}{B}(t-\tau)}\dot{\alpha}(\tau)\mathrm{d}\tau \right] \tag{3.39}$$

式(3.39)由 3 部分组成,分别为气动刚度部分、气动阻尼部分及与运动历史相关的非线性部分。

同理,可推导 $F_{Lh}(\omega)$,$F_{Lp}(\omega)$,$F_{L\alpha}(\omega)$,$F_{Dh}(\omega)$,$F_{Dp}(\omega)$,$F_{D\alpha}(\omega)$,$F_{Mh}(\omega)$,$F_{Mp}(\omega)$ 如式(3.39)所示的最终表达式及相关待定系数。为求得其统一的表达式,将 $M_\alpha(t)$ 的表达形式变换为 $M_\alpha(t) = B^2 F(C_{M\alpha}, \alpha, t)$。

式中:

$$F(C_{M\alpha}, \alpha, t) = \rho U \left[C_1\alpha(t) + C_2 \frac{B}{U}\dot{\alpha}(t) + C_3 \int_{0}^{t} \mathrm{e}^{-\frac{d_3 U}{B}(t-\tau)}\dot{\alpha}(\tau)\mathrm{d}\tau + C_4 \int_{0}^{t} \mathrm{e}^{-\frac{d_4 U}{B}(t-\tau)}\dot{\alpha}(\tau)\mathrm{d}\tau \right] \tag{3.40}$$

其他 8 个分力写成类似的表达形式,故所有的力可统一表达为:

$$F(C_{x\alpha}, x, t) = \rho U \left[C_1 x(t) + C_2 \frac{B}{U}\dot{x}(t) + C_3 \int_{0}^{t} \mathrm{e}^{-\frac{d_3 U}{B}(t-\tau)}\dot{x}(\tau)\mathrm{d}\tau + C_4 \int_{0}^{t} \mathrm{e}^{-\frac{d_4 U}{B}(t-\tau)}\dot{x}(\tau)\mathrm{d}\tau \right] \tag{3.41}$$

式中 $x=Lh,Lp,L\alpha,Dh,Dp,D\alpha,Mh,Mp$ 及 $M\alpha$——9 个分力;

$C_x=\{C_1,C_2,C_3,C_4\}^\mathrm{T}$——相应于上述各分力的待定系数。

通常为了提高计算效率,将式(3.41)中的积分项按递推式进行计算。

当上述待定系数确定后,则可按照式(3.42)获得作用于桥梁上基于时域的颤振自激力、颤振阻力和颤振扭矩。

$$\begin{cases} L_{se}(t)=F(C_{Lh},h,t)+F(C_{Lp},p,t)+BF(C_{L\alpha},\alpha,t) \\ D_{se}(t)=F(C_{Dh},h,t)+F(C_{Dp},p,t)+BF(C_{D\alpha},\alpha,t) \\ M_{se}(t)=BF(C_{Mh},h,t)+BF(C_{Mp},p,t)+B^2F(C_{M\alpha},\alpha,t) \end{cases} \tag{3.42}$$

3.4.4　桥梁非线性抖振时域分析

大跨度悬索桥属于柔性结构,其非线性问题,尤其是几何非线性问题十分突出,影响大跨度悬索桥几何非线性问题的主要因素有索的垂度、初应力及大位移 3 个。下面分别对这 3 个主要影响因素做简单介绍。

缆索的垂度通常采用 Earnst 提出的等效模量法来考虑,可通过式(3.43)来表达:

$$E_{eq}=\frac{E_0}{1+\dfrac{(\gamma l)^2 AE_0}{12T^3}} \tag{3.43}$$

式中 E_0——拉索弹性模量,原有模量;

γ——拉索重度,单位长度;

T——拉索的轴向拉力;

A——拉索的截面面积;

l——水平面方向拉索的投影长度。

本书中的研究侧重于对整个桥梁的力学性能的宏观把握,故力学模型深度取杆系结构有限元即可,对几何非线性问题,只需考虑杆和梁单元。很多学者曾对梁单元的几何非线性问题进行过深入研究,提出过不同的表达形式,本书根据研究的需要采用 U.L.(Updated Lagrange)给出的切线刚度矩阵,即:

$$[K^e]=[K_0^e]+[K_\sigma^e] \tag{3.44}$$

式中 $[K_0^e]$——不考虑几何非线性的单元刚度矩阵;

$[K_\sigma^e]$——考虑几何非线性的初应力矩阵。

U.L.是在变形后的单元上建立局部坐标系,故单元的位移和单元的刚度反映单元变形后的特性,因此,采用这种方法能够反映结构大位移的影响。

通常分析大跨度悬索桥,斜拉桥在地震作用、风振响应,汽车-桥梁系统振动时常见的简化模型有 3 种,即三梁法、双梁法和鱼骨形式。其中鱼骨式模型特别适合于闭口箱型截面梁,该梁具有抗扭刚度大等特点,目前在大跨度悬索桥中具有广泛的应用。该模型的主要优点是对主梁质量和刚度模拟的比较理想,这样在桥梁动力特性分析时,整个模型就能比较真实地反映其实际桥梁的动力学特征,缺点是较难模拟横梁刚度。

动力时程分析通常是建立 t_i 时刻的动力平衡方程,然后采用结构动力学给出的方法求解微分方程。根据达朗贝尔原理，任一时刻 t_i 桥梁的运动平衡方程为：

$$M\ddot{X}(t_i) + C\dot{X}(t_i) + R(t_i) = F(t_i) \tag{3.45}$$

式中 $F(t_i)$——外荷载产生的桥梁结构的等效节点力，在本书的研究中，该外荷载主要包括车辆荷载、等效风荷载及桥梁自重等；

$R(t_i)$——节点抵抗力，可理解为节点位移函数，线性分析中可表示为：$R(t_i) = K_T X(t_i)$，K_T 为切向刚度；

C——阻尼矩阵，可表示为：

$$[C] = \alpha[M] + \beta[K] \tag{3.46}$$

其中，α 和 β 为质量和刚度阻尼系数。其计算式为：

$$\alpha = \frac{2\omega_i\omega_j(\xi_i\omega_j - \xi_j\omega_i)}{\omega_j^2 - \omega_i^2} \tag{3.47}$$

$$\beta = \frac{2(\xi_j\omega_j - \xi_i\omega_i)}{\omega_j^2 - \omega_i^2} \tag{3.48}$$

式中 ω_i, ω_j——结构固有的第 i, j 个频率；

ξ_i, ξ_j——对应于第 i, j 振型的阻尼比。一般取 $i = 1, j = 2$。

式(3.45)给出了 t_i 时刻桥梁的运动平衡方程，则在 t_{i+1} 时刻，其方程为：

$$M\ddot{X}(t_i + \Delta t) + C\dot{X}(t_i + \Delta t) + R(t_i + \Delta t) = F(t_i + \Delta t) \tag{3.49}$$

Newmark-β 被用于解该方程：

$$\ddot{X}(t_i + \Delta t) = \frac{1}{\alpha\Delta t^2}[X(t_i + \Delta t) - X(t_i)] - \frac{1}{\alpha\Delta t}\dot{X}(t_i) - \left(\frac{1}{2\alpha} - 1\right)\ddot{X}(t_i) \tag{3.50a}$$

$$\dot{X}(t_i + \Delta t) = \frac{\beta}{\alpha\Delta t}[X(t_i + \Delta t) - X(t_i)] - \left(\frac{\beta}{\alpha} - 1\right)\dot{X}(t_i) - \frac{\Delta t}{2}\left(\frac{\beta}{\alpha} - 2\right)\ddot{X}(t_i) \tag{3.50b}$$

当 $\alpha = 0.5$ 及 $\beta = 0.5$ 时，Newmark-β 法等效于常加速度法。

规定以下参数的取值为：

$$a_0 = \frac{1}{\alpha\Delta t^2}, a_1 = \frac{\beta}{\alpha\Delta t}, a_2 = \frac{1}{\alpha\Delta t}, a_3 = \frac{1}{2\alpha} - 1, a_4 = \frac{\beta}{\alpha} - 1,$$

$$a_5 = \frac{\Delta t}{2}\left(\frac{\beta}{\alpha} - 2\right), \Delta X(t_i) = X(t_i + \Delta t) - X(t_i)$$

将定义值代入式(3.50a)和式(3.50b)中，则：

$$\ddot{X}(t_i + \Delta t) = a_0\Delta X(t_i) - a_2\dot{X}(t_i) - a_3\ddot{X}(t_i) \tag{3.51a}$$

$$\dot{X}(t_i + \Delta t) = a_1\Delta X(t_i) - a_4\dot{X}(t_i) - a_5\ddot{X}(t_i) \tag{3.51b}$$

将式(3.51a)和式(3.51b)代入式(3.49)：

$$M[a_0\Delta X(t_i) - a_2\dot{X}(t_i) - a_3\ddot{X}(t_i)] + C[a_1\Delta X(t_i) - a_4\dot{X}(t_i) - a_5\ddot{X}(t_i)] + R(t_i + \Delta t) = F(t_i + \Delta t) \tag{3.52}$$

式(3.52)中只有一个未知量 $\Delta X(t_i)$，一般假定 $t_i, t_i + \Delta t$ 时刻内结构的变形是线性的，则有式(3.53)：

$$\boldsymbol{R}(t_i + \Delta t) - \boldsymbol{R}(t_i) = \boldsymbol{K}_{\mathrm{T}}\Delta X^{(0)}(t_i) \tag{3.53}$$

将式(3.53)代入式(3.52)有：

$$[a_0\boldsymbol{M} + a_1\boldsymbol{C} + \boldsymbol{K}_{\mathrm{T}}(t_i)]\Delta X^{(0)}(t_i) = \boldsymbol{F}(t_i + \Delta t) + \boldsymbol{M}[a_2\dot{X}(t_i) + a_3\ddot{X}(t_i)] +$$
$$\boldsymbol{C}[a_4\dot{X}(t_i) + a_5\ddot{X}(t_i)] - \boldsymbol{R}(t_i) \tag{3.54}$$

式中的 $\Delta X(t_i)$ 是在假设结构线性的前提下得到的,并非真实的解。为此,需要进行平衡迭代来获得真实的解,目前,国际常见通用有限元法中大多采用 Newton-Raphson 法进行荷载步内的迭代。具体步骤如下：

①首先获得新的刚度矩阵(切线),按式 $\hat{\boldsymbol{K}} = \boldsymbol{K}_{\mathrm{T}} + a_0\boldsymbol{M} + a_1\boldsymbol{C}$ 形成有效刚度矩阵,按式 $\hat{\boldsymbol{K}} = \boldsymbol{LDL}^{\mathrm{T}}$ 分解。

②按下式形成节点等效荷载,进而获得有效荷载矢量：

$$\hat{\boldsymbol{F}}(t + \Delta t) = \boldsymbol{F}(t + \Delta t) + \boldsymbol{M}[a_2\dot{X}(t_i) + a_3\ddot{X}(t_i)] + \boldsymbol{C}[a_4\dot{X}(t_i) + a_5\ddot{X}(t_i)] - \boldsymbol{R}(t_i)$$

③获增量位移：

$$\boldsymbol{LDL}^{\mathrm{T}}\Delta X^{(0)}(t_i) = \hat{\boldsymbol{F}}(t_i + \Delta t)$$

④迭代,假定 $k = 0$。

(i) $k = k+1$；

(ii)通过下列式子获得 $k-1$ 次的位移、速度和加速度：

$$X^{(k-1)}(t_i + \Delta t) = X^{(k-1)}(t_i) - \Delta X^{(k-1)}(t_i)$$

$$\dot{X}^{(k-1)}(t_i + \Delta t) = a_1\Delta X^{(k-1)}(t_i) - a_4\dot{X}(t_i) - a_5\ddot{X}(t_i)$$

$$\ddot{X}^{(k-1)}(t_i + \Delta t) = a_0\Delta X^{(k-1)}(t_i) - a_2\dot{X}(t_i) - a_3\ddot{X}(t_i)$$

(iii)确定第 k 次不平衡力：

$$\hat{\boldsymbol{F}}^{(k-1)}(t + \Delta t) = \boldsymbol{F}^{(k-1)}(t + \Delta t) + \boldsymbol{M}\ddot{X}^{(k-1)}(t + \Delta t) + \boldsymbol{C}\dot{x}^{(k-1)}(t + \Delta t) - \boldsymbol{R}^{(k-1)}(t + \Delta t)$$

(iv)校正第 k 次位移增量。

⑤计算新位移、速度及加速度,更新内力及坐标,进入下一荷载。

3.5 不同因素对抖振响应影响分析

3.5.1 抖振位移计算

运用 ANSYS 软件在风攻角取 $0°$ 的情况下,对该悬索桥进行完全瞬态动力分析。10 m 处的设计基本风速为 28.1 m/s,按照实测风剖面幂指数函数计算得到桥梁结构各高度处的来流平均风速,采用一致质量矩阵计算;结构的阻尼使用瑞利阻尼,阻尼比为 0.005,时间步长为 0.125 s,计算时间为 600 s。升力、阻力、扭转气动导纳系数和气动导纳系数导数取值均为 1。

对主梁上 60 个节点的位移时程结果进行均方根计算,得到主梁上的位移响应 RMS 值。图 3.12 中给出了主梁横桥向、竖桥向及扭转抖振位移 RMS 值。图 3.13 中给出了主梁跨中节点横桥向、竖桥向及顺桥向扭转位移时程曲线。

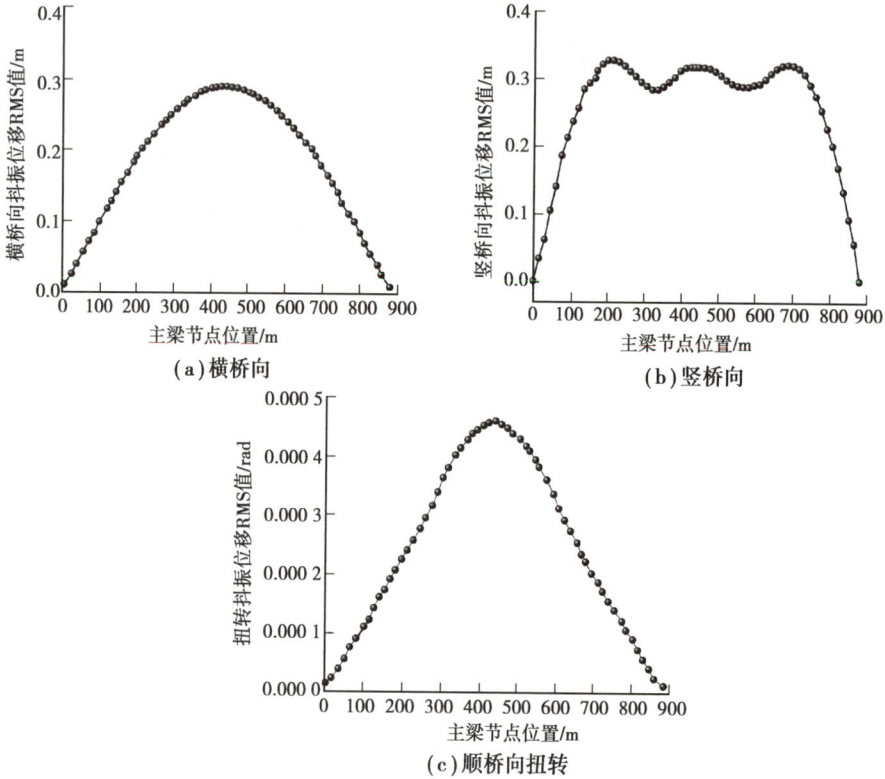

(a)横桥向

(b)竖桥向

(c)顺桥向扭转

图 3.12　主梁抖振位移 RMS 值

由图 3.12 可知,主梁抖振位移 RMS 值均以跨中节点为中心,基本呈对称状态。横桥向的 RMS 值由主跨跨中向两侧递减,在梁塔交接处最小,出现这一现象的原因是主梁与主塔之间设置了抗风支座,限制了主梁的横桥向位移。横桥向、竖桥向及扭转抖振位移的最大 RMS 值分别为 0.290 m,0.327 m 和 0.000 46 rad。由图 3.13 可知,在计算时间 600 s 内,主梁跨中横桥向和竖桥向抖振位移峰值分别为 1.432 m,1.145 m,其扭转抖振位移峰值为 0.001 4 rad。

为研究脉动风荷载对桥梁的抖振位移和内力的影响,分别计算了仅有静风荷载作用在桥上、脉动风荷载同时作用在桥梁上两种工况下的桥梁典型截面位移值及内力值。图 3.14 为两种工况下桥梁典型截面的位移值对比情况。

表 3.6 和表 3.7 中分别给出了有无脉动风作用下桥梁典型截面抖振力和抖振弯矩的对比值,结合图 3.12 和图 3.14 可以看出:

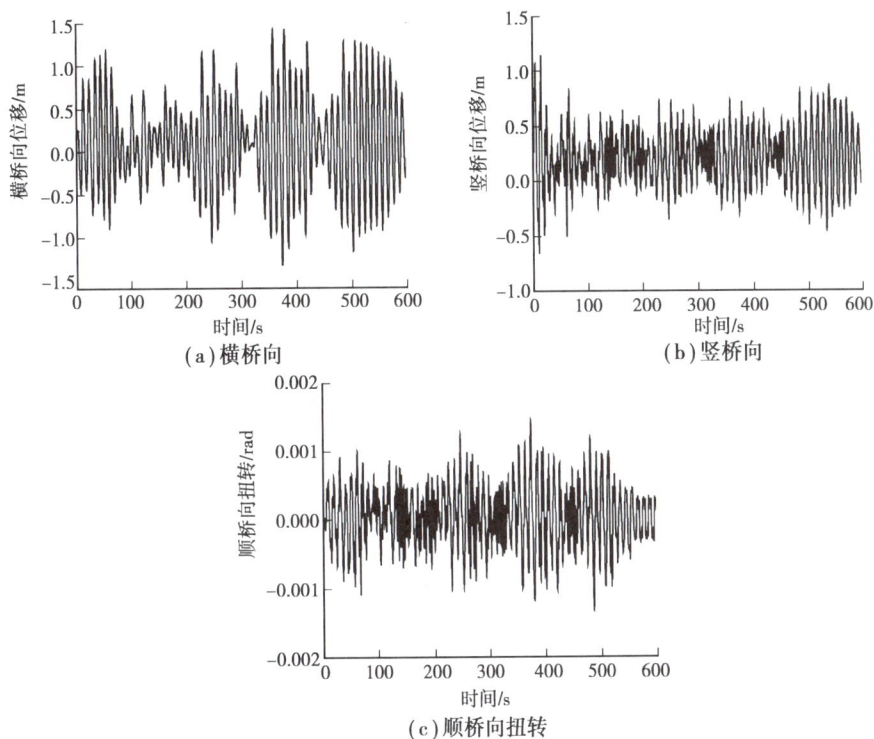

（a）横桥向

（b）竖桥向

（c）顺桥向扭转

图 3.13　主梁跨中节点位移时程曲线

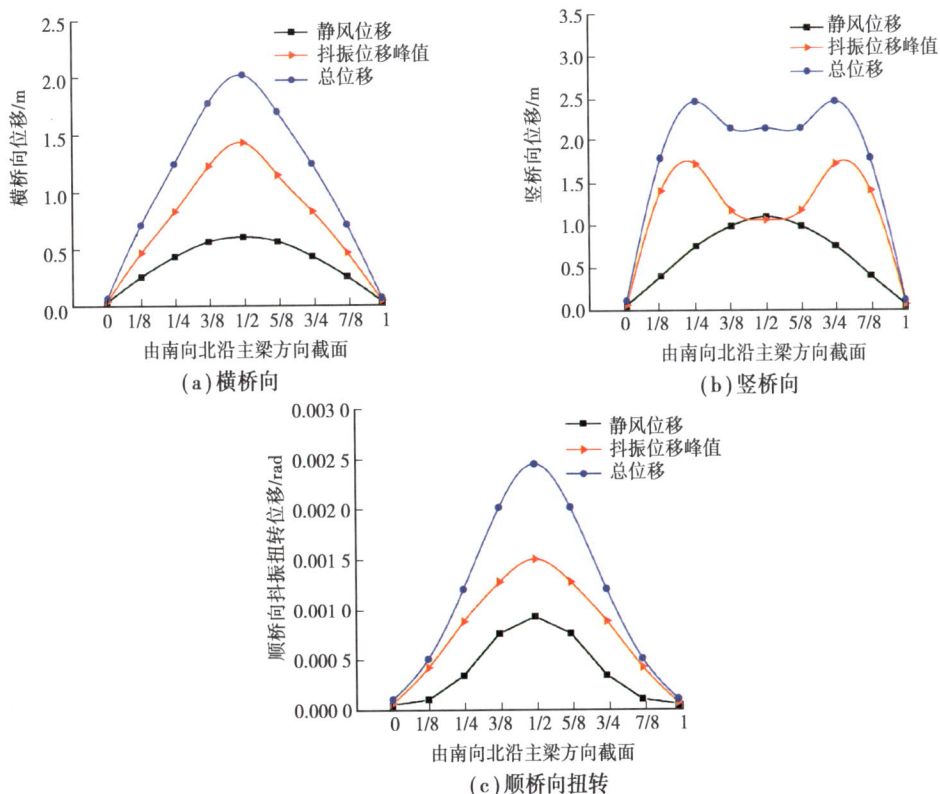

（a）横桥向

（b）竖桥向

（c）顺桥向扭转

图 3.14　抖振位移峰值和静风位移值对比

表 3.6　桥梁典型截面抖振力和静风力值对比

截面位置	横桥向/kN		竖桥向/kN		顺桥向/kN	
	静风力	抖振力峰值	静风力	抖振力峰值	静风力	抖振力峰值
塔梁交接	1 251.542	1 721.745	895.488 5	1 953.598	−12.500 1	−459.972
主跨 1/8	897.591 7	1 501.353	977.699 4	1 452.409	−27.217 8	−546.011
主跨 1/4	625.311 5	1 139.281	1 013.179	1 313.137	−40.380 6	592.781 8
主跨 3/8	281.152 8	667.081 6	1 010.228	1 341.799	−59.514 1	726.907 5
主跨跨中	41.149 36	351.642 1	254.902 9	317.245 1	1 654.02	−2 349.7

表 3.7　桥梁典型截面抖振弯矩和静风弯矩值对比

截面位置	横桥向/(kN·m^{-1})		竖桥向/(kN·m^{-1})		顺桥向/(kN·m^{-1})	
	静风弯矩	抖振弯矩峰值	静风弯矩	抖振弯矩峰值	静风弯矩	抖振弯矩峰值
塔梁交接	−9.125 19	−20.494 2	0.000 133	1 294.333	653.725 9	2 407.235
主跨 1/8	121 396.9	180 644.9	1 399.587	13 909.56	1 095.737	2 379.237
主跨 1/4	202 923.8	318 939.7	902.441 5	12 494.49	1 937.245	2 925.411
主跨 3/8	256 761.1	417 703.8	1 020.745	14 233.83	1 633.804	2 886.529
主跨跨中	269 962.6	442 326	8 164.427	19 850.24	742.859 2	3 431.176

①主梁竖向抖振位移的最大处不是在主梁的跨中,而是在主梁的1/4处附近。

②主梁横向抖振位移响应和扭转响应最大值均出现在跨中的位置。这是因为对于抖振竖向位移响应,前几阶自振模态贡献较大,而前几阶自振模态中,反对称振型占的比重较大,叠加后的结果就是主梁的1/4处位移较大。而对于抖振横向位移响应和扭转响应,主要是第一阶振形起主导作用,而第一阶振型又为对称振形,故跨中处位移最大。

③平均风荷载引起桥梁的位移和内力响应比较小,脉动风荷载引起的桥梁的位移、内力值为平均风荷载的几倍,脉动风引起抖振响应对该桥影响显著,在设计和运营中应特别注意考虑抖振力引起的疲劳破坏,在风-汽车-桥梁系统振动的计算中必须要考虑抖振响应。

3.5.2　主塔脉动风的影响

南主塔处为36个节点,北主塔处为37个节点,按照计算出的节点处主塔截面宽高比,根据《规范》中表 4.4.2 对主塔阻力系数进行取值。图 3.15 给出了考虑主梁和主缆上的脉动风，考虑主梁、主塔和主缆上的脉动风时的主梁跨中横桥向、竖桥向和扭转位移抖振响应 RMS 值随风速的变化情况。图 3.16 给出了考虑主梁和主缆上的脉动风、考虑主梁、桥塔和主缆上的脉动风时的主塔塔顶横桥向、竖桥向位移抖振响应 RMS 值随风速的变化情况，建立模型时未考虑桩-土效应，直接将塔底固结，6 个方向全约束，主塔基本没有发生扭转，因此，未给出扭转抖振位移响应 RMS 值图。

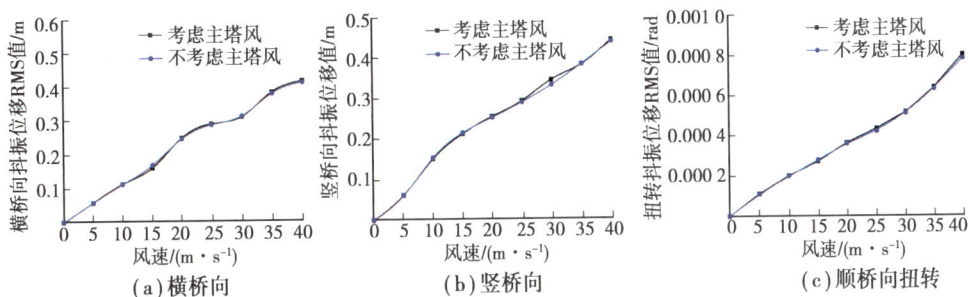

(a) 横桥向　　　　**(b) 竖桥向**　　　　**(c) 顺桥向扭转**

图 3.15　主梁跨中位移响应的 RMS 比较

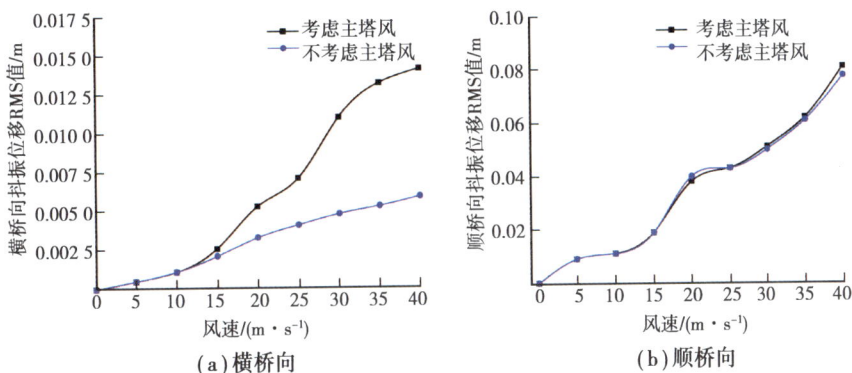

(a) 横桥向　　　　**(b) 顺桥向**

图 3.16　塔顶位移响应的 RMS 比较

由图 3.15 可知，在 0~40.0 m/s 风速范围内，考虑和不考虑主塔上的脉动风对主梁的横桥向、竖桥向和扭转位移，抖振响应几乎没有影响，说明主梁的振动主要取决于自身脉动风场的作用，主塔风效应对主梁振动响应的影响很小。由图 3.16 可知，考虑和不考虑主塔上的脉动风对塔顶顺桥向抖振位移值几乎没有影响，对塔顶横桥向抖振位移值有影响，其影响随着风速的增加而增大。因为主塔的顺桥向振动主要取决于主梁竖向振动的影响，因此主塔风效应对主塔顺桥向抖振位移的影响也很小。横桥向缺乏约束，因此考虑主塔风效应时主塔横桥向的振动则显著增加。由图 3.15 和图 3.16 可知，主梁抖振响应 RMS 随风速的增加而增大，随风速的增加，横桥向和竖桥向桥梁抖振响应 RMS 速度增长较大，扭转抖振响应 RMS 增加速度较小。

3.5.3　风速和风攻角的影响

大跨度悬索桥是柔性结构，在低于设计风速时也会发生一定程度的抖振响应，因此有必要对低风速下悬索桥主塔和主梁节点的抖振响应进行分析，文中以 5.0 m/s 风速为间隔,对 0~30.0 m/s 范围内不同风速下的主梁和主塔抖振响应进行了分析,其结果如图 3.17 所示。

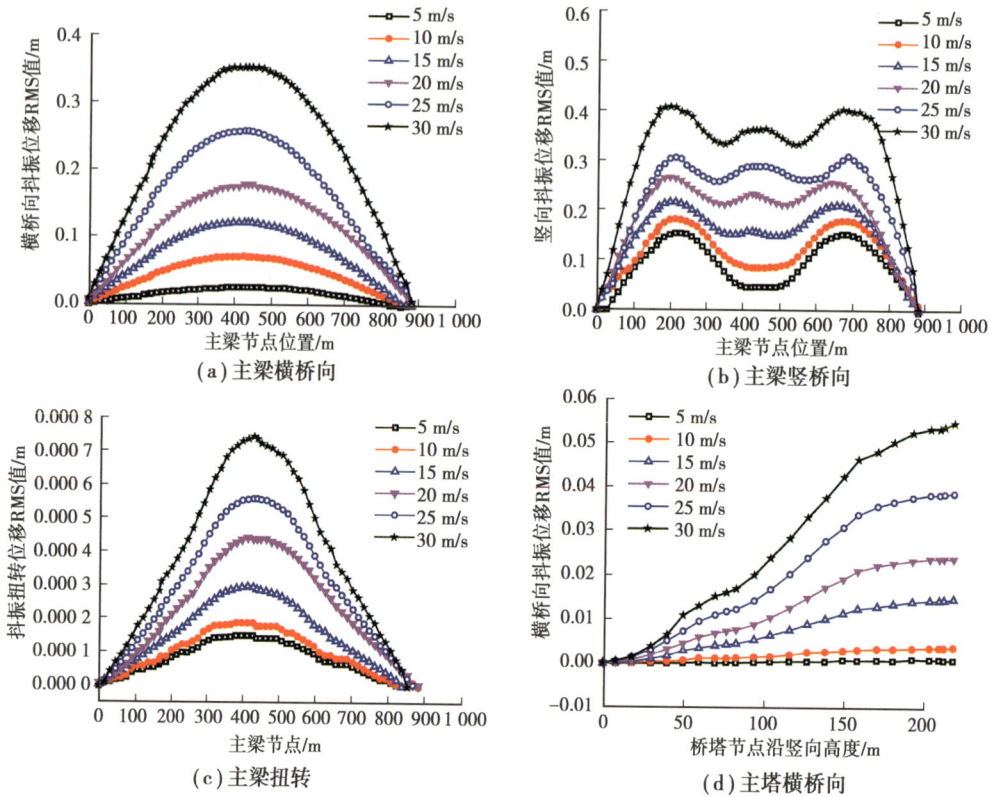

（a）主梁横桥向

（b）主梁竖桥向

（c）主梁扭转

（d）主塔横桥向

图 3.17 不同风速下桥梁抖振响应

由图 3.17 可知:

①主梁在横桥向的抖振位移响应随着风速的增大而增大,最大横桥向位移发生在跨中,主梁两端由于有主塔约束作用横向位移基本不随风速发生变化。

②主梁最大竖桥向位移发生在 1/4 跨处。

③抖振扭转位移极值出现在跨中。

④主塔横桥向抖振位移值在不同风速的作用下变化较大,随着风速的增大,主塔的位移呈现出增长幅度较大。

在 2.4.1 小节中,通过实测数据发现,此桥桥址处风攻角变化范围大,容易产生大攻角来流,因此有必要对不同风攻角下的桥梁抖振响应进行研究。文中对 $-12°$, $-6°$, $0°$, $+6°$, $+12°$ 五种风攻角下的抖振情况进行了研究,平均风速为 28.1 m/s,图 3.18 为不同风攻角下桥梁的抖振响应。

由图 3.18 的计算分析对比可以得到:

①主梁横桥向、扭转的抖振位移响应在 $0°$ 攻角最小,其余四种风攻角的抖振响应都要比 $0°$ 攻角大。主梁竖桥向抖振位移响应在 $-6°$ 风攻角时值最小。针对大多数工况,只考虑 $0°$ 风攻角计算桥梁抖振响应将会得到偏于危险的结果,需计算桥梁在不同风攻角下的抖振响应。

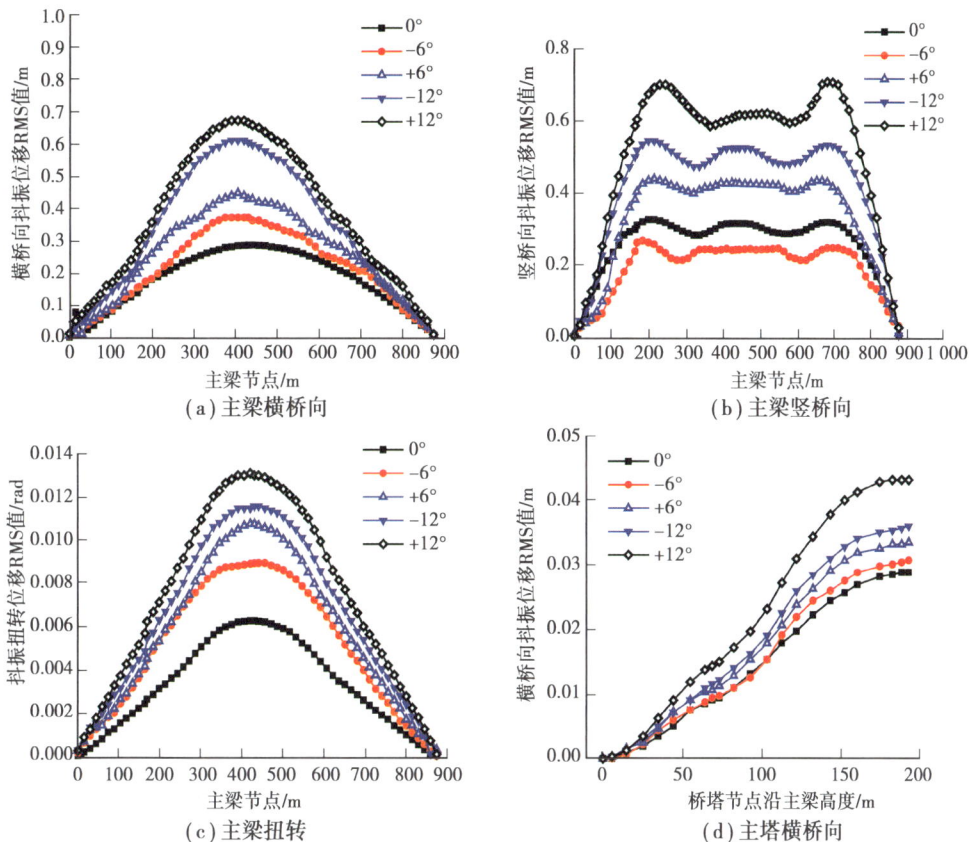

图 3.18　不同风攻角下桥梁抖振响应

②风攻角对主梁横向位移和竖向位移影响较大,对主塔横向位移影响较小。对主塔进行抖振响应分析时,其受抖振力仅与阻力系数有关,而不同风攻角下该主梁阻力系数基本相同,因此,主塔横向位移随风攻角的变化不明显。

3.6　本章小结

本章首先模拟桥梁随机风场的脉动风速时程,根据脉动风速计算抖振力和自激力,然后将抖振力和自激力的计算编入非线性有限元程序中,计算出考虑和不考虑主塔脉动风、不同风攻角及不同风速下大跨度宽体式扁平钢箱梁悬索桥抖振响应,主要得到以下结论:

①不考虑脉动风荷载时桥梁的位移和内力响应比较小,考虑脉动风荷载时桥梁的位移、内力值可增大为原来的几倍,该桥受抖振响应比较明显,在设计和运营中应特别注意考虑抖振力引起的疲劳破坏。

②考虑与不考虑主塔脉动风对塔顶顺桥向抖振位移值几乎没有影响,对塔顶横桥向抖振位移值有影响,其影响随着风速的增加而增大。因为主塔的顺桥向振动主要取决于主梁

竖向振动的影响,主塔风效应对主塔顺桥向抖振位移的影响也很小。横桥向缺乏约束,考虑主塔风效应时主塔横桥向的振动则显著增加。

③桥梁抖振响应随着风速的增大而增大,主梁的最大横桥向和扭转位移发生在跨中,最大竖桥向位移发生在1/4跨处。主塔的位移随着风速的增大而增大,其增长幅度较大。

④风攻角对主梁横桥向位移、竖桥向位移及顺桥向扭转值影响较大,对主塔横向位移影响较小。对主塔进行分析时,其阻力系数基本相同导致主塔横向位移随风攻角的变化不明显。

4 大跨度悬索桥涡振响应分析

4.1 引　言

目前,对桥梁气动力性能进行研究的方法主要有风洞试验和数值模拟两种。

(1)风洞试验

通过制作满足试验相似比的模型,用表面测压法和激光位移法来获得风作用下的桥梁的受力及响应情况,主要研究风攻角、风场的紊流、主梁断面类型及高度对桥梁的气动力性能的影响。

(2)数值模拟

通过 CFD 等软件建立有限元模型,计算不同风速或者风攻角下桥梁的气动力参数,通过桥梁系统周围气流的压强、流线、速度、涡量等变化情况分析气动力性能变化的微观原因。在风洞试验室中,桥梁附属构件的形式出于安全性的规定无法任意设置,多种形式的桥梁附属构件试验会增加整体的制造难度和造价,因此,数值模拟是一种更经济有效的研究桥梁的气动性能的方法。

本章中将风洞试验和数值模拟方法相结合,以宽高比为 12 的宽体式扁平钢箱梁为基础,进行了 1/60 的节段模型静力三分力试验,系统地探讨了攻角、栏杆透风率、桥面粗糙度对宽体式流线型断面三分力系数的影响,通过涡振试验研究了大攻角、桥面粗糙度、不同车型、不同车辆数目及车辆间距对主梁涡振性能的影响,并结合数值模拟,从绕流特性的角度解释了静力三分力系数变化的原因,从涡量大小和方向变化角度探究了车辆影响桥梁涡振性能的机理。

4.2 影响宽体式扁平钢箱梁静力三分力的因素

自然风对桥梁的作用分为定常力和非定常力,由平均风引起的定常力是静风荷载、抖振响应、驰振稳定性分析等抗风研究的基础,可用阻力、升力和力矩系数表达。目前,获取静力三分力系数的常用方法是在风洞中进行节段模型测力试验。研究表明,断面形状、附属结构物对主梁的静力三分力的影响不可忽视。

本小节中以宽高比为12的宽体式扁平钢箱梁为基础,进行了1/60的节段模型风洞试验,系统地探讨了攻角、栏杆透风率、桥面粗糙度对流线型宽体式断面三分力系数的影响,并结合数值模拟从流场分布的角度探究三分力系数变化的原因。

4.2.1 攻角的影响

图4.1为节段模型在风洞第二试验段进行的静力三分力试验,图4.2为通过静力三分力试验测量得到的8.0,10.0,12.0 m/s风速下静力三分力系数随攻角变化曲线。在图4.2中,C_H为阻力系数,C_V为升力系数,C_M为力矩系数,U为来流风速。

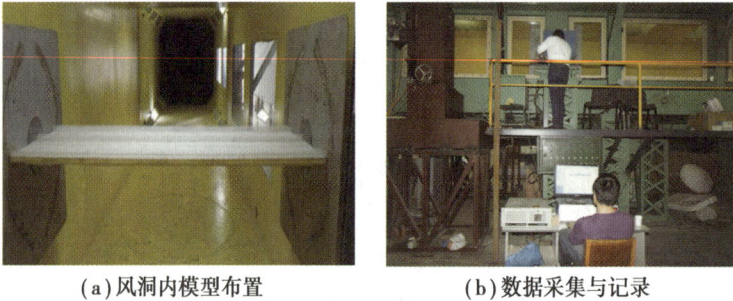

(a)风洞内模型布置　　　　　　(b)数据采集与记录

图4.1　静力三分力系数节段模型测力试验

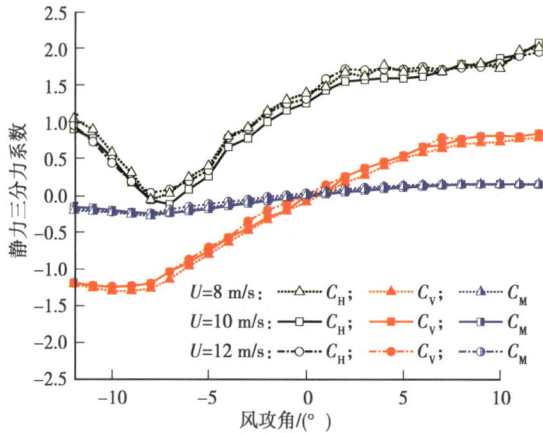

图4.2　不同风速下攻角对三分力系数的影响

由图4.2可知:

①当风速为8.0,10.0,12.0 m/s时,每个攻角对应的阻力、升力、力矩系数变化都比较小,3种风速不同风攻角下,3条曲线形状十分接近,证明风速变化的情况下雷诺数影响较小,雷诺数效应并不明显。

②风攻角范围在−12°~−8°时,阻力系数随着风攻角的增加而逐渐减小,而在−8°~+12°范围内随风攻角的增加而变大。

③升力系数在负攻角范围内为负值,先略微下降,最小值位于−8°攻角附近,超过−8°攻

角后,其数值随着攻角增加而变大。0°攻角的升力系数接近于0,但仍为负值。

④力矩系数在负攻角范围内为负值,在正攻角范围内为正值。力矩系数在正攻角范围内变化的趋势并不明显,超过+6°攻角后,风速变化对力矩系数基本没有影响。

⑤升力系数曲线和力矩系数曲线的斜率在−8°~+12°范围内均为正值,证明主梁断面具备气动稳定的必要条件。

为进一步研究攻角变化对宽体式扁平钢箱梁的影响原因和机理,采用Ansys Fluent模块对10.0 m/s风速下+12°,0°,−8°,−12°的4种攻角进行数值模拟,由于主梁外形沿主跨方向不变,因此处理为二维模型,流动为定常不可压,静力按定常处理,未考虑温度的影响。对应的数学模型为雷诺时均N-S方程,湍流模型为标准 k-ε 模型,近壁面以标准壁面函数处理,压力速度耦合选用SIMPLE算法,离散格式为二阶迎风插值。数值模拟的缩尺比与节段模型相同,都采用1/60,在前处理软件GAMBIT中形成计算网格。为减小边界对断面流场的影响,计算区域设置得足够大:上下边界到断面中心的距离为1.0 m(>15倍模型高度),入口距断面中心4.2 m(6倍模型宽度),出口距断面中心8.4 m(12倍模型宽度),入口为速度条件,出口为压力出口,主梁及其附属物外壁均为无滑移的wall壁面。近壁面第一层网格高度为0.000 5 m,从而壁面 $Y^+ \approx 30$。为使计算网格更好地适应流场变量的变化情况,在流场变化剧烈的地方划分较密的网格,然后逐渐变稀疏,最大网格尺寸0.02 m,共生成108 416个网格单元。应用roughness height单元模拟桥面粗糙度,近似地将砂纸平均砂粒高度视为桥面粗糙度的厚度。在划分边界条件时,将模型上表面(包括风嘴)单独设一个壁面wall边界,求解时,将其roughness height设为0.97 mm或1.28 mm即实现了对B级(80目砂纸)和C级(120目砂纸)桥面粗糙度的模拟。在网格划分方面,为了更好地分辨桥面的不平度颗粒,断面上表面划分边界层网格,第一层网格高度为0.05 mm。图4.3为计算网格的整体网络划分和局部网络划分图。

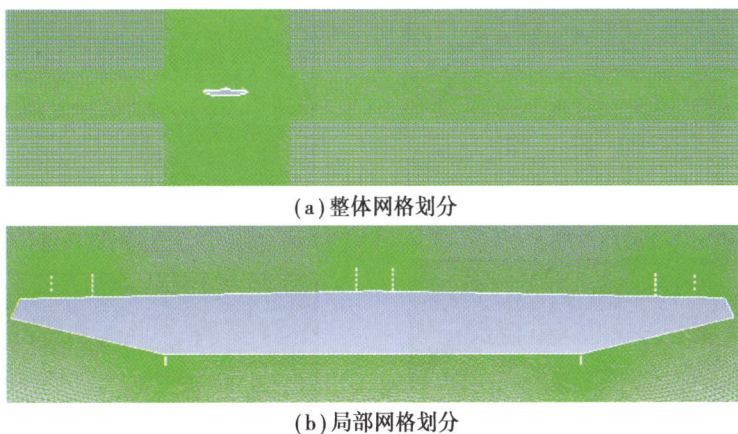

(a)整体网格划分

(b)局部网格划分

图4.3 计算网格划分

为了证明模型的可靠性,应用该模型计算了10.0 m/s风速时7种不同风攻角下的静力三分力系数,并将计算结果与风洞试验结果进行对比。表4.1为10.0 m/s风速下数值模拟与试验结果的对比值。

表 4.1　10.0 m/s 风速下数值模拟与试验结果的对比值

风攻角/(°)		−12	−8	−4	0	+4	+8	+12
阻力系数	试验值	0.905 3	−0.059 5	0.661 8	1.262 6	1.601 9	1.789 1	2.080 5
	模拟值	0.904 3	−0.060 5	0.664 8	1.259 6	1.550 2	1.791 1	2.087 5
	误差/%	0.110	−1.680	−0.453	0.238	3.230	−0.112	−0.336
升力系数	试验值	−1.183 9	−1.194 7	−0.569 2	−0.155 9	0.457 5	0.768 2	0.848 3
	模拟值	−1.152 6	−1.285 0	−0.600 1	−0.160 5	0.484 5	0.787 3	0.773 9
	误差/%	2.642	−7.562	−5.440	−2.957	−5.893	−2.485	8.772
力矩系数	试验值	−0.152 5	−0.241 1	−0.137 4	−0.011 2	0.093 6	0.161 8	0.154 5
	模拟值	−0.150 5	−0.237 6	−0.140 2	−0.010 2	0.091 6	0.159 8	0.152 5
	误差/%	1.312	1.463	−2.045	8.921	2.137	1.212	1.294

　　由表 4.1 可知,模拟值与试验值的最大误差为 8.921%,最小误差为 0.110%,阻力系数平均误差为 0.14%,升力系数平均误差为 −1.85%,力矩系数平均误差为 2.04%,整体平均误差为 0.11%。模拟结果误差较小,因此模型可信度较高,可以用该模型对主梁断面附近流体进行绕流特性分析。图 4.4 至图 4.6 中工况(a)~(d)分别对应来流攻角 +12°,0°,−8°,−12° 时,主梁断面附近压强、速度和流线分布变化情况,根据其流场的对比可定性分析出静力三分力系数随攻角变化的原因。

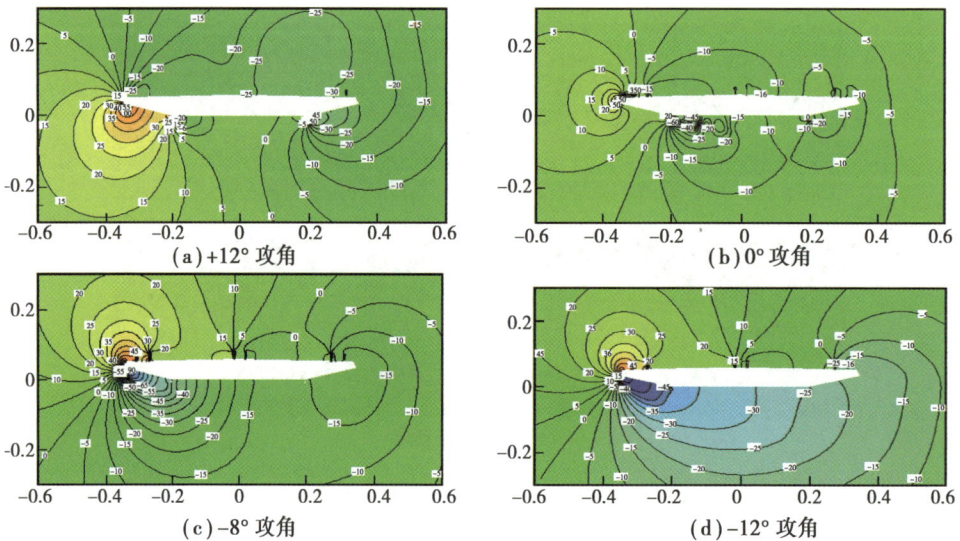

(a) +12° 攻角　　　　　　　　(b) 0° 攻角

(c) −8° 攻角　　　　　　　　(d) −12° 攻角

图 4.4　主梁断面附近压强分布(单位: Pa)

　　由图 4.4(a)可知,主梁上侧处于负压区,下侧基本处于正压区,因此 +12° 攻角时,上、下压力差为负,断面竖直方向的受力向上,升力系数为正。图 4.4(b)中主梁上、下侧均处于负压区,而下侧靠近主梁位置形成了几个较小的旋涡,增加了其负压区压强的绝对值,下侧的压强绝对值大于上表面压强,因此上、下压力差为正,主梁断面在竖直方向的受力向下,所以0°攻角时升力系数为负。图4.4(c)中断面下侧的主旋涡使其处于负压区,其压强绝对值大于0°攻角工况,且上侧为正压,从而上、下压力差为正,且大于0°攻角工况,因此升力系数为负且小于0°攻角工况。从图4.5(a)~(d)中可知,不同风攻角下主梁附近速度分布与主梁附近流线分布趋势基本保持一致,在风攻角为负时,主梁下侧都出现了高风速带。图4.5(c)中迎风侧气流的剧烈分离使得斜腹板附近形成了一个高速风带,其风速大于图4.5(d)中的工况,使其迎风侧上部正压区、下部负压区的压强绝对值均大于-12°攻角工况,其上、下压力差大于-12°攻角工况,升力系数更大。

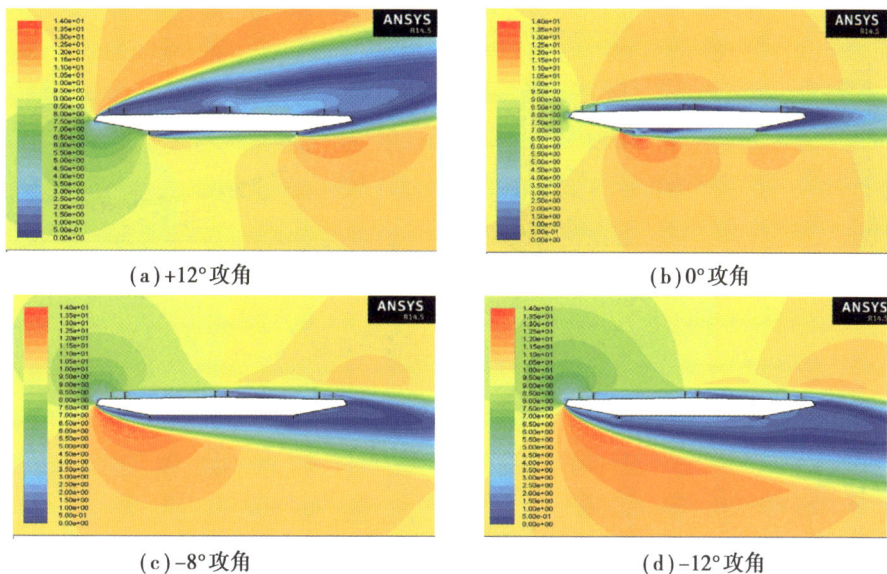

(a)+12°攻角

(b)0°攻角

(c)-8°攻角

(d)-12°攻角

图4.5 主梁附近速度分布(单位:m/s)

扭矩力是由于阻力与升力的合力作用点和断面形心不一致而形成的。图4.4(a)中+12°攻角工况的断面迎风侧下方为正压,断面上方、下游为负压,因此,力矩为顺时针方向,力矩系数为正;图4.4(b)中0°攻角工况时,竖直方向的升力接近于0,合力作用点与形心接近,力矩系数接近于0;图4.4(c)和图4.4(d)中风攻角为负数时迎风侧上方为正压,迎风侧下方及下游均为负压,因此,力矩为逆时针方向,力矩系数为负。综上所述,力矩系数在负攻角范围内为负值,在正攻角范围内为正值。

从图4.6(a)中可看到气流在风嘴处迅速发生分离,断面上表面形成大范围的主旋涡,并延伸至背风侧下游的尾迹区,上表面及背风侧均为负压。因此,上、下压力差,迎、背风侧压力差均为正值,即升力系数、阻力系数均为正。图4.6(b)中,气流由风嘴处开始分离,风嘴的导流作用使得分离过程较平缓,从而迎风侧端部的正压区较+12°攻角工况小,迎、背风侧压力差及阻力系数均减小;图4.6(c)、图4.4(d)中,迎风侧斜腹板处形成的旋涡使其处于负压区,迎、背风侧压力差及阻力系数都比0°攻角工况小。图4.6(d)中,迎风侧斜腹板处的旋涡与断面下方分离区旋涡汇合成一个大的主旋涡,且一直延伸至下游,使其背风侧负压区的范围与压强绝对值均大于-8°攻角工况,因此其迎、背风侧压力差更大,阻力系数更大。

图 4.6(c)中,在迎、背风侧斜腹板处分别形成了单独的旋涡,使得断面下方出现两个负压区。从图 4.5(c)中可看出,迎风侧旋涡风速更大,负压区压强绝对值更大,因此,迎、背风侧压力差为负值,阻力系数为负。

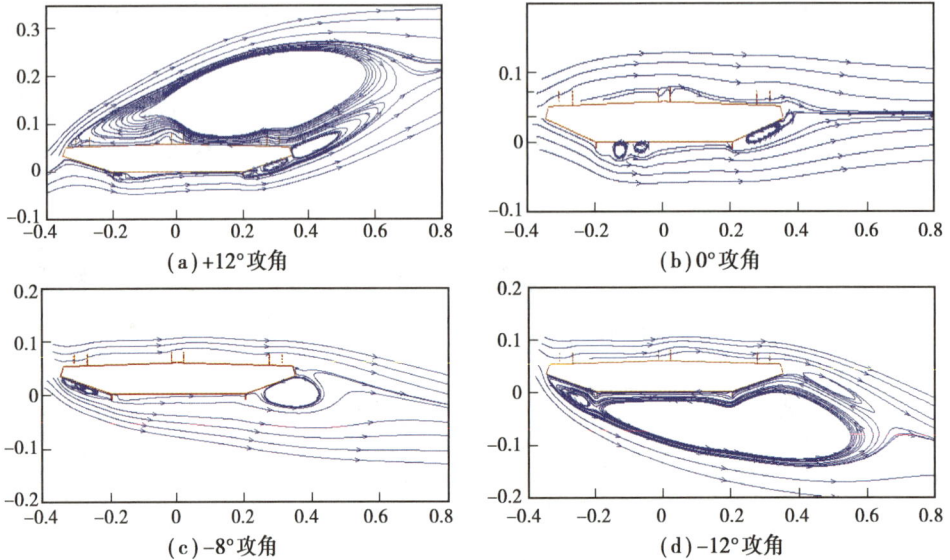

(a) +12°攻角 (b) 0°攻角 (c) −8°攻角 (d) −12°攻角

图 4.6　主梁附近流线轮廓

4.2.2　栏杆透风率的影响

实际成桥状态的栏杆透风率为 59.8%,试验中设计了透风率 100%(去掉栏杆)、45.8% 两种方案作为对比,其检修车轨道均位于底板最外侧,风速均为 10.0 m/s。图 4.7(a)是栏杆透风率为 59.8% 时的静力三分力试验情况,图 4.7(b)为通过试验测量得到的不同透风率栏杆对三分力影响变化的曲线。桥面附属构件对桥梁气动力性能影响很大,因此,在图 4.7(c)中给出了主梁断面的具体尺寸、中央分隔带、防撞栏杆位置、试验中栏杆替换位置、所有栏杆尺寸,中央分隔带栏杆和防撞栏杆所用尺寸为栏杆①、栏杆②透风率为 59.8%,栏杆③透风率为 45.8%。

由图 4.7(b)可知:

①随着栏杆透风率的减小,阻力系数趋于增大,升力系数趋于减小,力矩系数的变化基本可忽略不计。

②在 −12°~−7° 和 +1°~+12° 攻角范围内,不同风速下的升力系数变化十分明显,证明在此攻角范围内栏杆透风率对升力系数的影响较大。

③栏杆透风率变化对阻力系数影响最大,升力系数次之,力矩系数最小。

图 4.8 至图 4.10 是当风攻角为 +12° 时,三种栏杆透风率下主梁断面附近压强、速度和流线分布的变化情况,根据其流场的对比可定性分析出阻力系数、升力系数和力矩系数随栏杆透风率变化的原因。

由图 4.8 至图 4.10 可知:

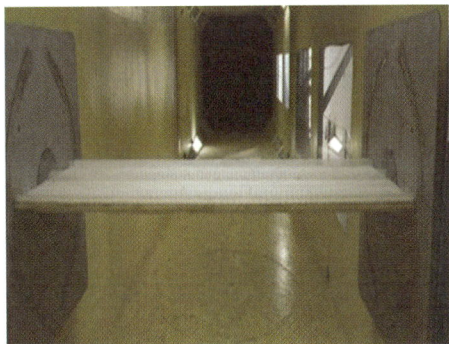

(a) 栏杆透风率为59.8%的静力三分力试验　　　(b) 不同透风率栏杆对三分力影响

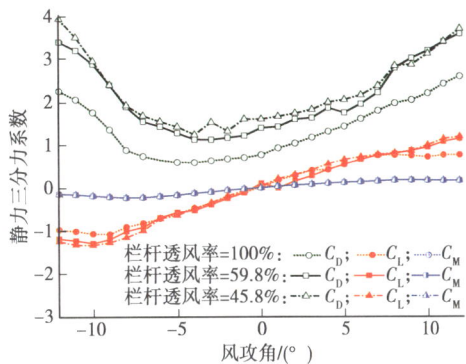

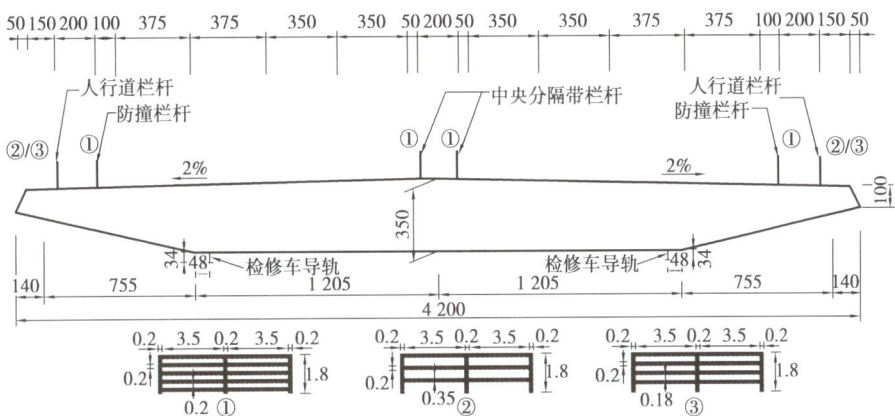

(c) 主梁断面布置（单位：cm）

图 4.7　栏杆透风率对三分力系数的影响

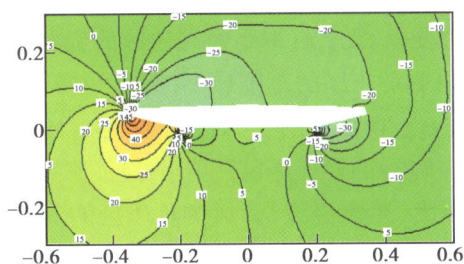

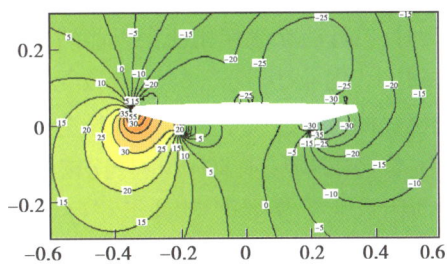

(a) 无栏杆

(b) 栏杆透风率为45.8%

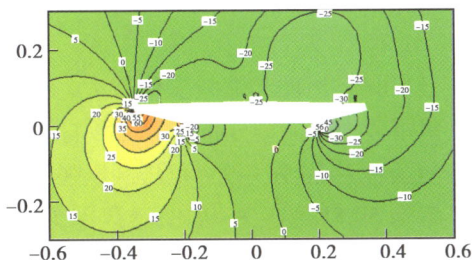

(c) 栏杆透风率为59.8%

图 4.8　主梁断面附近压强分布（单位：Pa）

(a)无栏杆　　　　　　(b)栏杆透风率为45.8%　　　　　　(c)栏杆透风率为59.8%

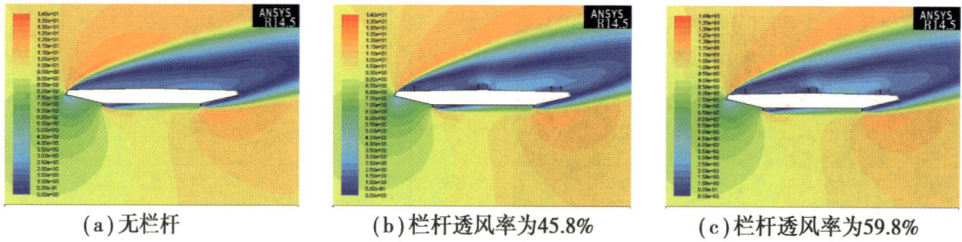

图 4.9　主梁附近速度分布(单位：m/s)

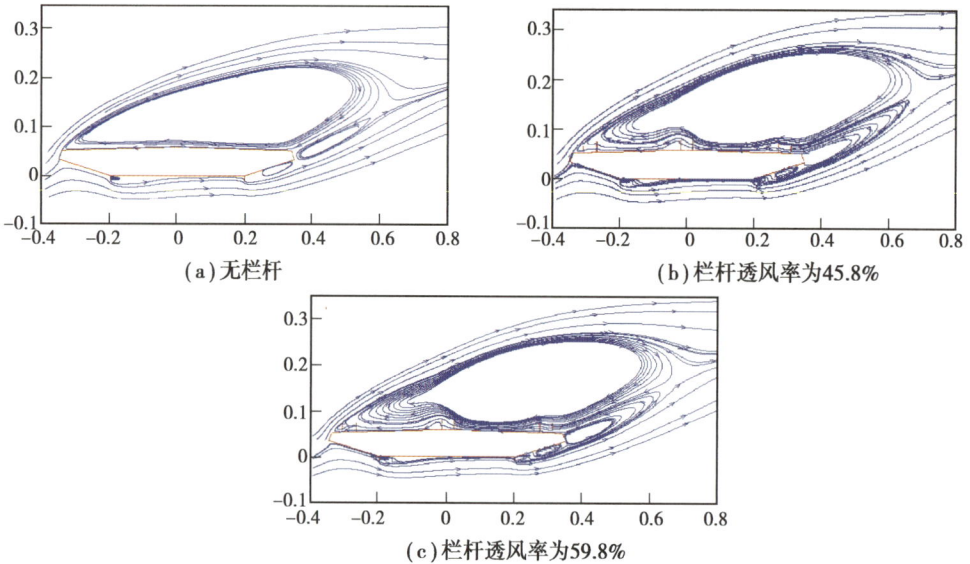

(a)无栏杆　　　　　　　　　　　　(b)栏杆透风率为45.8%

(c)栏杆透风率为59.8%

图 4.10　主梁附近流线轮廓

①无栏杆时，主梁上方的气流在风嘴处分离后又很快再附着在主梁上[图 4.10(a)]，而有栏杆时，栏杆的导流作用使得气流的再附着能力变差，无栏杆时下游尾迹区的旋涡明显比有栏杆时小[图 4.10(b)、(c)]，导致无栏杆时背风侧负压区的范围最小(图 4.8)，迎风侧为正压区，三种栏杆透风率下迎风侧压力基本没有变化，因此，无栏杆时迎风侧和背风侧压力差最小，与透风率为 59.8% 的栏杆比较，透风率为 45.8% 的栏杆透风量更小，对气流的扰动更大，使再附点往下游移动，延伸至尾迹区的旋涡更大、尾流更宽，背风侧负压区的范围更大[图 4.10(b)、(c)]，因此迎、背风侧压力差更大[图 4.8(b)、(c)]，阻力系数更大。所以相同风攻角下，三种透风率栏杆阻力系数从小到大依次为无栏杆、栏杆透风率为 59.8%、栏杆透风率为 45.8%。

②三种工况下主梁流场上侧压强、速度和流线变化较大，下侧基本没有发生变化，说明栏杆主要影响上表面的流场，对下表面的流场分布基本无影响。无栏杆时，主梁上侧无障碍物阻挡，其风速要大于有栏杆的两种工况(图 4.9)，负压区压强绝对值更大，因此上下压力差更大，升力系数更大。与透风率为 59.8% 的栏杆相比，透风率为 45.8% 的栏杆对气流的阻挡更强，上表面风速更小[图 4.9(b)]，上方负压区压强的绝对值更小，因此上下压力差更小，升力系数更小。所以在相同风攻角下，三种透风率栏杆升力系数从小到大依次为栏杆透风率为 45.8%、栏杆透风率为 59.8%、无栏杆。

4.2.3 三维路面粗糙度重构

路面粗糙度是对路面评价的一个关键因素。车辆的振动是路面的不平度引起的,在人-车-路、风-车-桥系统中进行研究时,路面粗糙度都是振动系统的激励源,是影响整个系统振动情况的重要因素。路面粗糙度早期主要是通过实际测量获得,随着数值模拟的发展,研究人员开始在理论测试基础上进行路面的建模和模拟,提出了多种时域和频域的路面模型。在路面粗糙度数值模拟中,最初是对二维路面粗糙度模拟,模型分为四大类。研究车-路系统振动情况初期,用的是车辆独轮车模型、半车模型。独轮车和半车模型中,输入的是与路面方向垂直的二维路面不平度。随着研究的不断深入,车辆模型的自由度越来越多,有整车4自由度模型、5自由度模型、二轴13自由度模型、三轴17自由度模型、三轴21自由度模型。为了研究冰、雪、雨、风引起车辆侧翻、侧滑以及考虑驾驶员行为和乘客舒适度的车-桥、车-路耦合振动,建立4自由度以上的模型能够得到更精确的结果,需要在每个车轮下面都输入不平度激励,而二维路面粗糙度模型不能很好地解决此类问题,因此许多学者进行了三维路面粗糙度的推导和重构。目前,用于三维路面粗糙度的推导与重构的方法有:将一维路面功率谱扩展成二维推导三维路面粗糙度;构建路面高程迭代函数系统,用随机三维分形插值的方法对原始测量的路面数据进行插值得到三维路面粗糙度;用改进的谐波合成法将路面粗糙度拓展到三维空间内的路面粗糙度;通过三角级数法,计算出路面粗糙度特性,推导出三维路面随机位移的表达式。

路面粗糙度位移功率谱密度的拟合表达式为:

$$G_q(n) = G_q(n_0)\left(\frac{n}{n_0}\right)^{-w} \tag{4.1}$$

式中　$G_q(n)$——路面粗糙度功率谱密度,m^{-1},其中 n 为空间频率;

　　　n_0——参考空间频率,m^{-1},$n_0 = 0.1$;

　　　$G_q(n_0)$——路面粗糙度系数,m^2/m^{-1};

　　　w——频率指数,$w = 2$。

车辆行驶过程中轮胎受到的激励频率与空间频率和车辆行驶速度相关,空间功率谱密度函数为:

$$G_q(f) = \frac{1}{u}G_q(n) = \frac{1}{u}G_q(n_0)\left(\frac{f}{n_0}\right)^{-w}\left(\frac{1}{u}\right)^{-w} = G_q(n_0)n_0^w f^{-w}u \tag{4.2}$$

式中　f——车辆行驶过程中轮胎受的激励频率,$f = u \cdot n$,Hz;

　　　u——车速,m/s;将 (f_1, f_2) 划分为 N 个区间,第 i 个区间的中心频率为 f_{mid-i},当 N 足够大时,可用 f_{mid-i} 代替整个小区间上的功率谱密度值,与频率间隔 f_i 相乘,得到第 i 个区间的功率谱密度为:

$$G_i = G_q(f_{mid-i}) \cdot f_i \qquad (i = 1, 2, 3, \cdots, N) \tag{4.3}$$

功率谱与幅值谱间的关系为 $A^2 = G$,因此可以得到每一段频率对应的粗糙度幅值:

$$A_i = \sqrt{G_i} = \sqrt{G_q(f_{mid-i})gVf_i} \tag{4.4}$$

式中　A_i——每一段频率所对应的粗糙度幅值。

将 N 个标准差为 A_i 的余弦波叠加,可得:

$$Z_a = \sum_i^N \sqrt{2} A_i \cos(2\pi f_i t + \phi_i) \tag{4.5}$$

式中　Z_a——垂直于路面的位移,m;将 $t = y/u$,$f_i = u \cdot n_i$ 代入式(4.5),得:

$$Z_a = \sum_i^N \sqrt{2} A_i \cos(2\pi n_i y + \phi_i) \tag{4.6}$$

式中　y——沿着路长方向的位移;

ϕ_i——$[0, 2\pi]$ 上的随机数,满足标准正态分布。

由式(4.6)可知,路面粗糙度的生成与位移相关、与车速无关,车速是参与转换的一个中间变量。假设沿着路的宽度的方向为 x 方向,沿着路的长度的方向为 y 方向,路面粗糙度为垂直于 x,y 平面的 z 方向,沿着路宽和路长方向的粗糙度可用谐和函数来表示。

$$X = \sum_{i=1}^N X_i = \sum_{i=1}^N \sqrt{2} A_i \cos(2\pi n_i x + \phi_{1i}) = \sum_{i=1}^N \sqrt{2} A_i \cos(2\pi f_i t_x + \phi_{1i}) \tag{4.7}$$

$$Y = \sum_{i=1}^N Y_i = \sum_{i=1}^N \sqrt{2} A_i \cos(2\pi n_i y + \phi_{2i}) = \sum_{i=1}^N \sqrt{2} A_i \cos(2\pi f_i t_y + \phi_{2i}) \tag{4.8}$$

令 Z_1,Z_2,Z_3,$\cdots$,Z_N 是 N 个独立双变量随机向量,$Z_i = (X_i, Y_i)$,$i = 1, 2, 3, 4, \cdots, N$,则向量和为:

$$\boldsymbol{Z} = \sum_{i=1}^N Z_i = \left(\sum_{i=1}^N X_i, \sum_{i=1}^N Y_i \right) = (X, Y) \tag{4.9}$$

Laning-battin 定理中,当 $N \to \infty$ 时,$Z = (X, Y)$ 趋向于正态分布的充分必要条件是:

$$\begin{cases} \lim\limits_{N \to \infty} \dfrac{1}{\sigma x^3} \sum_{i=1}^N E\{ |X_i - E(X_i)|^3 \} = 0 \\ \lim\limits_{N \to \infty} \dfrac{1}{\sigma y^3} \sum_{i=1}^N E\{ |Y_i - E(Y_i)|^3 \} = 0 \end{cases} \tag{4.10}$$

若随机谐和函数 $X_i = \sqrt{2} A_i \cos(2\pi f_i t_x + \phi_i)$ 中,f_i,$i = 1, 2, 3, \cdots, N$ 相互独立,则其概率密度函数为:

$$p_{f_{\mathrm{mid}-i}}(f) = \frac{G_x(f)}{2\pi E_i} I \qquad [f \in (f_{i-1}, f_i)] \tag{4.11}$$

式中　$I[f \in (f_{i-1}, f_i)]$——示性函数,$f \in (f_{i-1}, f_i)$,则 $I = 1$,否则 $I = 0$。

概率具有相容性,因此有:

$$\int_{f_{\mathrm{mid}-i-1}}^{f_{\mathrm{mid}-i}} p_{f_{\mathrm{mid}-i}}(f) \, d_f = 1 \tag{4.12}$$

$$\sum_{i=1}^N E|X_i|^3 = \sum_{i=1}^N \int_{f_{i-1}}^{f_i} \int_0^{2\pi} \frac{1}{2\pi} p_{fi}(f) \left| \sqrt{2} A_i \cos(2\pi f_i t_x + \phi_i) \right| d_{\phi_i} d_f$$

$$= \sum_{i=1}^N \frac{8\sqrt{2} A^3(f_i)}{3\pi} \tag{4.13}$$

$$\lim_{N \to \infty} \sum_{i=1}^N E|X_i|^3 = \lim_{N \to \infty} \frac{8\sqrt{2}}{3\pi} \sum_{i=1}^N E_j \sqrt{E_j} = \lim_{N \to \infty} \sum_{i=1}^N \frac{8\sqrt{2}}{3\pi} \int_{n_u}^{n_l} \left[\frac{G_x(f_i)}{\pi}(\Delta f_i) \right]^{\frac{3}{2}}$$

$$\leqslant \lim_{N \to \infty} \sum_{i=1}^{N} \frac{8\sqrt{2}\, G_{\max}^{\frac{3}{2}}}{3\pi\,(2\pi)^{\frac{3}{2}}} (\Delta f_i)^{\frac{3}{2}} \tag{4.14}$$

$G_{\max} = \max |Gx(f)|$，$E(X_i) = 0$，$E(Y_i) = 0$，因此，当 $N \to \infty$，$\Delta n_i \to 0$ 时，式(4.15)成立。

$$\lim_{N \to \infty} \frac{1}{\sigma x^3} \sum_{i=1}^{N} E\{|X_i - E(X_i)|^3\} = 0 \tag{4.15}$$

同理可证式(4.10)成立。根据 Laning-battin 定理，$\mathbf{Z} = (X, Y)$ 是趋向于正态分布的。通过 $\mathbf{Z} = (X, Y)$ 构造出函数式：

$$\mathbf{Z} = \frac{1}{2} \sum_{i=1}^{N} \sqrt{2} A_i \cos(2\pi f_i t_x + \phi_{1i}) + \sum_{i=1}^{N} \sqrt{2} A_i \cos(2\pi f_i t_y + \phi_{2i}) \tag{4.16}$$

在式(4.6)中已经证明了路面粗糙度与车速无关，只是将时间频率和空间频率相互转化的一个中间参数，将 $t_x = x/u$，$t_y = y/u$，$f_i = u \cdot n_i$ 代入式(4.16)，可得：

$$\mathbf{Z} = \frac{1}{2} \sum_{i=1}^{N} \sqrt{2} A_i \cos(2\pi n_i x + \phi_{1i}) + \sum_{i=1}^{N} \sqrt{2} A_i \cos(2\pi n_i y + \phi_{2i}) \tag{4.17}$$

$E(X) = 0$，$E(Y) = 0$，X，Y 为独立变量，因此 $E(Z) = 0$。谐和函数本身具有稳定性，因此当 $N \to \infty$ 时，表达的是一个稳定的零均值的趋向于正态分布的过程。

一般路面的空间频率段分布为 $0.011 \sim 2.83 \text{ m}^{-1}$，车速范围为 $10.0 \sim 40.0 \text{ m/s}$，时间频率范围为 $0.44 \sim 28.3 \text{ Hz}$。悬挂质量固有频率 $1 \sim 2 \text{ Hz}$ 及非悬挂质量固有频率 $10.0 \sim 15.0 \text{ Hz}$ 包含在此范围内。将时间频率范围划分为 200 份，即 $N = 200$，采样频率为 0.01 s，应用式(4.17)通过 MATLAB 软件模拟了 ISO 规范中 C 级路面三维粗糙度，图4.11(a)为随机谐和函数法重构的路的长度和宽度均为 40 m 时三维路面粗糙度。C 级路面粗糙度的变化范围为$-0.04 \sim +0.04$ m。从图 4.11(b)中可以看出，在模拟区域内路面粗糙度值呈无规律的随机分布。图 4.11(c)为随机选取的宽度为 2.0 m 时的沿着路长度方向的路面粗糙度变化情况，可以看出，路面粗糙度围绕着零值附近波动。图 4.11(d)中将随机谐和函数法生成功率谱密度和标准谱密度相比，模拟的功率谱围绕着标准谱上下波动，其偏离范围不大，拟合情况较好，证明随机谐和函数法生成功率谱密度与标准功率谱有着相近的功率谱密度函数，存在误差主要是因为对路面进行了离散化采样处理，功率谱密度采样点数和随机相位数据有限。路面粗糙度的变化范围、波动趋势和生成的功率谱密度证明了随机谐和函数法的可行性和正确性，等高线的分布情况证明了其良好的随机性。

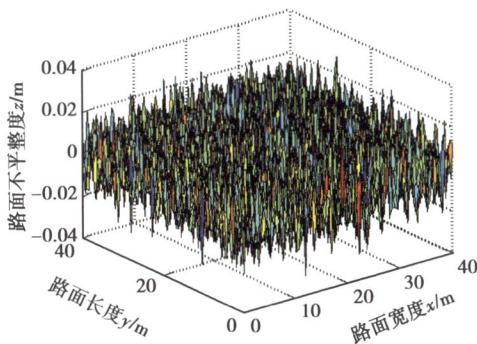

（a）路面粗糙度三维图

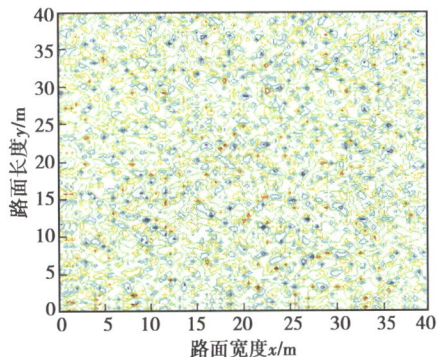

（b）路面粗糙度的等高线

（c）路宽2 m处沿着路面宽度方向的粗糙度　　（d）功率谱密度与标准谱密度对比

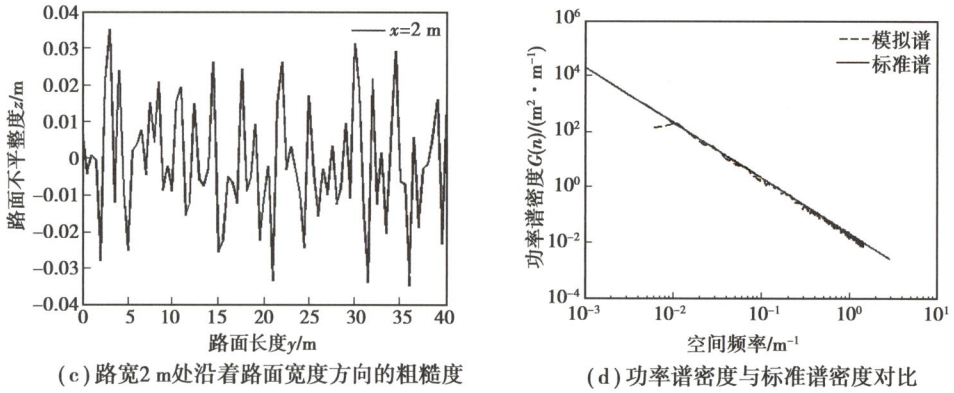

图 4.11　随机谐和函数法重构生成 C 级路面粗糙度

为了进一步证明提出的随机谐和函数法重构的三维路面粗糙度的正确性和可靠性,用谐波合成法和三角级数法在相同条件下模拟了三维路面粗糙度。图 4.12(a)中可以看出谐波合成法模拟的 C 级路面粗糙度变化范围为 $-0.04 \sim +0.04$ m。比随机谐和函数法生成的路面粗糙度整体略微偏大。图 4.12(b)中路面粗糙度等高线以路面原点处为中心呈圆状向外发散,模拟路面范围内粗糙度值有明显规律。在以原点为中心、定值为半径的圆上的路面粗糙度值变化接近。选取宽度为 2.0 m 处的路面,路面粗糙度沿着路的长度方向变化,如图 4.12(c)所示。路面粗糙度变化趋势比随机谐和函数法模拟的路面粗糙度变化缓慢,在峰值附近比较明显,而且出现了峰值附近的小范围波动。谐波合成法生成功率谱密度和标准谱

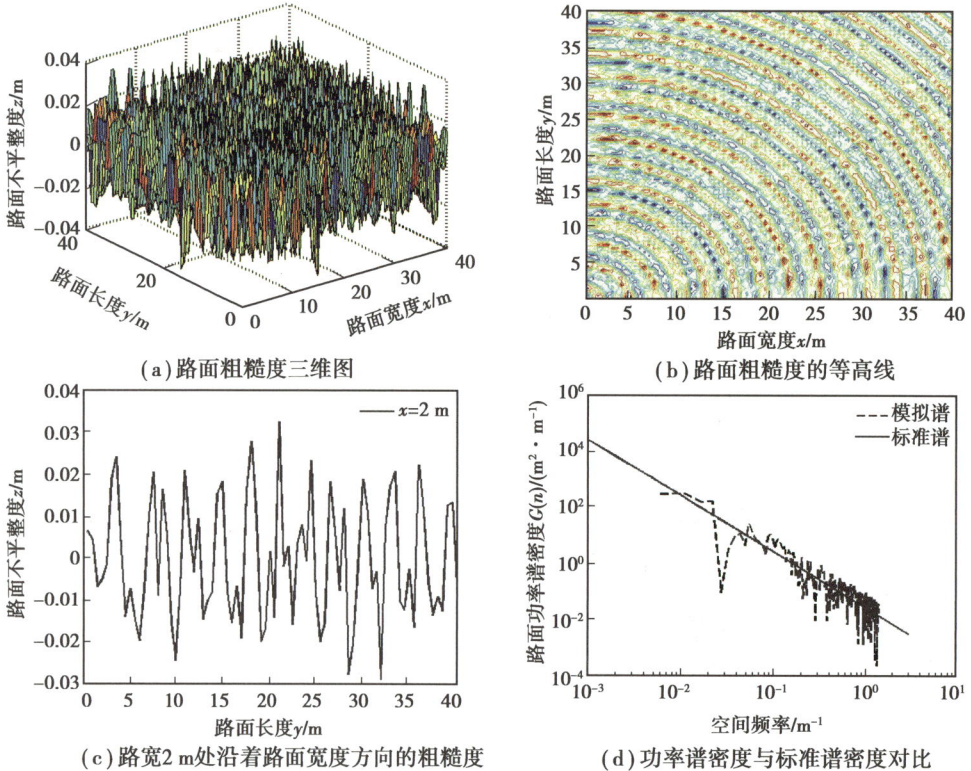

（a）路面粗糙度三维图　　　　　　　　　（b）路面粗糙度的等高线

（c）路宽2 m处沿着路面宽度方向的粗糙度　　（d）功率谱密度与标准谱密度对比

图 4.12　谐波合成法生成 C 级路面粗糙度

密度相比较的情况,如图4.12(d)所示,模拟的功率谱围绕着标准谱上下波动,其波动范围比随机谐和函数法的功率谱密度要大。三角级数法生成的 C 级路面粗糙度,如图4.13(a)所示,变化范围为−0.04～+0.04 m。从其路面粗糙度等高线图4.13(b)中可以看出变化存在明显的规律,在45°斜线方向上的路面粗糙度值基本一致。图4.13(c)给出了宽度为2.0 m 处的路面,路面粗糙度沿着路的长度方向的变化情况,三角级数法生成的路面粗糙度变化趋势缓慢,沿着路的长度方向逐渐增大和逐渐减小。因此,三角级数法分析时必须选足够多的采样点才能更好地体现出变化范围。三角级数法模拟出的功率谱与标准谱如图4.13(d)所示,整体拟合情况较好。

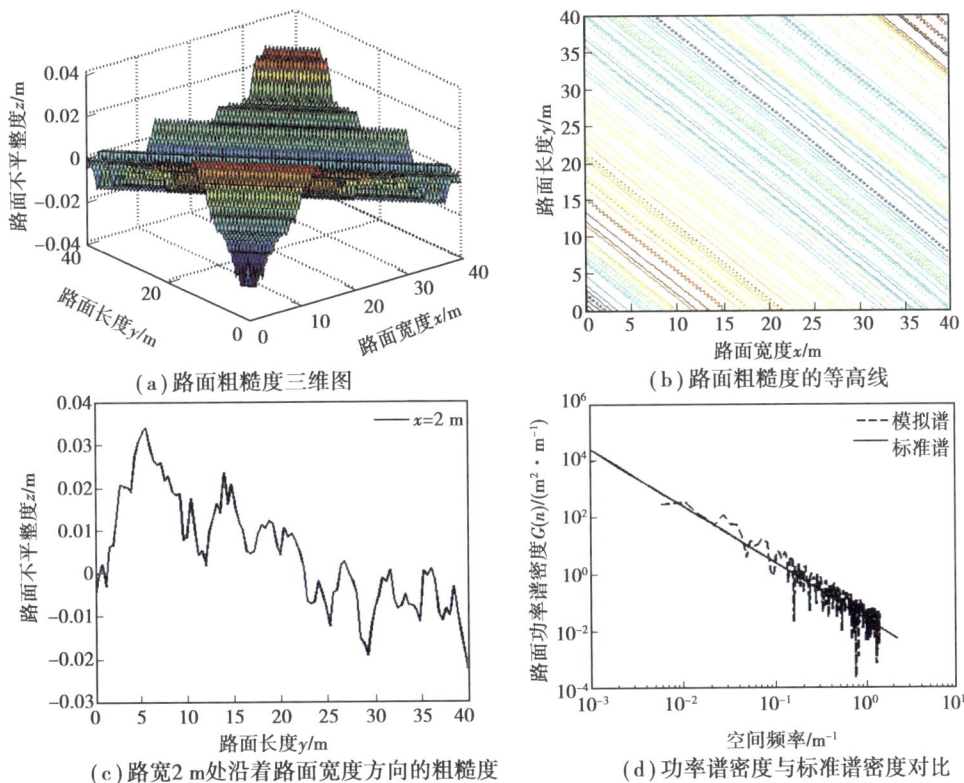

(a)路面粗糙度三维图

(b)路面粗糙度的等高线

(c)路宽2 m处沿着路面宽度方向的粗糙度

(d)功率谱密度与标准谱密度对比

图 4.13　三角级数法重构生成 C 级路面粗糙度

通过本小节描述可知:

①通过随机谐和函数重构了三维路面粗糙度函数,从理论上证明了该函数为平稳的零均值的趋向于正态分布的函数,与前人研究的假设路面粗糙度为平稳的均值为零的正态分布相符。用 MATLAB 对重构的三维路面粗糙度函数编程,根据模拟结果对生成路面粗糙度的稳定性和零均值性进行验证,把功率谱密度函数与标准谱密度函数相比较,验证了用随机谐和函数法建立的三维路面粗糙度模型的可行性和正确性,同时分析了产生误差的原因。

②在相同条件下应用谐波合成法和三角级数法模拟出了 C 级路面粗糙度。三种方法生成的路面粗糙度变化范围基本一致,但变化速度不同。三角级数法模拟出的路面粗糙度在沿着路长或者路宽的方向变化最缓慢,随机谐和函数法变化最快速。

③谐波合成法生成的40 m ×40 m 路面粗糙度值以原点为中心向外规律圆形发散。三角

级数法生成的路面粗糙度值按45°斜线呈规律性分布。随机谐和函数法生成的路面粗糙度无规律、随机分布。三种方法中,随机谐和函数法生成的路面粗糙度随机性相对较好。

4.2.4 桥面粗糙度的影响

桥面粗糙度是引起桥上车辆竖向振动的主要激励源,也是影响桥上车辆安全的主要因素。车辆行驶时会对桥面产生附加动荷载,这种动荷载会让桥面粗糙度变差,产生表面裂缝、车辙、滑移等病害。桥面粗糙度变差不仅会影响桥梁的正常运营还会影响驾驶员及乘客的舒适度,因此,要及时对桥面进行维护,确保桥面粗糙度处于良好状态。

桥梁的桥面粗糙度模拟计算与路面粗糙度相同。一般桥面的空间频率段分布为0.011~2.830 m⁻¹,车速范围为10.0~40.0 m/s,时间频率范围为0.44~28.30 Hz。将时间频率范围划分为200份,采样频率为0.01 s。通常情况下,钢箱梁桥梁桥面粗糙度为A级,钢管混凝土拱桥桥面粗糙度有可能达到B级,实际中基本不会出现C级桥面粗糙度,但为了进行对比,研究主梁气动力及涡振性能随主梁的变化趋势,本书同样选取C级桥面粗糙度进行研究。通过MATLAB利用重构的三维路面粗糙度编程模拟得到了A,B,C 3种等级桥面粗糙度的变化范围,其结果见表4.2。

表4.2 桥面粗糙度的变化范围

桥面粗糙度等级	A	B	C
变化范围/m	−0.005~0.005	−0.020~0.020	−0.040~0.040

桥面粗糙度的功率谱密度函数和标准功率谱密度函数通过傅里叶逆变换得到,相干性曲线通过相干函数得到。以B级桥面粗糙度为例具体说明,其结果如图4.14所示。图4.14(a)和图4.14(b)分别为桥面粗糙度三维图和路宽2 m处沿桥面长度方向的粗糙度示意图,可以得出,B级桥面粗糙度绝大部分为−0.020~+0.020 m,且围绕零值附近均匀稳定波动,基本上可以反映桥面粗糙度的随机性和稳定性。当车辆采用5自由度以上模型时,每个车轮处均需输入桥面粗糙度,左右两侧车轮受激励是具有相同功率谱密度的随机信号,因此,需考虑左右两轮之间的相干性。任意取两条桥面粗糙度曲线得到其相干函数曲线(本书中选取桥面宽度分别为3.0 m和15.0 m处沿长度方向的粗糙度),如图4.14(c)所示。可以看出,当f>5 Hz时,模拟结果相差不大;当0<f<2.5 Hz时,模拟结果下降斜率基本一致;当2.5<f<5.0 Hz时,由于模拟结果的振动幅度过大存在一定的误差。模拟的较好频率范围将汽车悬挂(车身)质量部分的固有频率1.0~2.0 Hz和非悬挂(车轮)质量部分的固有频率10.0~16.0 Hz包含在内,因此,模拟得到的结果可以反映真实桥面的粗糙度状况。

节段模型风洞试验不仅要求模型与实桥在几何外形上相似,还要求二者之间的频率比和阻尼比一致。试验中取节段模型几何缩尺比为1/60,模型长为2.1 m、宽为0.7 m、高为0.058 3 m。根据桥面粗糙度的实际变化范围(表4.2)以及模型几何缩尺比可得试验中A,B,C 3种桥面粗糙度变化范围应分别为−0.083~+0.083 mm、−0.500~+0.500 mm、−0.666~+0.666 mm。A级桥面粗糙度变化范围较小,不足0.100mm,考虑到制作节段模型桥面的木

（a）桥面粗糙度三维图

（b）路宽2 m处沿桥面长度方向的粗糙度

（c）功率谱密度与标准谱密度对比

（d）相干函数曲线

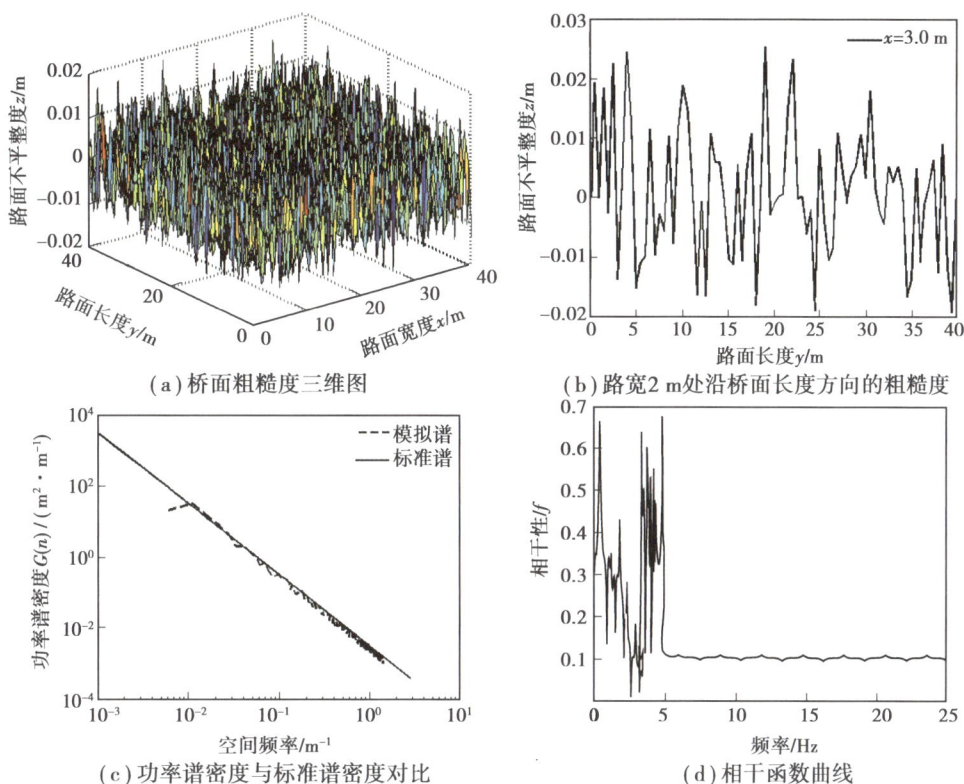

图4.14　B级桥面粗糙度

材表面有轻微的不平度,所以用未加砂纸的主梁模拟A级桥面粗糙度。B级和C级桥面粗糙度采用砂纸模拟,砂纸不平度变化范围具体量测方法为:对砂纸两边沿长度方向(总长2.1 m)用游标卡尺每隔75.0 mm测量1次,共56个测点,记录其变化范围,每种砂纸测量3组。大量的量测结果表明,120目和80目砂纸的平均变化范围的分别为-0.487～+0.487 mm和-0.640～+0.640 mm,与模拟结果相差不大。因此,选用120目砂纸模拟B级桥面粗糙度,80目砂纸模拟C级桥面粗糙度。

三种桥面粗糙度下静力三分力系数试验,如图4.15所示。图4.16为-12°～+12°风攻角下,桥面粗糙度从A级增大到C级时静力三分力系数的变化情况。其中C_D为阻力系数,C_M为力矩系数,C_L为升力系数。

由图4.16可知,在相同风攻角不同桥面粗糙度条件下:

①阻力系数C_D从大至小的顺序均为A,B,C级桥面粗糙度,表明C_D随桥面粗糙度的增大而减小。

②力矩系数C_M的变化范围很小,基本不随桥面粗糙度的变化而变化。

③升力系数C_L在负风攻角范围内无明显变化,在正风攻角范围内随着桥面粗糙度增大而增大。对比C_D,C_L,C_M随桥面粗糙度的变化幅度可以看出,C_D的变化幅度最大,C_M最小,表明桥面粗糙度对静力三分力系数影响的大小依次为C_D,C_L,C_M。

粗糙度对三分力系数C_D,C_L和C_M随风攻角的变化趋势影响较小,A,B,C 3级桥面下相同的三分力系数随风攻角的变化趋势基本一致,具体如下:

(a) A级桥面粗糙度

(b) B级桥面粗糙度

(c) C级桥面粗糙度

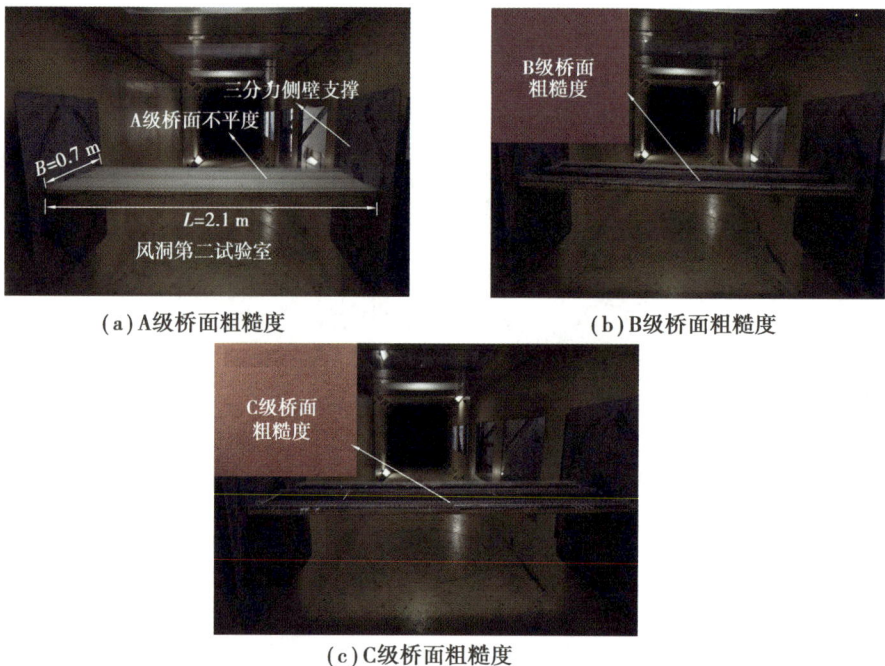

图4.15 三种桥面粗糙度下静力三分力系数试验

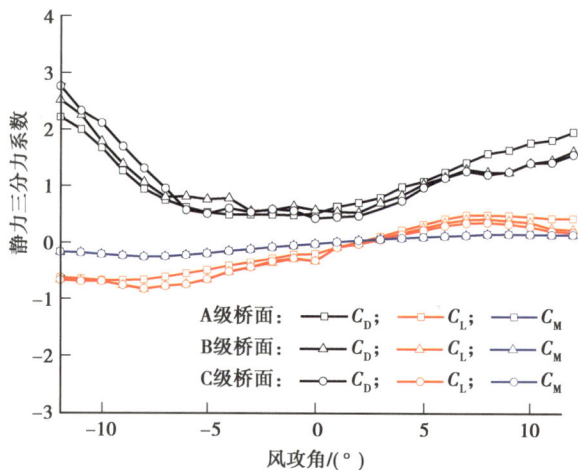

图4.16 桥面粗糙度对静力三分力系数的影响

①阻力系数 C_D 在风攻角为 $-7° \sim +12°$ 时随风攻角增大而增大,且风攻角为 $-7° \sim -2°$ 时曲线形状明显陡于 $-2° \sim +12°$ 时的曲线,即在 $-7° \sim -2°$ 阶段的增大速率远大于 $-2° \sim +12°$ 阶段的增大速率。而在 $-12° \sim -7°$ 时, C_D 随风攻角增大而减小,且减小速率与风攻角 $-7° \sim -2°$ 时的增加速率基本相同。

②力矩系数 C_M 的变化最大的为 C 级桥面,范围为 $-0.166 \sim 0.165$ m,表明 C_M 基本不随风攻角的变化而变化。

③升力系数 C_L 在 $-12° \sim -9°$ 上基本不变,在 $-9° \sim +12°$ 时随风攻角增大而增大,且曲线越来越缓,表明 C_L 的增加速率随风攻角增大而减缓。

为了便于观察主梁断面附近流线轮廓、速度分布和压强分布变化的情况,选取风攻角为-12°,-8°,+12°这3种工况进行模拟。应用 roughness height 单元模拟桥面粗糙度,近似地将砂纸平均砂粒高度视为桥面粗糙度的厚度。在划分边界条件时,将模型上表面(包括风嘴)单独设一个壁面 wall 边界,求解时,将其 roughness height 设为0.97 mm 或 1.28 mm 即实现了对 B 级(80 目砂纸)和 C 级(120 目砂纸)桥面粗糙度的模拟。在网格划分方面,为了更好地分辨桥面的不平度颗粒,断面上表面划分边界层网格,第一层网格高度为 0.05 mm。将主梁附近划分为 8 个区域,分别计算出每个区域内网格节点的平均压强和速度值作为比较依据。图 4.17 和图 4.18 为不同桥面粗糙度下主梁附近流线轮廓及速度分布。

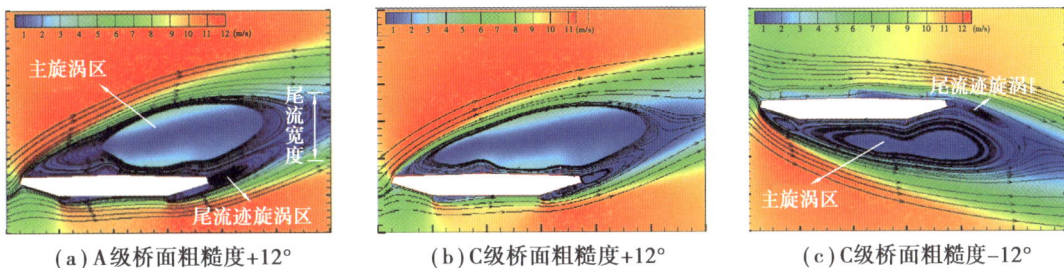

(a) A级桥面粗糙度+12°　　　(b) C级桥面粗糙度+12°　　　(c) C级桥面粗糙度-12°

图 4.17　主梁附近流线轮廓及速度分布(单位: m/s)

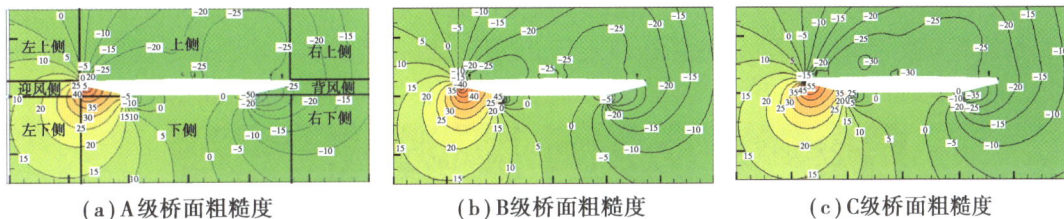

(a) A级桥面粗糙度　　　　　(b) B级桥面粗糙度　　　　　(c) C级桥面粗糙度

图 4.18　主梁断面附近压强分布(单位: Pa)

由图 4.17(a)、(b)可知,风攻角为+12°时桥面上方的主旋涡区随桥面粗糙度增大而增加,主梁下游尾迹区的旋涡缩小,尾流宽度变窄。由图 4.18(a)、(b)、(c)可知,背风侧负压区的范围、压强绝对值均随桥面粗糙度增大而减小,通过计算,得到迎、背风侧压力差由30.42 Pa 减小到 20.18 Pa,从而导致阻力系数减小。

由图 4.17(a)、(b)可知,当来流为正风攻角时,桥面粗糙度的增大使得上表面风速增大,通过计算,得到上表面风速由 4.81 m/s 增大到 5.95 m/s。由图 4.18(a)、(b)、(c)可知,上侧负压区压强绝对值增大,上侧负压区压强绝对值由 20.36 Pa 增大到 24.58 Pa,上下压力差增大,最终导致升力系数增大;桥面粗糙度主要影响的是断面上方的流场分布,当来流为负风攻角时,图 4.17(c)是风攻角为-12°时主梁附近流线轮廓及速度分布,主旋涡及尾迹区旋涡均位于断面下方,受桥面粗糙度的影响微乎其微,因此升力系数的变化并不明显。力矩系数由左上、右下侧压强差及右上、左下侧压强差决定。通过计算得出,图 4.18(a)、(b)、(c)中,左上和右下侧压强差分别为 16.41,16.40,16.41 Pa;右上和左下侧压强差分别为17.32,17.33,17.31 Pa,压强差值的变化范围不大。因此,力矩系数基本不受桥面粗糙度变化的影响。

4.3 影响宽体式扁平钢箱梁涡振性能的因素

轻柔的结构、较低的自振频率和阻尼,使得涡激共振现象出现在现代大跨度桥梁中。如丹麦的斯托伯尔特桥(Store Baelt Bridge)发生了涡振,从而不得不采用梁底导流板的气动辅助措施进行涡振的振动控制,后续一些扁平箱梁则采用了风嘴导流板或梁底导流板来提高涡振性能。涡振因其引起风速低、发生频率大,可以持续长时间振动而危害桥梁,涡振过大会影响桥上的车辆安全,因此要在施工和成桥阶段避免涡振。

4.3.1 大攻角的影响

进行涡振节段模型试验时,通常情况下攻角值取 0°或±3°。山区地形及峡谷地带,桥梁风场受局部地形影响非常剧烈,易形成大于±3°风攻角的大攻角来流风,十分有必要对复杂地形地貌区的大跨度桥梁开展大攻角情况下涡振性能研究。寸滩长江大桥桥址属于山区地貌,桥面有分隔带护栏、桥面防撞栏杆和人行道栏杆,且栏杆比较多,特别容易发生涡振,所以对主梁断面进行了 0°,±3°,±5°,±7°共 7 种风攻角条件下的涡振试验,如图 4.19 所示。

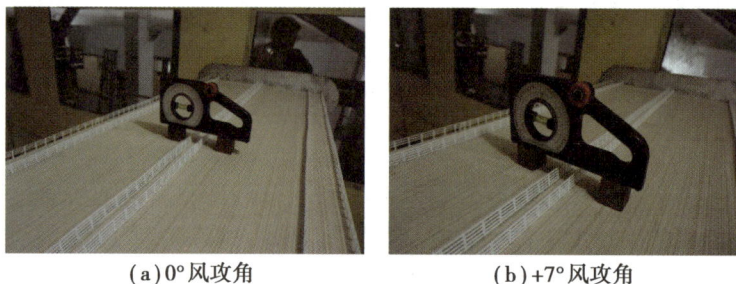

(a)0°风攻角　　　　　　　　(b)+7°风攻角

图 4.19　主梁涡振试验

在试验过程中,观察到的涡振有竖向涡振、弯扭耦合涡振和扭转涡振 3 种形式,一般情况下都是先出现竖向涡振,然后出现弯扭耦合涡振,最后出现扭转涡振。由图4.20可知,主梁在+7°,+5°,+3°,0°风攻角情况下出现了明显涡激振动响应。+7°,+5°,+3°这 3 种风攻角下有两个涡振区,第二涡振区的涡振响应明显大于第一涡振区的涡振响应。0°风攻角下出现了一个明显的涡振区。−3°,−5°,−7°这 3 种风攻角下未出现涡振区。+7°风攻角下的竖向涡振区间在 5.0~11.5 m/s 和 13.0~25.0 m/s 范围内,+5°的竖向涡振区间在 6.0~11.0 m/s 和 13.0~18.0 m/s 范围内,+3°的竖向涡振区间在5.5~7.0 m/s 和 15.0~18.0 m/s 范围内。+7°,+5°,+3°风攻角下竖向涡振响应最大幅分别为 586.46,398.46 和 283.99 mm,扭转响应最大角度分别为 1.296°,0.964°和 0.273°。

+7°和+5°大风攻角下的涡振区间明显增大,涡振响应增幅较大,竖向振幅和扭转角度均超过涡振允许值。+3°风攻角下扭转角度超过允许扭转角度 0.18%,竖向涡振振幅未超过涡振允许值,0°,−3°,−5°,−7°工况的涡振响应均在允许值范围内。未进行大攻角试验时主梁

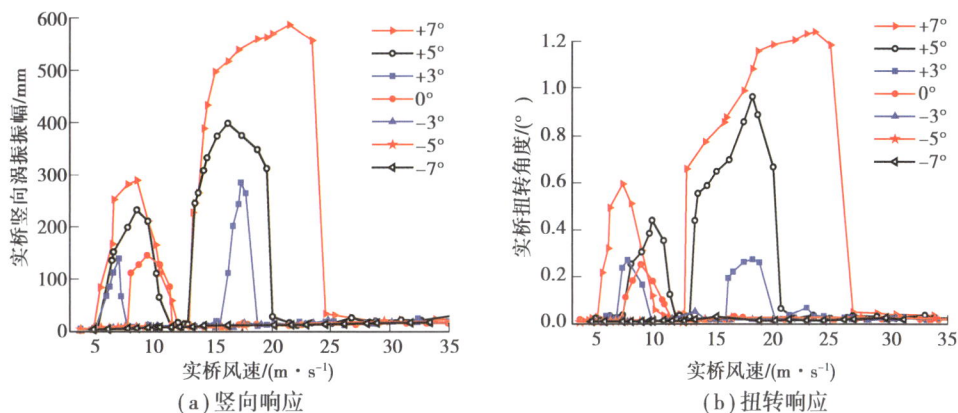

(a) 竖向响应　　　　　　　　(b) 扭转响应

图 4.20　主梁涡振响应

基本满足涡振性能的要求,但是在大攻角下竖向振幅和扭转角度峰值均超过允许值。+7°风攻角与+3°风攻角相比竖向涡振响应峰值增大了 106.51%,扭转涡振响应峰值增大了374.72%。由此可知,风攻角对宽体式扁平钢箱梁的影响较大,大攻角作用下扭转涡振响应更加敏感,宽体式扁平钢箱梁容易发生大范围、大振幅涡振。对位于西部山区的桥梁,应对大攻角下的主梁进行涡振性能试验。

4.3.2　桥面粗糙度的影响

为了研究桥面粗糙度对宽体式扁平钢箱梁涡振性能的影响,对 3 种不同桥面粗糙度下的主梁进行了涡振试验,在涡振试验中选用未加砂纸的主梁模拟 A 级桥面粗糙度,120 目砂纸模拟 B 级桥面粗糙度,80 目砂纸模拟 C 级桥面粗糙度,B 级桥面粗糙度涡振试验如图4.21所示。

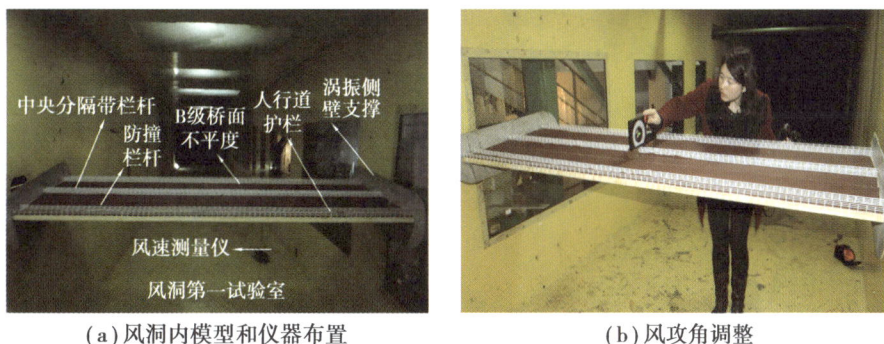

(a) 风洞内模型和仪器布置　　　　　　　　(b) 风攻角调整

图 4.21　B 级桥面粗糙度涡振试验

根据表 3.5 中的竖弯频率、竖弯阻尼比、扭转频率、扭转阻尼比计算出涡振试验中竖向风速比和扭转风速比分别为 4.72 和 4.41。基于缩尺比和计算的风速比便可得到实桥风速和实桥涡振响应间的关系。换算至实桥风速为 0~35.0 m/s,控制风速基本步长约1.0 m/s,试验中根据模型的振动情况适当细化步长。涡振试验结果显示 3 种桥面粗糙度在−3°,−5°风攻角时都没有明显的涡振区,表明负风攻角下主梁气动特性很好。3 种桥面粗糙度在+5°,+3°,0°时的竖向涡振响应如图 4.22 所示。

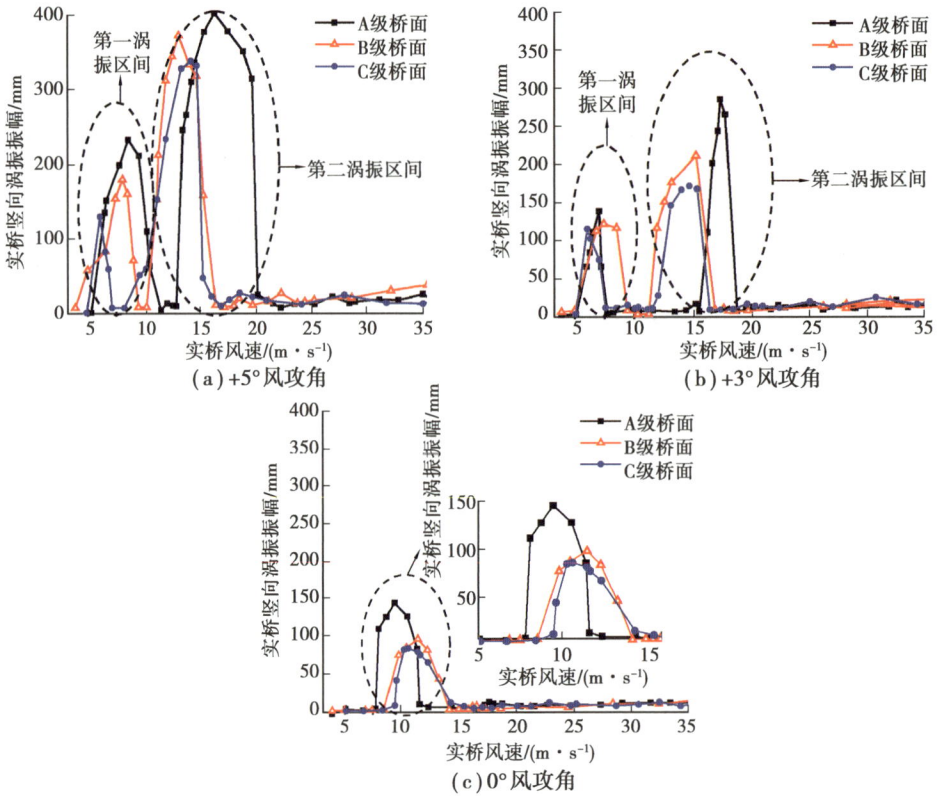

图 4.22 主梁竖向涡振响应

由图 4.22 可知：

①竖向涡振振幅最大值随桥面粗糙度的增加不断降低。如+5°风攻角时，A,B,C 3 级桥面粗糙度下的最大竖向振幅分别为 398.46,369.13,335.18 mm。

②风攻角为 0°,+3° 和+5° 时，从 A 级到 B 级最大竖向振幅降低幅度分别为 7.36%，25.8% 和 32.63%，从 B 级到 C 级最大竖向振幅降低幅度分别为 9.20%,14.39% 和17.53%，表明桥面粗糙度对主梁竖向振幅降低幅度随风攻角的减小而增大，即风攻角较小时对桥面粗糙度变化更敏感。

③相同桥面粗糙度下，最大竖向振幅随风攻角减小而降低。如 A 级桥面在风攻角为+5°,+3° 和 0° 时的最大竖向振幅分别为 398.46,283.99,145.26 mm。

④+5° 和+3° 风攻角时存在两个涡振区，而 0° 风攻角时只有一个涡振区。由于本书研究的桥面较宽，大攻角下出现了气流再次附着，产生了两个涡振区。

三种桥面粗糙度在+5°,+3°,0° 时的扭转涡振响应，如图 4.23 所示。

由图 4.23 可知，不同桥面粗糙度下扭转角度变化规律大部分与竖向涡振振幅的变化规律相似，具体如下：

①扭转角度最大值随桥面粗糙度的增加而减小。

②桥面粗糙度相同时，最大扭转角度随风攻角减小而降低。

③风攻角为+3°,+5° 时同样存在两个涡振区，且风攻角为 0° 时只有一个涡振区。

其不同之处在于：

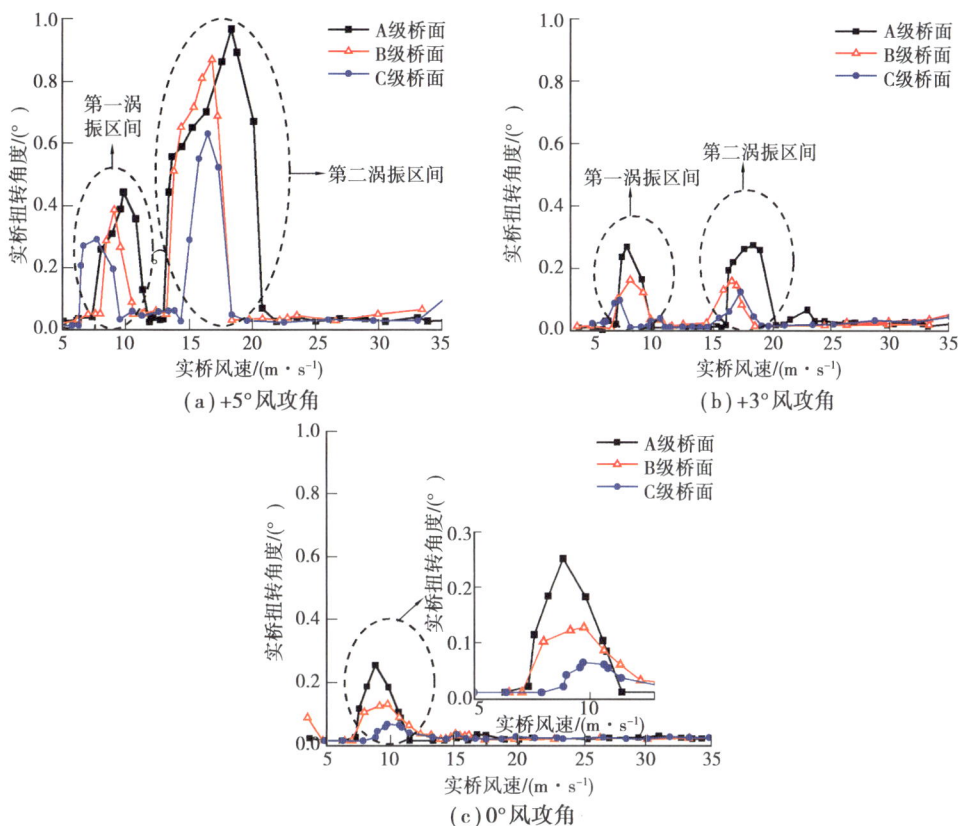

图 4.23　主梁扭转涡振响应

①风攻角为 0°，+3° 和 +5° 时，从 A 级到 B 级最大扭转角度降低幅度分别为 49.8%，41.76% 和 10.27%；从 B 级到 C 级最大扭转角度降低幅度分别为 50.79%，22.01% 和27.91%。其降低幅度大于在同样风攻角下，桥面粗糙度发生同样变化的竖向涡振振幅，表明扭转角度更容易受桥面粗糙度变化的影响。本书研究的主梁断面的宽高比为 12，比一般扁平钢箱梁宽高比大，更接近流线型结构，因此桥面粗糙度发生相同变化时，扭转涡振响应变化幅度大于竖向扭转涡振响应变化幅度。

②风攻角为 0°，+3° 和 +5° 时，竖向涡振最大值有明显变化，而扭转涡振响应在 +5° 时与 0° 和 +3° 相差较大，但是 0°，+3° 之间相差不大。

③在风攻角为 +5° 时，3 种桥面粗糙度下扭转第二涡振区间最大值远大于第一涡振区间；在风攻角为 +3° 时，3 种桥面粗糙度下第一、第二涡振区间最大值基本相同。

④竖向涡振区间随桥面粗糙度变化规律不明显，而扭转涡振区间随桥面粗糙度增大而减小。+5° 风攻角时第二扭转涡振区间减小幅度最为明显，A，B，C 3 级桥面粗糙度的涡振区间分别为 12.89~22.18 m/s、10.15~17.09 m/s 和 8.17~16.80 m/s。

4.3.3　车型的影响

车辆在迎风侧最外面车道对整个汽车-桥梁系统的影响大于其他位置的影响，因此，不同类型的车辆被放置在迎风侧最外侧的车道上。本次试验中，用到了 4 种典型车辆（集装箱车、双层巴士、单层巴士和小轿车），在表 4.3 中给出了 4 种车型的具体尺寸及质量。为了研究汽车-桥梁系统的涡振性能，表 4.4 中给出了 17 种工况来区分车辆类型、数目、车辆间距。简称由车型首字母-车辆数目-车辆间距组成。试验在 XNJD-1 风洞中第一节段 0° 风攻角均匀流的条件下完成的。工况 1# 至工况 4# 中的车辆被安放在迎风侧最外侧车道上，车辆的几何中心与最外侧车道的中心重合，如图 4.24 所示。

表 4.3　车辆的具体尺寸及质量

汽车类型	宽度/mm	长度/mm	高度/mm	质量/g
集装箱车	41.3	262.0	63.0	205.0
双层巴士	41.7	150.0	60.0	194.0
单层巴士	41.7	173.7	63.0	198.0
小轿车	28.3	75.8	24.0	49.0

（a）工况1#(JZ-1-0)

（b）工况2#(SB-1-0)

（c）工况3#(DB-1-0)

（d）工况4#(XJ-1-0)

图 4.24　汽车-桥梁系统风洞试验

表 4.4　风洞试验中的工况

工况	简称	车型	车辆数目/辆	车距/mm	实际距离/m
1#	JZ-1-0	集装箱车	1	0.0	0.0
2#	SB-1-0	双层巴士	1	0.0	0.0
3#	DB-1-0	单层巴士	1	0.0	0.0
4#	XJ-1-0	小轿车	1	0.0	0.0
5#	JZ-3-6	集装箱车	3	100.0	6.0
6#	SB-3-6	双层巴士	3	100.0	6.0
7#	DB-3-6	单层巴士	3	100.0	6.0
8#	XJ-3-6	小轿车	3	100.0	6.0
9#	JZ-3-12	集装箱车	3	200.0	12.0

工况	简称	车型	车辆数目/辆	车距/mm	实际距离/m
10#	SB-3-12	双层巴士	3	200.0	12.0
11#	DB-3-12	单层巴士	3	200.0	12.0
12#	XJ-3-12	小轿车	3	200.0	12.0
13#	JZ-3-18	集装箱车	3	300.0	18.0
14#	SB-3-18	双层巴士	3	300.0	18.0
15#	DB-3-18	单层巴士	3	300.0	18.0
16#	XJ-3-18	小轿车	3	300.0	18.0
17#	N-0-0	无车	0.0	0.0	0.0

为研究主梁上有无车辆和不同类型车辆对主梁涡振响应的影响,在图 4.25 中给出了桥上无车(17#,N-0-0)、一辆集装箱车(1#,JZ-1-0)、一辆双层巴士(2#,SB-1-0)、一辆单层巴士(3#,DB-1-0)和一辆小轿车(4#,XJ-1-0)时的涡振响应对比情况。

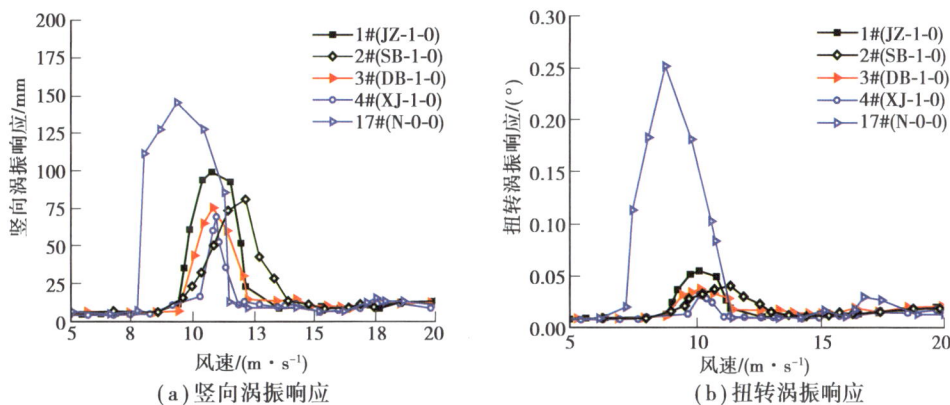

（a）竖向涡振响应　　（b）扭转涡振响应

图 4.25　不同车型的涡振响应

表 4.5　桥上一辆汽车时的最大涡振响应值

工况	简称	最大竖向涡振响应/mm	最大扭转涡振响应/(°)
1#	JZ-1-0	99.076	0.054 5
2#	SB-1-0	80.790	0.040 3
3#	DB-1-0	75.308	0.037 4
4#	XJ-1-0	69.046	0.032 8
17#	N-0-0	127.334	0.251 0

由图 4.25 可知,在工况 17#(N-0-0)无车状态下,涡振区的风速起点为 7.7 m/s,当桥上有一辆汽车时,涡振区发生起点的风速推后。由表 4.5 可知,有车状态下涡振响应最大值降

低,竖向涡振响应最大被降低了 45.78%,扭转涡振响应最大被降低了86.93%。不同类型的车辆对主梁的涡振响应影响大小不同,与无车工况相比,小轿车车流对主梁涡振响应影响最小,集装箱车流对主梁涡振响应影响最大,但所有类型的车辆的涡振响应都在设计允许值以下。因为涡振响应会影响乘客和司机的舒适度,所以桥上有车的工况因降低了涡振响应幅度而对行车有利。

在 4 种不同类型的车辆中,小轿车过桥时主梁的竖向和扭转涡振响应最小,因此,小轿车的舒适度优于其他车辆。

为了探索研究有车和无车状态、不同类型车辆对主梁涡振响应影响的原因,选用 ANSYS 软件模拟了风速范围在 7.0~12.0 m/s 时,桥上无车、桥上有小轿车和桥上有集装箱车涡量大小和方向变化情况。发现当风速为 11.0 m/s 时,能够看到的车辆对主梁的涡量影响最为明显,可以更好地解释涡振响应发生变化的机理。为了便于观察,给了风速 11.0 m/s 情况下工况 1#(JZ-1-0)、工况 4#(XJ-1-0)和工况 17#(N-0-0)的涡量大小和方向变化情况。图 4.26 显示的是 3 种工况下涡量值发生的变化,涡量变化范围为 0~5 000 s^{-1}。

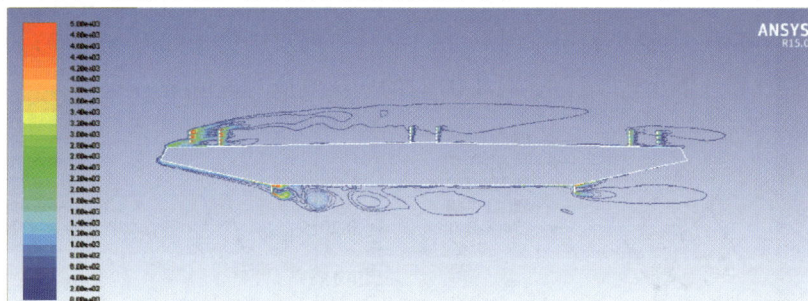

(a) 工况17#(N-0-0)

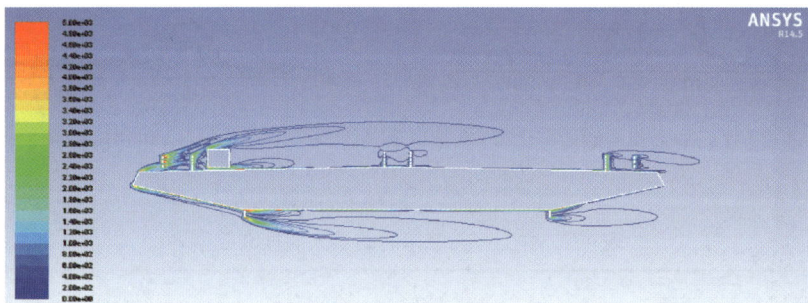

(b) 工况4#(XJ-1-0)

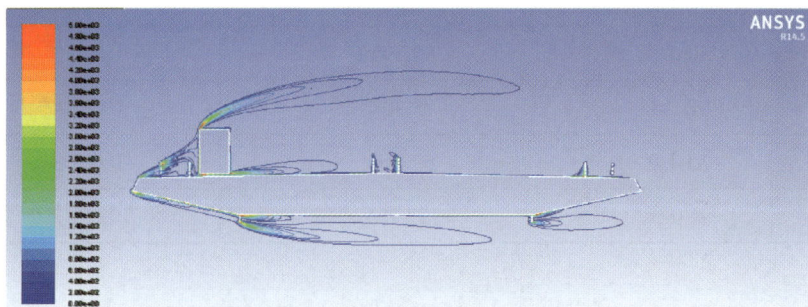

(c) 工况1#(JZ-1-0)

图 4.26 3 种工况下涡量大小变化(单位: s^{-1})

由图4.26可知,涡量极值主要出现在主梁上有附属结构的位置,迎风侧最大涡量集中在导流板和人行道栏杆附近。这一现象与以前学者研究的主梁上的附属结构对涡振响应影响很多结论相符,间接证明了本次数值模拟结果符合实际。当主梁上出现车辆时,涡量大小发生了很大的变化,涡量值整体降低,主梁上方的气流被车辆分离,车辆的出现扰动了气流的走向,同时改变了主梁上方和下方的涡量值的大小。主梁上方涡量值变化不大,但是主梁下方的3个涡量在车辆出现时合并成了一个涡量,上下涡量差降低,因此涡振响应值被降低。对比图4.26(b)和图4.26(c)可知,主梁下方的涡量值基本没有变化,主梁上方的涡量值主要被迎风侧的车辆外形影响,气流发生了不同程度的分离,造成了不同车辆类型对主梁涡振响应影响程度不一样。图4.27显示的是在3种工况下涡量方向发生的变化,方向变化角度范围为−45°~+45°。

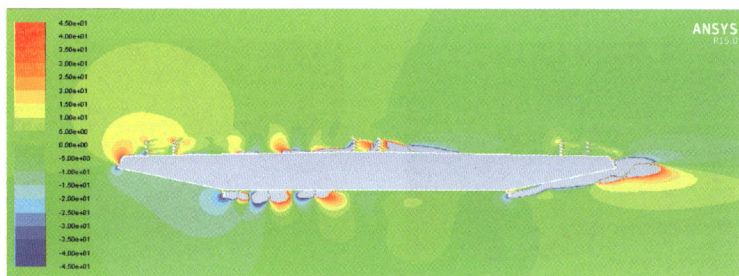

(a)工况17#(N-0-0)

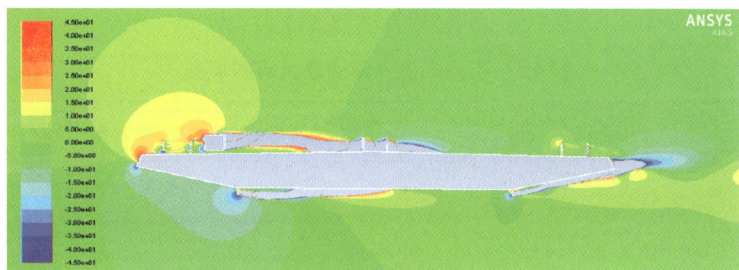

(b)工况4#(XJ-1-0)

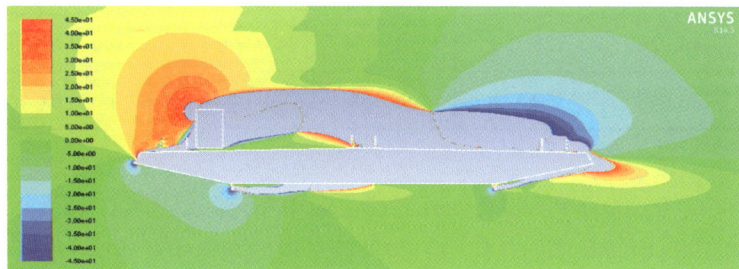

(c)工况1#(JZ-1-0)

图4.27　3种工况下涡量方向变化(单位:°)

由图4.27可知,车辆对主梁的涡量方向影响很大,主要表现在以下几个方面:

①车辆的存在扰动了围绕主梁断面的气流的方向,并且对主梁上方气流影响大于下方。

②车辆的断面是导致主梁附近气流方向变化的主要原因。

③集装箱车辆周围的涡量方向大于小轿车周围的涡量方向,涡量方向与升力系数有关,因此工况1#(JZ-1-0)下的主梁涡振响应大于工况4#(XJ-1-0),与试验结果一致。

4.3.4 车流间距的影响

为研究不同车流对主梁涡振性能的影响,给出了不同间距的车流在风洞试验室中进行涡振试验的情况,如图 4.28 所示。

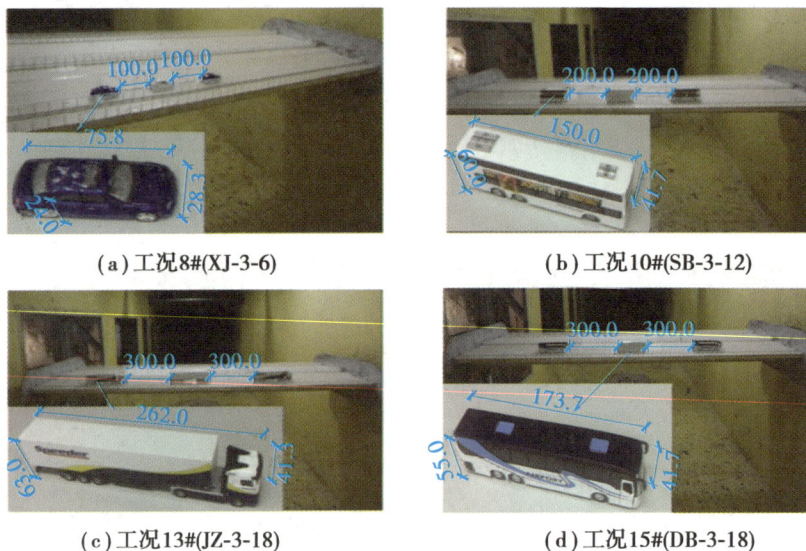

(a) 工况8#(XJ-3-6)

(b) 工况10#(SB-3-12)

(c) 工况13#(JZ-3-18)

(d) 工况15#(DB-3-18)

图 4.28 不同车流间距的涡振性能试验

表 4.6 不同车流间距的最大涡振响应

车型	竖向涡振极值/mm			扭转涡振极值/(°)		
	6.0 m	12.0 m	18.0 m	6.0 m	12.0 m	18.0 m
集装箱车	180.016	145.938	132.756	0.079	0.072 7	0.066 7
双层巴士	163.577	129.220	117.888	0.047 4	0.042 7	0.042
单层巴士	146.921	123.780	103.954	0.060 7	0.058 6	0.043 4
小轿车	136.046	110.553	99.185	0.044 5	0.038 6	0.035 8

车流间距有 100.0,200.0 和 300.0 mm(对应实际中车流间距为 6.0,12.0,18.0 m)3 种,车流布置在最外侧车道,中间车辆的几何中心与外侧车道的几何中心重合,车辆与车辆之间的距离指的是以中间车辆为中心,中间车辆的车头到前一辆车车尾的距离和中间车辆的车尾到后一辆车车头的距离。图 4.29 至图 4.32 为不同车流间距及不同车辆数目下主梁涡振响应的对比情况。

由图 4.29 至图 4.32 可知,3 辆车在主梁上的工况下的涡振响应均大于同类型的一辆车在主梁上的涡振响应。将表 4.5 和表 4.6 进行比较,会发现当位于主梁最外侧车道上车辆的数目从 1 辆增加到 3 辆时,集装箱车、双层巴士、单层巴士和小轿车的竖向涡振响应被降低的最大百分比分别为 44.963%,50.616%,48.742% 和 49.248%,扭转涡振响应被降低的最大

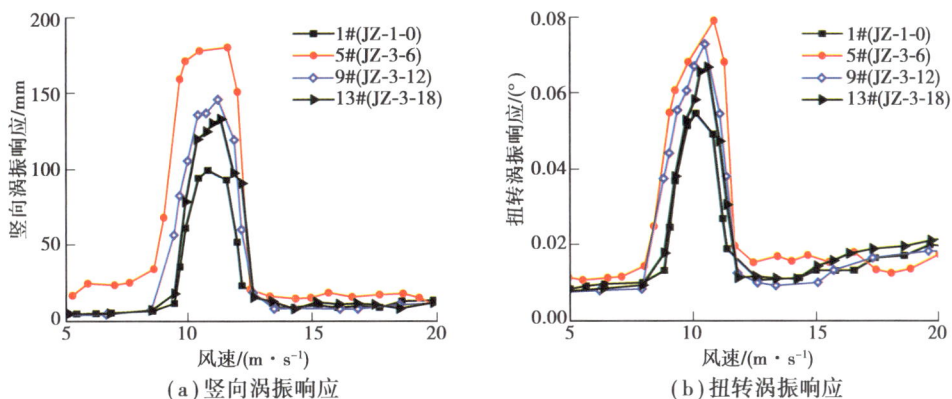

（a）竖向涡振响应　　　　　　　　　　　（b）扭转涡振响应

图 4.29　不同工况下集装箱车的涡振响应

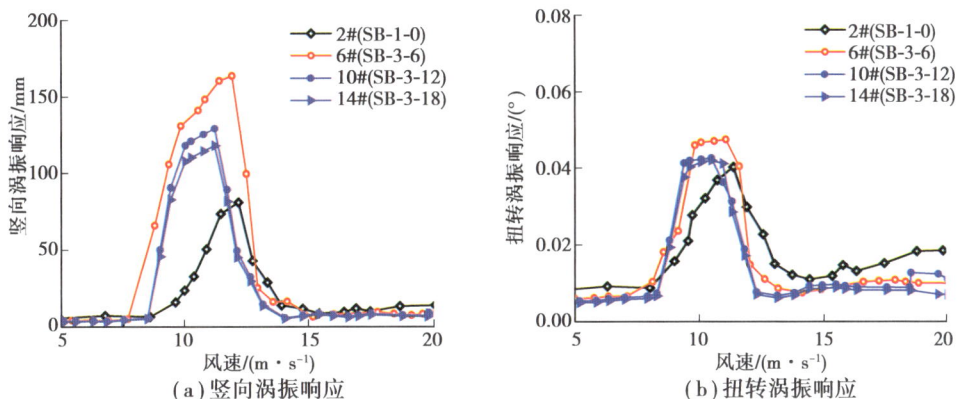

（a）竖向涡振响应　　　　　　　　　　　（b）扭转涡振响应

图 4.30　不同工况下双层巴士的涡振响应

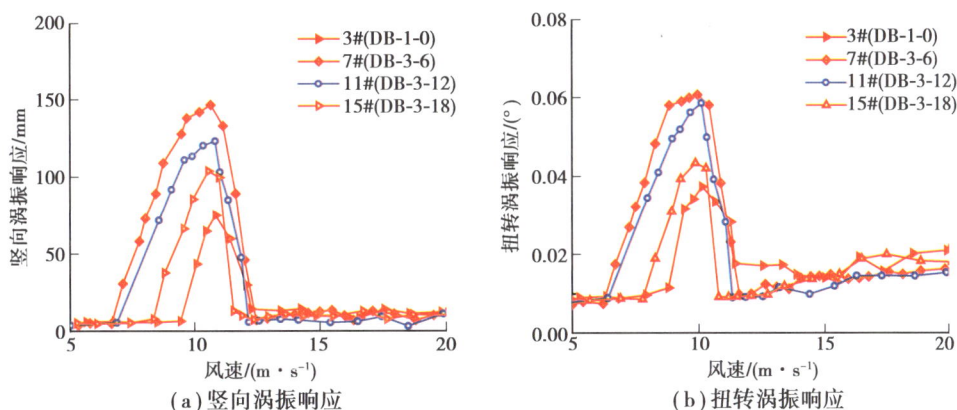

（a）竖向涡振响应　　　　　　　　　　　（b）扭转涡振响应

图 4.31　不同工况下单层巴士的涡振响应

百分比分别为 26.324%,14.277%,38.770% 和 27.044%。可以看出,竖向涡振响应对车辆数目变化更敏感。在 4 种车型数目从 1 辆增加到 3 辆的过程中,双层巴士对竖向涡振响应最敏感,单层巴士对扭转涡振响应最敏感。由图 4.28 可知,当车流间距增加时涡振响应减小。当车流间距从 6.0 m 增加到 18.0 m 时,集装箱车、双层巴士、单层巴士和小轿车的竖向涡振响应分别被降低了 25.823%,27.931%,29.245% 和 27.095%,扭转涡振响应分别被降低了15.57%,11.392%,28.501% 和19.551%。因此,车辆的数目变化对主梁涡振响应的影响比车

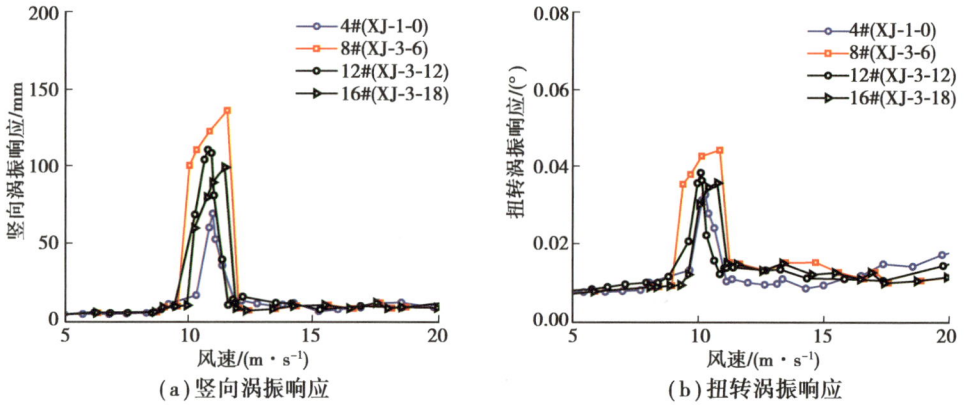

图 4.32　不同工况下小轿车的涡振响应

辆间距对主梁涡振响应的影响大。当车流间距变化时，竖向涡振响应变化比扭转响应敏感，在 4 种车型中，单层巴士车流间距对涡振响应影响最大。作者推测车辆的涡振响应随着车距的减小而增大是因为车辆可以抵挡和分离迎风侧的气流，当车辆间距不同时，气流通道的宽窄不同，随着车流间距的减小，气流通道变窄，因此气流速度加大，气流在车辆断面背风侧又形成了回流状况，随着车辆间距的减小压差效应变得明显，阻力因此变大，最终导致车辆的涡振响应随着车距的减小而增大。

4.4　涡振性能数值分析

4.4.1　不同风攻角下涡量和尾流涡脱

图 4.33 为成桥态断面在不同风攻角下峰值响应点的静态绕流涡量分布。由于栏杆及检修车轨道的存在，成桥态断面在这些附属结构附近均产生了不可忽略的旋涡，这些旋涡持续地向尾流脱落，使尾流涡的强度和范围明显高于施工态断面。尤其是+3°和+5°工况，断面上表面的旋涡基本达到与尾流涡相当程度的范围和强度，其与尾流涡的相对位置呈错落的"S"形，极有可能在尾流中发生交替行进与脱落，因此成桥态断面在+3°和+5°攻角下均观察到了涡振现象。

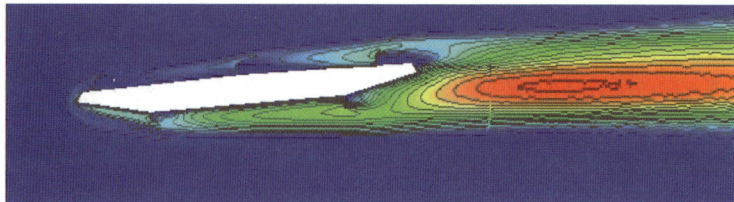

（a）α=−5°

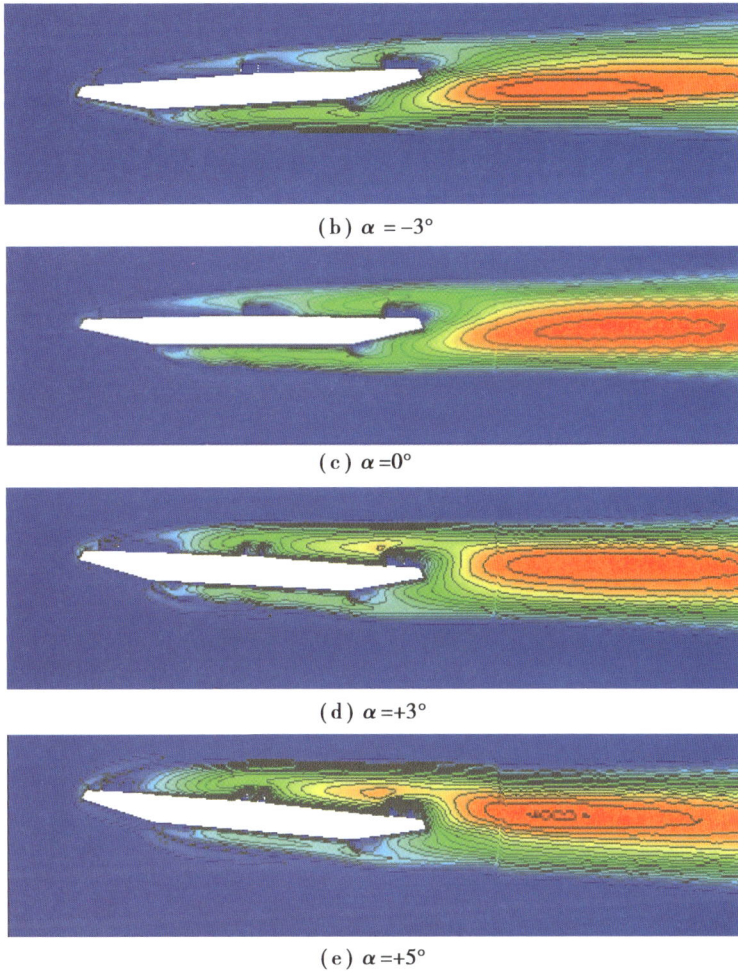

(b) $\alpha = -3°$

(c) $\alpha = 0°$

(d) $\alpha = +3°$

(e) $\alpha = +5°$

图 4.33 不同风攻角下成桥态断面涡量分布

图 4.34 为成桥态断面在 $-5°\sim +5°$ 攻角下的竖向峰值振幅点的时程曲线及对应的功率谱。成桥态断面仅在 $+5°$ 攻角下发生了明显的竖弯涡振，其振幅时程曲线表现为明显的单一频率（2.25 Hz）的简谐等幅振动，卓越频率与竖弯基频 2.274 Hz 一致（较小的误差是采样点数造成的），功率谱密度达到了 10^1 量级（23.56）。除竖弯基频外，其他频率的功率谱密度最高仅达到了 10^{-5} 量级，说明竖弯基频的卓越程度十分明显。

$-5°\sim +3°$ 攻角的时程曲线均表现为非单一频率的简谐振动，包括竖弯基频和扭转基频在内的多个频率成分均有参与，两个基频频率的功率谱密度均低于 10^{-2} 量级，且竖弯基频在多频频带中并不占优。实际上，位于两个基频之间的 3.25 Hz 频率成分在 $-5°\sim +3°$ 工况均是明显占优的，这是竖弯振动和扭转振动的耦合所致。

图 4.35 为成桥态断面在 $-5°\sim +5°$ 攻角下的扭转峰值振幅点的时程曲线及对应的功率谱。成桥态断面在 $+5°$ 和 $+3°$ 攻角下均发生了明显的扭转涡振，二者的振幅时程曲线均表现为明显的单一频率（5.375 Hz）的简谐等幅振动，卓越频率十分明显且与扭转基频 5.404 Hz 一致。与竖弯涡振卓越频率 10^1 量级的功率谱密度不同的是，$+5°$ 扭转涡振卓越频率的功率谱密度仅为 10^{-1} 量级，明显更低。此外，$+3°$ 工况的卓越功率谱密度为 10^{-2} 量级，因此，其扭

转振幅明显低于+5°。由此可见,功率谱密度在一定程度上可反映涡激振动的幅值情况。

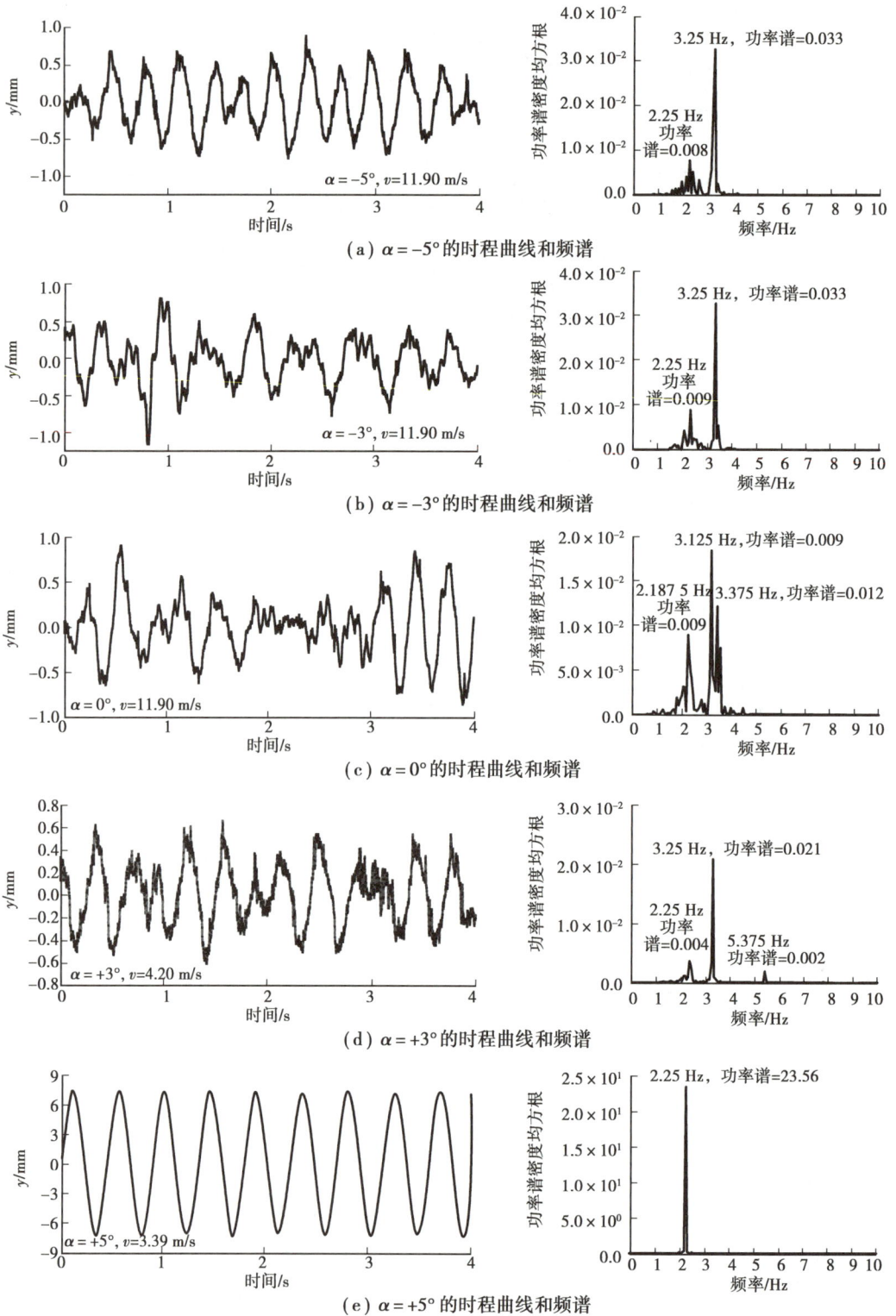

（a）$\alpha = -5°$的时程曲线和频谱

（b）$\alpha = -3°$的时程曲线和频谱

（c）$\alpha = 0°$的时程曲线和频谱

（d）$\alpha = +3°$的时程曲线和频谱

（e）$\alpha = +5°$的时程曲线和频谱

图 4.34　不同风攻角下成桥态竖向峰值响应时程及功率谱

（a）$\alpha = -5°$ 的时程曲线和频谱

（b）$\alpha = -3°$ 的时程曲线和频谱

（c）$\alpha = 0°$ 的时程曲线和频谱

（d）$\alpha = +3°$ 的时程曲线和频谱

（e）$\alpha = +5°$ 的时程曲线和频谱

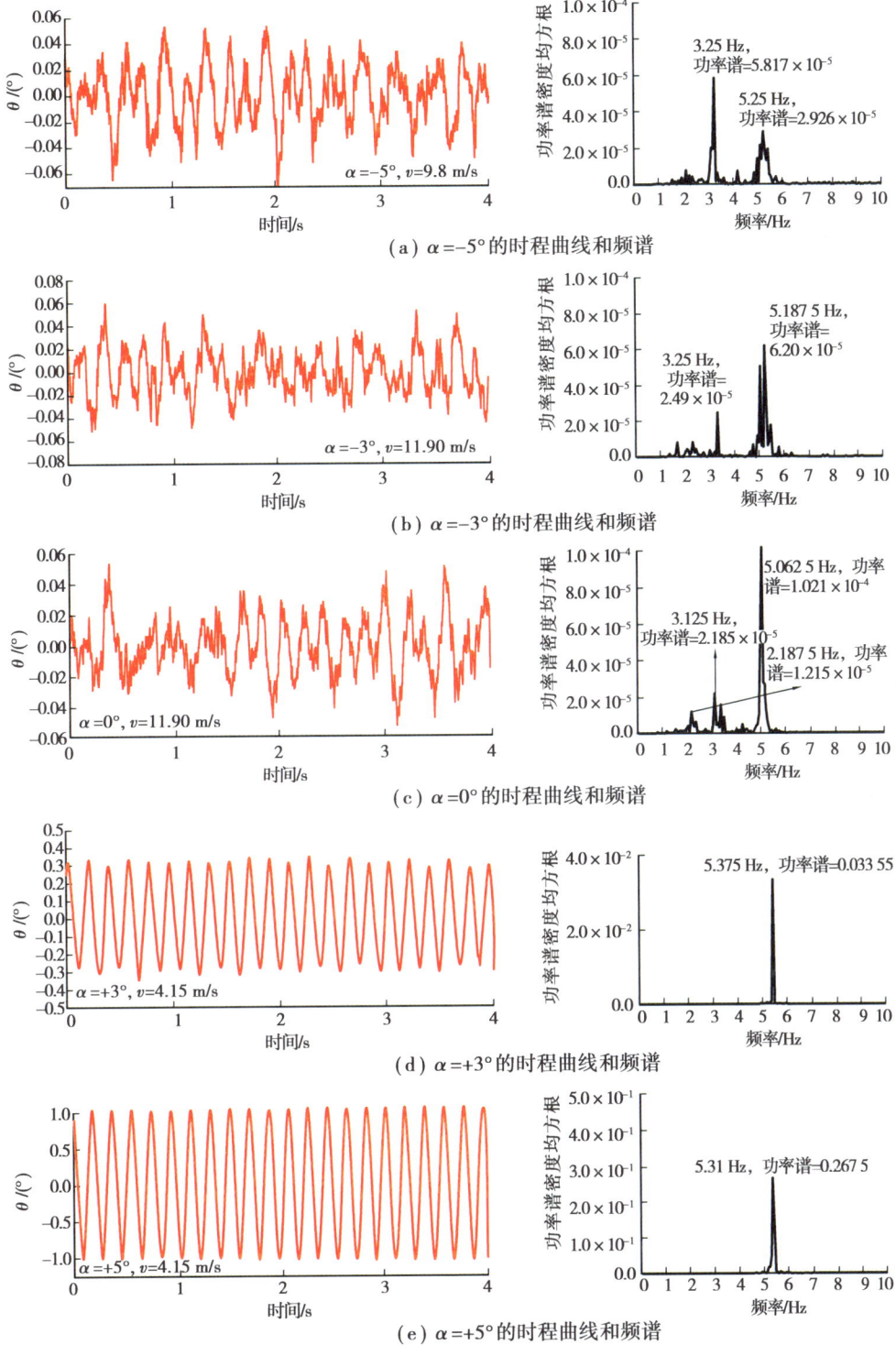

图 4.35　不同风攻角下成桥态断面扭转峰值响应时程及功率谱

　　未发生扭转涡振的 $-5° \sim 0°$ 攻角的扭转振动时程曲线均表现为非单一频率的简谐振动，包括竖弯基频和扭转基频在内的多个频率成分均有参与，但两个基频频率的功率谱密度均低于10^{-3}量级,且扭转基频在频带中并不占优。

图4.36为成桥态+5°工况竖向涡振峰值振幅点在一个振动周期内的涡量图。附属结构物附近均有旋涡产生,其中占主导地位的是上表面背风侧的一对和下表面尾流区的一对"S"涡,这两对旋涡周期性融合为一个大旋涡,在尾流中呈"2S"形向下游脱落。除此之外,尾流中还有若干范围较小但强度很大、相对位置不断发生变化的旋涡周期性的消散和融合。

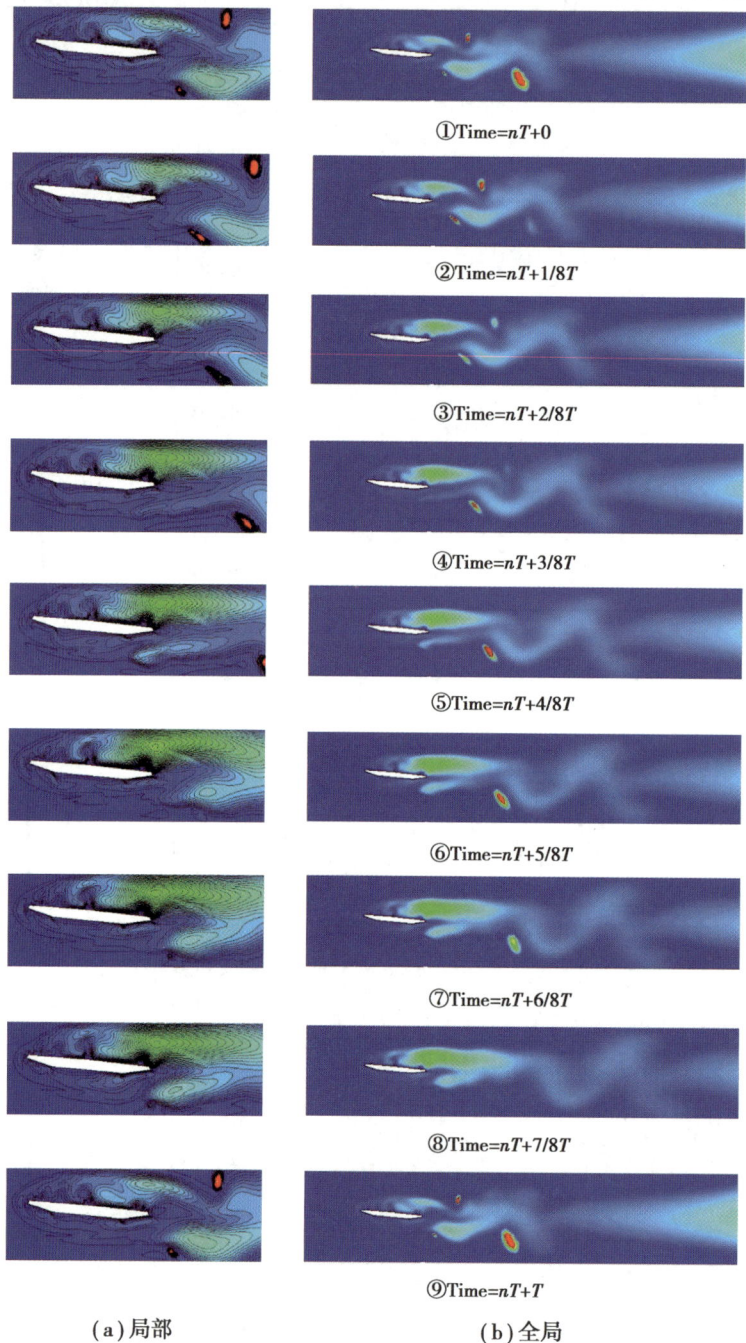

①Time=nT+0

②Time=nT+1/8T

③Time=nT+2/8T

④Time=nT+3/8T

⑤Time=nT+4/8T

⑥Time=nT+5/8T

⑦Time=nT+6/8T

⑧Time=nT+7/8T

⑨Time=nT+T

(a)局部　　　　　　　　　(b)全局

图4.36　成桥态+5°攻角的尾流涡脱形态

图4.37为成桥态扭转涡振区间的一个振动周期内的涡量图。同竖弯涡振,附属结构物

附近均产生了旋涡,但占主导作用的两个旋涡位于上表面后段及其尾流中,二者呈"S"形向下游脱落,其尾流宽度、强度均明显低于竖向涡振。此外,迎风端风嘴处剥离的上下两个旋涡以及上下表面前半段形成的两个旋涡也是不可忽略的,二者分别在上下表面的迎风侧形成了两对"S"涡,这是扭转涡振的振动形态与竖向涡振的不同之处。

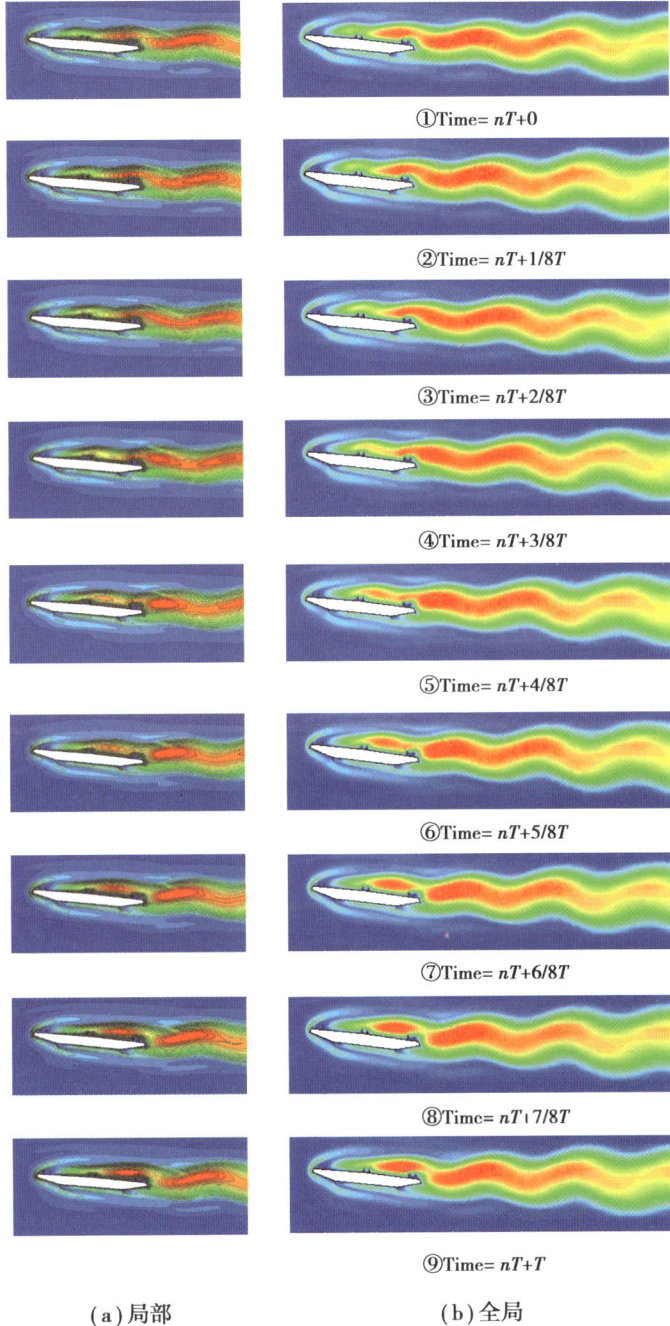

①Time= $nT+0$

②Time= $nT+1/8T$

③Time= $nT+2/8T$

④Time= $nT+3/8T$

⑤Time= $nT+4/8T$

⑥Time= $nT+5/8T$

⑦Time= $nT+6/8T$

⑧Time= $nT+7/8T$

⑨Time= $nT+T$

(a)局部   (b)全局

图 4.37 成桥态+5°攻角的扭转涡振尾流涡脱形态

4.4.2　不同宽高比钢箱梁涡泡和再附点分布

旋涡结构及其脱落模式对涡振是否发生起决定性作用。断面形状对其空气动力特性、旋涡结构及其脱落模式影响较大。

宽体近流线型箱梁轻、薄,浸没在气流中时,气流在其截面尾流区的周期性交替变化引起的气动力也会有所变化,对其竖向和扭转振动都将产生影响,如图4.38所示。目前的研究多数是针对一个具体主梁断面进行均匀流下涡激振动试验,分析气动措施及桥面附属构件等因素对其涡激振动幅值的影响,而未对某一类断面宽高比变化产生的影响进行研究。图4.39给出了定性分析采用的另外两个宽高比为8.0和10.0的裸梁断面,图4.40给出了不同宽高比钢箱梁上表面分离涡泡的大小和再附点分布情况,图4.41给出了钢箱梁表面风压随宽度增加的变化情况,图4.42给出了钢箱梁三分力系数随宽高比的变化状况。

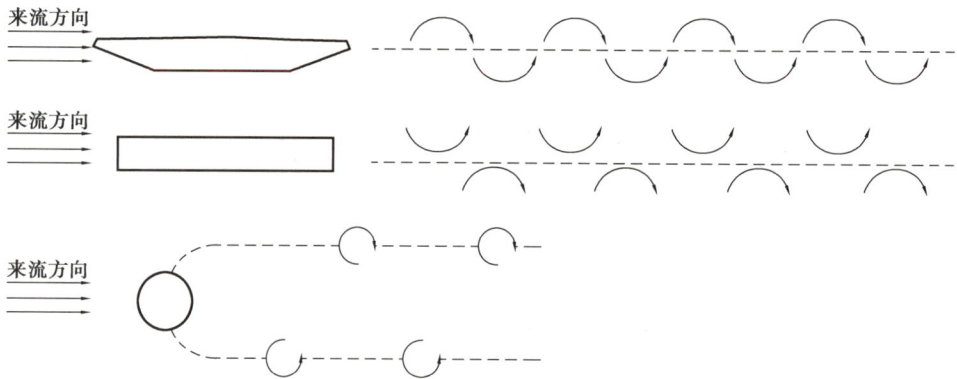

图4.38　近流线型箱梁断面、矩形断面及圆柱断面涡脱示意图

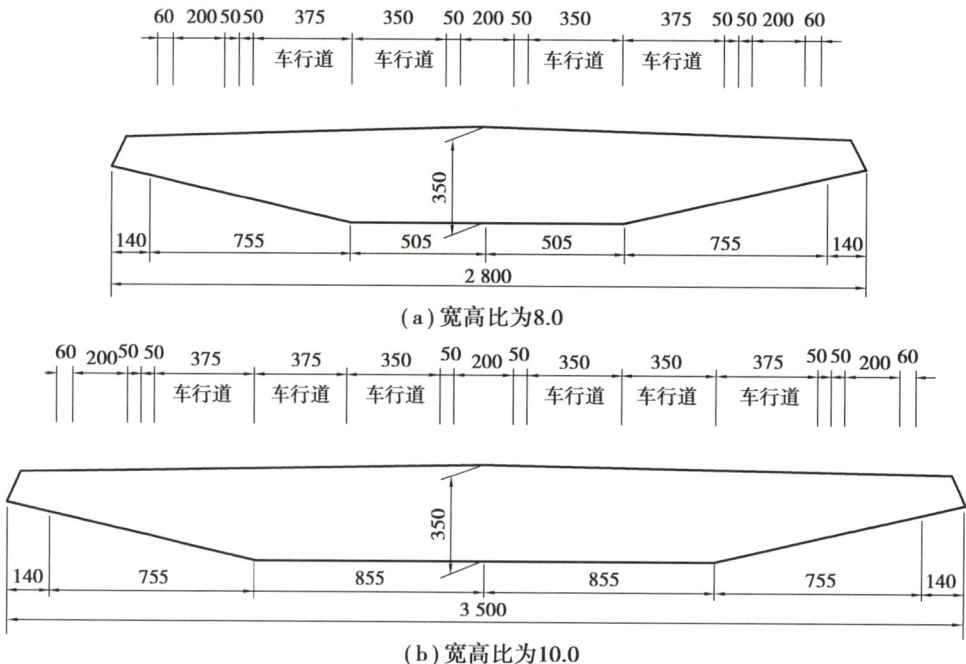

（a）宽高比为8.0

（b）宽高比为10.0

图4.39　两种常规宽高比钢箱梁断面（单位：mm）

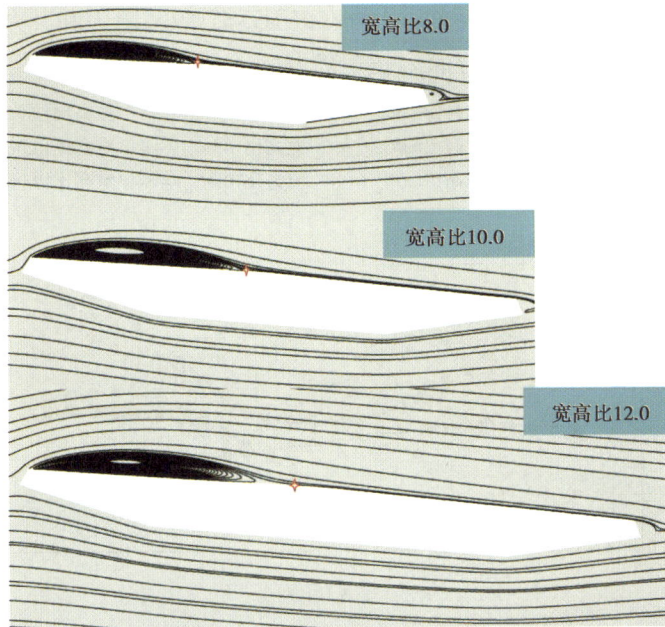

图4.40　涡泡再附点位置随宽高比的变化情况（+5°风攻角）

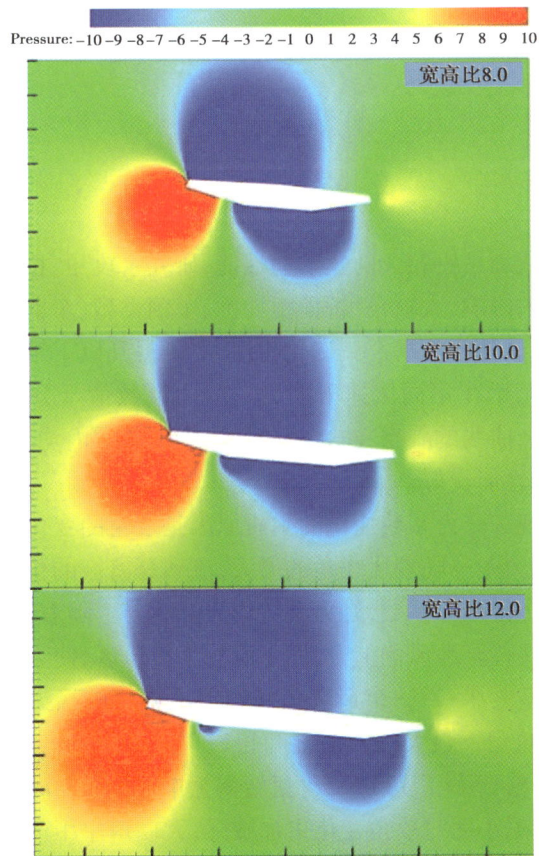

图4.41　表面风压变化随宽高比的变化情况（+5°风攻角）

由图4.42可知,随着宽高比的增加,分离泡逐渐拉长,再附点位置逐渐退后,箱梁上表面负压力分布范围逐渐增大,下表面负压力分布范围逐渐减小,阻力和升力静力三分力系数增大(在大攻角范围增大趋势更为显著),扭矩静力三分力系数变化不大。

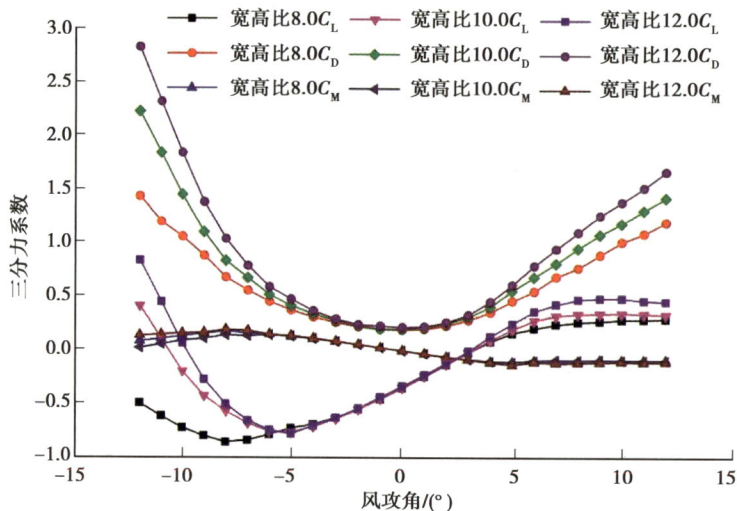

图4.42 钢箱梁三分力系数随宽高比的变化

4.5 本章小结

本章主要研究宽体式扁平钢箱梁的气动力性能,研究了攻角、栏杆透风率及桥面粗糙度对主梁静力三分力系数的影响,大攻角、桥面粗糙度、车辆类型、车辆数目及车流间距对主梁涡振性能的影响,并通过软件模拟探究其变化机理,主要得到以下结论:

①该宽体式扁平钢箱梁在不同风速下静力三分力系数值十分接近,雷诺数影响较小。升力系数曲线和力矩系数曲线的斜率在−8°~+12°风攻角范围内均为正值,主梁断面具备气动稳定的必要条件,气动性能良好。

②通过数值模拟发现三分力系数变化的本质原因是攻角的变化在一定程度上改变了断面迎、背风侧及上下方压力差。随着风攻角的增大,流动分离区的位置、范围、迎风侧分离点的位置、作用面发生变化,使阻力系数、升力系数均先降后升。随着风攻角的增大,断面的正压区由迎风侧下方逐渐转移至迎风侧上方,而下游均为负压区,使力矩系数由负到正。

③该宽体式扁平钢箱梁在+7°,+5°风攻角作用下出现竖向涡振振幅和扭转涡振振幅较大的涡振区,+7°,+5°风攻角下最大竖向振幅和扭转角度均超过容许值。+7°攻角与+3°攻角相比,竖向涡振响应峰值增大了106.51%,扭转涡振响应峰值增大了374.72%。宽体式扁平钢箱梁因其质量小、阻尼小而对攻角变化更加敏感,大攻角作用下扭转涡振响应的变化幅度大于竖向涡振响应的变化幅度,容易发生大范围大振幅涡振。因此,对桥址位于山区的宽体式扁平钢箱梁,应进行大风攻角下的涡振性能试验研究。

④通过随机谐和函数重构了三维路面粗糙度函数,从理论上证明了该函数为平稳的零

均值的趋向于正态分布的函数,用 MATLAB 对重构的三维路面粗糙度函数编程,根据模拟结果对生成路面粗糙度的稳定性和零均值性进行验证,将功率谱密度函数与标准谱密度函数相比,验证了用随机谐和函数法建立的三维路面粗糙度模型的可行性和正确性。在相同条件下应用谐波合成法和三角级数法模拟出了三维路面粗糙度,通过比较发现随机谐和函数法生成的路面粗糙度随机性最好。

⑤相同风攻角不同桥面粗糙度下,阻力系数 C_D 随桥面粗糙度的增大而减小,力矩系数 C_M 基本不随桥面粗糙度的变化而变化,升力系数 C_L 在负风攻角范围内无明显变化,在正风攻角范围内随着桥面粗糙度的增大而增大。并通过模拟节段模型周围的压强、流线和速度分布情况,从微观角度解释了静力三分力系数变化的原因。静力三分力系数中桥面粗糙度对 C_D 影响最大,C_L 次之,C_M 最小。

⑥相同风攻角不同桥面粗糙度下,主梁的竖向涡振振幅、扭转涡振角度及扭转涡振区间都随桥面粗糙度的增加而不断减小。桥面粗糙度对涡振响应的影响随风攻角的减小而增大。桥面粗糙度发生变化时,扭转涡振响应更加敏感,变化幅度大于竖向涡振响应变化幅度。

⑦车辆类型对主梁涡振性能有很大的影响。主梁上有车工况下的涡振响应小于主梁上无车工况下的涡振响应,在试验所用的 4 种车型中,小轿车对主梁涡振响应影响最大。车辆影响桥梁涡振性能的主要原因是车辆改变了桥梁的气动力外形,对来流起着分离和扰动的作用。

⑧主梁的涡振性能和主梁上车辆数量相关。3 辆车下的主梁涡振响应大于 1 辆车下的涡振响应,当车辆类型改变时,主梁的竖向涡振响应比　　涡振响应敏感。

⑨车辆间距能够影响主梁的涡振响应,主梁的　　　车距的减小而增大,在 4 种车流中单层巴士对主梁涡振响应最大。当车辆距　　　　　的宽窄不同,随着车流间距的减小,气流通道变窄,因此气流速度加　　　　　　形成回流状况,随着车辆间距的减小压差效应变得明显,阻力　　　　　响应随着车距的减小而增大。

5 大跨度悬索桥颤振特性分析

5.1 引　言

研究桥梁风致振动响应中的颤振特性，需要对主梁的颤振导数进行识别，在忽略侧向风振的情况下，需要识别的是竖向和扭转两个自由度方向的 8 个颤振导数。识别颤振导数的技术手段主要包括两种：基于风洞试验的试验方法和基于计算流体动力学（CFD）的数值模拟方法。

颤振导数的识别方法根据振动形式的不同分为强迫振动法和自由振动法。强迫振动法是采用一定的手段或装置使模型在流场中产生指定运动，然后测量模型所受到的气动力大小，依据最小二乘法原理识别颤振导数，这种方法不需要考虑流固耦合作用；自由振动法是对流场中的模型给予一定的初始激励产生振动，然后测量运动的衰减过程，最后依据最小二乘法原理识别颤振导数，这种方法需要考虑流固耦合作用。

颤振导数的识别方法根据识别过程的不同又分为耦合状态法识别和分离状态法识别。颤振导数的耦合状态法识别，采用的做法是直接在弯扭耦合振动的状态下，依据最小二乘法原理同时对 8 个颤振导数进行识别。颤振导数的分离状态法识别，采用的做法是将运动状态进行分离，包括竖向振动、扭转振动和弯扭耦合振动 3 种状态。直接颤振导数的识别发生在前两种状态，耦合颤振导数的识别发生在弯扭耦合状态中。

5.2 颤振导数的基本理论

Scanlan 等通过引入 8 个无量纲气动导数 $H_i^*, A_i^* (i=1,2,3,4)$，将气动自激力表达为状态向量 $(\dot{h}, \dot{\alpha}, h, \alpha)$ 的线性函数，同时忽略非线性余项的影响，得到如下升力 L 和力矩 M 的

表达式为:

$$L = \frac{1}{2}\rho U^2 (2B) \left\{ KH_1^* \frac{\dot{h}}{U} + KH_2^* \frac{\dot{\alpha}B}{U} + K^2 H_3^* \alpha + K^2 H_4^* \frac{h}{B} \right\} \tag{5.1a}$$

$$M = \frac{1}{2}\rho U^2 (2B^2) \left\{ KA_1^* \frac{\dot{h}}{U} + KA_2^* \frac{\dot{\alpha}B}{U} + K^2 A_3^* \alpha + K^2 A_4^* \frac{h}{B} \right\} \tag{5.1b}$$

式中　h, α——竖弯和扭转两个方向上的振幅;

U——来流风速;

B——全桥宽;

b——半桥宽;

K——无量纲频率;

k——无量纲折算频率;

ω——振动圆频率;

H_i^*, A_i^*($i = 1, 2, 3, 4$)——无量纲颤振导数,是来流折算频率 k 或折算速度 $V_r = U/fB = \pi/k$ 的函数,颤振导数主要取决于模型外形,其中 f 为模型振动频率。

假设均匀流场中有理想平板,宽度为 B,且质心和转动中心均位于截面的中心,在某种扰动下,理想平板产生轻微的非定常运动,那么这种运动只有竖向平动和扭转运动两个自由度。进一步假设理想平板两个方向的运动均为简谐运动,运动方程如下:

竖向: $\qquad\qquad\qquad\qquad h = h_0 \cos \omega t \tag{5.2a}$

扭转: $\qquad\qquad\qquad\qquad \alpha = \alpha_0 \cos \omega t \tag{5.2b}$

Theodorsen 等经过推导得到理想平板气动力的表达式为:

$$L = \pi\rho b \left\{ -b\ddot{h} - 2UC(k)\dot{h} - [1 + C(k)]Ub\dot{\alpha} - 2U^2 C(k)\alpha \right\} \tag{5.3a}$$

$$M = \pi\rho b^2 \left\{ UC(k)\dot{h} - \frac{b^2\ddot{\alpha}}{8} + \left[-\frac{1}{2} + \frac{1}{2}C(k) \right] Ub\dot{\alpha} + U^2 C(k)\alpha \right\} \tag{5.3b}$$

式中　L——单位长度的升力;

M——单位长度的扭矩;

ρ——空气密度;

b——薄平板半宽,板宽 $B = 2b$;

U——空气来流速度;

h——截面竖向位移;

α——截面扭转角;

k——无量纲折算频率,$k = b\omega/U$,ω 为振动圆频率;

$C(k)$——Theodorsen 循环函数,得到的近似表达式为:

$$C(k) \approx 1 - \frac{0.165}{1 - \dfrac{0.045\,5}{k}} - \frac{0.335}{1 - \dfrac{0.3}{k}i} \qquad k \leqslant 0.5 \tag{5.4a}$$

$$C(k) \approx 1 - \frac{0.165}{1 - \dfrac{0.041}{k}} - \frac{0.335}{1 - \dfrac{0.32}{k}i} \qquad k > 0.5 \tag{5.4b}$$

其中,$i = \sqrt{-1}$,因折算频率 k 一般较小,$C(k)$ 对应的实部和虚部通常为:

$$C(k) = F(k) + iG(k) \tag{5.5}$$

$$F(k) = 1 - \frac{0.165}{1 + \left(\dfrac{0.045\,5}{k}\right)^2} - \frac{0.335}{1 + \left(\dfrac{0.3}{k}\right)^2} \tag{5.6a}$$

$$G(k) = -\frac{0.165 \times \dfrac{0.045\,5}{k}}{1 + \left(\dfrac{0.045\,5}{k}\right)^2} - \frac{0.335 \times \dfrac{0.3}{k}}{1 + \left(\dfrac{0.3}{k}\right)^2} \tag{5.6b}$$

为了得到理想平板颤振导数的理论解,需要将所得到的平板气动力表达式(5.3)写成颤振导数定义式(5.1)的形式,然后进行对比就可得到理想平板的颤振导数。要达到上述目的,需采用简谐振动的复指数形式:

$$h = h_0 e^{i\omega t}, \dot{h} = i\omega h, \ddot{h} = -\omega^2 h \tag{5.7a}$$

$$\alpha = \alpha_0 e^{i\omega t}, \dot{\alpha} = i\omega\alpha, \ddot{\alpha} = -\omega^2\alpha \tag{5.7b}$$

将式(5.7)代入上述公式进行整理得到理想平板气动力表达式的实数形式,并与颤振导数定义式(5.1)进行对比,得到了理想平板颤振导数 H_i^*,A_i^*($i=1,2,3,4$)的表达式如下:

$$
\begin{aligned}
H_1^* &= -\frac{2\pi F(k)}{k} \\[2mm]
H_2^* &= -\frac{\pi}{k}\left(1 + F(k) + \frac{2G(k)}{k}\right) \\[2mm]
H_3^* &= -\frac{2\pi}{k}\left(F(k) - \frac{kG(k)}{2}\right) \\[2mm]
H_4^* &= \pi\left(1 + \frac{2G(k)}{k}\right)
\end{aligned}
\tag{5.8a}
$$

$$
\begin{aligned}
A_1^* &= \frac{\pi F(k)}{k} \\[2mm]
A_2^* &= -\frac{\pi}{2k}\left(1 - F(k) - \frac{2G(k)}{k}\right) \\[2mm]
A_3^* &= \frac{\pi}{k^2}\left(F(k) - \frac{kG(k)}{2}\right) + \frac{\pi}{8} \\[2mm]
A_4^* &= -\frac{\pi G(k)}{k}
\end{aligned}
\tag{5.8b}
$$

将表达式中的理想平板半宽 b 用 $B/2$ 替换,最终得到理想平板颤振导数的 Theodorsen 理论解表达式如下:

$$H_1^* = -\pi \frac{F(k)}{k}$$

$$H_2^* = -\frac{\pi(1 + F(k))}{4k} - \frac{\pi G(k)}{k^2}$$

$$H_3^* = \frac{\pi G(k)}{4k} - \frac{\pi F(k)}{k^2} \tag{5.9a}$$

$$H_4^* = \frac{\pi}{4} + \frac{\pi G(k)}{k}$$

$$A_1^* = \frac{\pi F(k)}{4k}$$

$$A_2^* = \frac{\pi(F(k) - 1)}{16k} + \frac{\pi G(k)}{4k^2}$$

$$A_3^* = \frac{\pi}{128} + \frac{\pi F(k)}{4k^2} - \frac{\pi G(k)}{16k} \tag{5.9b}$$

$$A_4^* = -\frac{\pi G(k)}{4k}$$

$$F(k) = 1 - \frac{0.165}{1 + \left(\dfrac{2 \times 0.045\,5}{k}\right)^2} - \frac{0.335}{1 + \left(\dfrac{2 \times 0.3}{k}\right)^2} \tag{5.10a}$$

$$G(k) = -\frac{0.165 \times \dfrac{2 \times 0.045\,5}{k}}{1 + \left(\dfrac{2 \times 0.045\,5}{k}\right)^2} - \frac{0.335 \times \dfrac{2 \times 0.3}{k}}{1 + \left(\dfrac{2 \times 0.3}{k}\right)^2} \tag{5.10b}$$

从表达式可以看出,理想平板颤振导数 Theodorsen 理论解只与无量纲折算频率 k 有关。

5.2.1　基于分离状态法自由振动识别颤振导数

二维颤振的运动方程表达式如下:

$$m(\ddot{h} + 2\xi_h \omega_h \dot{h} + \omega_h^2 h) = H_1 \dot{h} + H_2 \dot{\alpha} + H_3 \alpha + H_4 h \tag{5.11a}$$

$$I(\ddot{\alpha} + 2\xi_\alpha \omega_\alpha \dot{\alpha} + \omega_\alpha^2 \alpha) = A_1 \dot{h} + A_2 \dot{\alpha} + A_3 \alpha + A_4 h \tag{5.11b}$$

式中　$H_i, A_i(i = 1, 2, 3, 4)$——有量纲的颤振导数。

设振动方程的解为:

竖向:
$$h = h_0 e^{\lambda t} \sin \omega t \tag{5.12a}$$

扭转:
$$\alpha = \alpha_0 e^{\lambda t} \sin \omega t \tag{5.12b}$$

式中　λ——阻尼系数;

　　　ω——振动圆频率。

可以得到:

$$H_1 h_0 \lambda + H_2 \alpha_0 \lambda + H_3 \alpha_0 + H_4 h_0 = m h_0 (\lambda^2 - \omega^2) + 2m\xi_h \omega_h h_0 \lambda + m\omega_h^2 h_0 \tag{5.13a}$$

$$H_1 h_0 + H_2 \alpha_0 = 2m\xi_h \omega_h h_0 + 2m h_0 \lambda \tag{5.13b}$$

$$A_1 h_0 \lambda + A_2 \alpha_0 \lambda + A_3 \alpha_0 + A_4 h_0 = I\alpha_0(\lambda^2 - \omega^2) + 2I\xi_\alpha \omega_\alpha \alpha_0 \lambda + I\omega_\alpha^2 \alpha_0 \tag{5.14a}$$

$$A_1 h_0 + A_2 \alpha_0 = 2I\xi_\alpha \omega_\alpha \alpha_0 + 2I\alpha_0 \lambda \tag{5.14b}$$

颤振导数识别的步骤如下：

在流场风速为零时，使主梁断面分别单独做竖弯振动和扭转振动，然后测得分别做两种振动时的频率和阻尼比，得到 $\omega_h, \xi_h, \omega_\alpha, \xi_\alpha$。

使主梁断面做单自由度竖弯振动，可知 $\alpha_0 = 0$，对各级风速下的阻尼系数 λ 进行测定，根据式(5.13)可以识别各级风速下的颤振导数：

$$H_1 = 2m(\xi_h \omega_h + \lambda) \tag{5.15}$$

$$H_4 = m(\omega_h^2 - \lambda^2 - \omega^2) \tag{5.16}$$

使主梁断面做单自由度扭转振动，可知 $h_0 = 0$，对各级风速下的振动圆频率 ω 和阻尼系数 λ 进行测定，根据式(5.14)可识别各级风速下的颤振导数：

$$A_2 = 2I(\xi_\alpha \omega_\alpha + \lambda) \tag{5.17}$$

$$A_3 = I(\omega_\alpha^2 - \lambda^2 - \omega^2) \tag{5.18}$$

主梁断面在升力的作用下做竖弯振动，同时使主梁断面做扭转振动，要求扭转振动的阻尼比和圆频率与竖弯振动相同，然后对各级风速下的振动圆频率 ω 和阻尼系数 λ 进行测定，根据式(5.13)可识别各级风速下的颤振导数：

$$H_2 = 2m\frac{h_0}{\alpha_0}(\xi_h \omega_h + \lambda) - H_1\frac{h_0}{\alpha_0} \tag{5.19}$$

$$H_3 = m\frac{h_0}{\alpha_0}(\lambda^2 - \omega^2) + 2m\frac{h_0}{\alpha_0}\xi_h \omega_h \lambda + m\frac{h_0}{\alpha_0}\omega_h^2 - H_1\frac{h_0}{\alpha_0}\lambda - H_4\frac{h_0}{\alpha_0} \tag{5.20}$$

主梁断面在力矩的作用下做扭转振动，同时使主梁断面做竖弯振动，要求竖弯振动的阻尼比和圆频率与扭转振动相同，然后对各级风速下的振动圆频率 ω 和阻尼系数 λ 进行测定，根据式(5.14)可识别各级风速下的颤振导数：

$$A_1 = 2I\xi_\alpha \omega_\alpha \frac{\alpha_0}{h_0} + 2I\frac{\alpha_0}{h_0}\lambda - A_2\frac{\alpha_0}{h_0} \tag{5.21}$$

$$A_4 = I\frac{\alpha_0}{h_0}(\lambda^2 - \omega^2) + 2I\xi_\alpha \omega_\alpha \frac{\alpha_0}{h_0}\lambda + I\omega_\alpha^2 \frac{\alpha_0}{h_0} - A_1\lambda - A_2\frac{\alpha_0}{h_0}\lambda - A_3\frac{\alpha_0}{h_0} \tag{5.22}$$

最后对式(5.1)和式(5.11)进行比较，获得无量纲颤振导数：

$$H_1^* = \frac{2m(\xi_h \omega_h + \lambda)}{\rho UBK}$$

$$H_2^* = \frac{2m\dfrac{h_0}{\alpha_0}(\xi_h \omega_h + \lambda) - H_1\dfrac{h_0}{\alpha_0}}{\rho UB^2 K}$$

$$H_3^* = \frac{m\dfrac{h_0}{\alpha_0}(\lambda^2 - \omega^2) + 2m\dfrac{h_0}{\alpha_0}\xi_h \omega_h \lambda + m\dfrac{h_0}{\alpha_0}\omega_h^2 - H_1\dfrac{h_0}{\alpha_0}\lambda - H_4\dfrac{h_0}{\alpha_0}}{\rho U^2 BK^2}$$

$$H_4^* = \frac{m(\omega_h^2 - \lambda^2 - \omega^2)}{\rho U^2 K^2}$$

$$\tag{5.23a}$$

$$A_1^* = \frac{2I\xi_\alpha\omega_\alpha\dfrac{\alpha_0}{h_0} + 2I\dfrac{\alpha_0}{h_0}\lambda - A_2\dfrac{\alpha_0}{h_0}}{\rho UB^2K}$$

$$A_2^* = \frac{2I(\xi_\alpha\omega_\alpha + \lambda)}{\rho UB^3K}$$

$$A_3^* = \frac{I(\omega_\alpha^2 - \lambda^2 - \omega^2)}{\rho U^2B^2K^2}$$

(5.23b)

$$A_4^* = \frac{I\dfrac{\alpha_0}{h_0}(\lambda^2 - \omega^2) + 2I\xi_\alpha\omega_\alpha\dfrac{\alpha_0}{h_0}\lambda + I\omega_\alpha^2\dfrac{\alpha_0}{h_0} - A_1\lambda - A_2\dfrac{\alpha_0}{h_0}\lambda - A_3\dfrac{\alpha_0}{h_0}}{\rho U^2BK^2}$$

5.2.2　基于耦合状态法自由振动识别颤振导数

根据二维颤振的运动方程表达式(5.11a)和式(5.11b),经整理后可得到下式:

$$\ddot{h} = \left(\frac{H_1}{m} - 2\xi_h\omega_h\right)\dot{h} + \frac{H_2}{m}\dot{\alpha} + \frac{H_3}{m}\alpha + \left(\frac{H_4}{m} - \omega_h^2\right)h \tag{5.24a}$$

$$\ddot{\alpha} = \frac{A_1}{I}\dot{h} + \left(\frac{A_2}{I} - 2\xi_\alpha\omega_\alpha\right)\dot{\alpha} + \left(\frac{A_3}{I} - \omega_\alpha^2\right)\alpha + \frac{A_4}{I}h \tag{5.24b}$$

令 $\boldsymbol{x}(t) = [\,h(t)\quad \alpha(t)\,]^{\mathrm{T}}$,则状态向量:

$$Y = [\,x(t)\quad \dot{x}(t)\,]^{\mathrm{T}} = [\,h(t)\quad \alpha(t)\quad \dot{h}(t)\quad \dot{\alpha}(t)\,]^{\mathrm{T}} \tag{5.25}$$

然后将式(5.24a)和式(5.25b)这对方程组表达为矩阵方程的形式,可以得到下式:

$$\begin{bmatrix} \dot{h}(t) \\ \dot{\alpha}(t) \\ \ddot{h}(t) \\ \ddot{\alpha}(t) \end{bmatrix} = \begin{bmatrix} 0 & 0 & 1 & 0 \\ 0 & 0 & 0 & 1 \\ \dfrac{H_4}{m} - \omega_h^2 & \dfrac{H_3}{m} & \dfrac{H_1}{m} - 2\xi_h\omega_h & \dfrac{H_2}{m} \\ \dfrac{A_4}{I} & \dfrac{A_3}{I} - \omega_\alpha^2 & \dfrac{A_1}{I} & \dfrac{A_2}{I} - 2\xi_\alpha\omega_\alpha \end{bmatrix} \begin{bmatrix} h(t) \\ \alpha(t) \\ \dot{h}(t) \\ \dot{\alpha}(t) \end{bmatrix} \tag{5.26}$$

令 $\boldsymbol{A} = \begin{bmatrix} 0 & 0 & 1 & 0 \\ 0 & 0 & 0 & 1 \\ \dfrac{H_4}{m} - \omega_h^2 & \dfrac{H_3}{m} & \dfrac{H_1}{m} - 2\xi_h\omega_h & \dfrac{H_2}{m} \\ \dfrac{A_4}{I} & \dfrac{A_3}{I} - \omega_\alpha^2 & \dfrac{A_1}{I} & \dfrac{A_2}{I} - 2\xi_\alpha\omega_\alpha \end{bmatrix}$

故式(5.25)可以简写成:

$$\dot{Y} = AY \tag{5.27}$$

转置之后得到下式:

$$\dot{Y}^{\mathrm{T}} = Y^{\mathrm{T}}A^{\mathrm{T}} \tag{5.28}$$

将 $t_1, t_2, \cdots, t_m (m \geq 2)$ 时的扭转和竖弯振动的位移、速度以及加速度值构成状态向量，整理后得：

$$\begin{bmatrix} \dot{Y}^{\mathrm{T}}(t_1) \\ \dot{Y}^{\mathrm{T}}(t_2) \\ \vdots \\ \dot{Y}^{\mathrm{T}}(t_m) \end{bmatrix}_{m \times 4} = \begin{bmatrix} Y^{\mathrm{T}}(t_1) \\ Y^{\mathrm{T}}(t_2) \\ \vdots \\ Y^{\mathrm{T}}(t_m) \end{bmatrix}_{m \times 4} A_{4 \times 4}^{\mathrm{T}} \tag{5.29}$$

式中：

$$\begin{bmatrix} \dot{Y}^{\mathrm{T}}(t_1) \\ \dot{Y}^{\mathrm{T}}(t_2) \\ \vdots \\ \dot{Y}^{\mathrm{T}}(t_m) \end{bmatrix}_{m \times 4} = \begin{bmatrix} h(t_1) & \alpha(t_1) & \dot{h}(t_1) & \dot{\alpha}(t_1) \\ h(t_2) & \alpha(t_2) & \dot{h}(t_2) & \dot{\alpha}(t_2) \\ \vdots & \vdots & \vdots & \vdots \\ h(t_m) & \alpha(t_m) & \dot{h}(t_m) & \dot{\alpha}(t_m) \end{bmatrix}_{m \times 4}$$

$$\begin{bmatrix} Y^{\mathrm{T}}(t_1) \\ Y^{\mathrm{T}}(t_2) \\ \vdots \\ Y^{\mathrm{T}}(t_m) \end{bmatrix}_{m \times 4} = \begin{bmatrix} h(t_1) & \alpha(t_1) & \dot{h}(t_1) & \dot{\alpha}(t_1) \\ h(t_2) & \alpha(t_2) & \dot{h}(t_2) & \dot{\alpha}(t_2) \\ \vdots & \vdots & \vdots & \vdots \\ h(t_m) & \alpha(t_m) & \dot{h}(t_m) & \dot{\alpha}(t_m) \end{bmatrix}_{m \times 4}$$

$$A_{4 \times 4}^{\mathrm{T}} = \begin{bmatrix} 0 & 0 & \dfrac{H_4}{m} - \omega_h^2 & \dfrac{A_4}{I} \\ 0 & 0 & \dfrac{H_3}{m} & \dfrac{A_3}{I} - \omega_\alpha^2 \\ 1 & 0 & \dfrac{H_1}{m} - 2\xi_h \omega_h & \dfrac{A_1}{I} \\ 0 & 1 & \dfrac{H_2}{m} & \dfrac{A_2}{I} - 2\xi_\alpha \omega_\alpha \end{bmatrix}$$

令 $P = \begin{bmatrix} \dot{Y}^{\mathrm{T}}(t_1) \\ \dot{Y}^{\mathrm{T}}(t_2) \\ \vdots \\ \dot{Y}^{\mathrm{T}}(t_m) \end{bmatrix}_{m \times 4}$，$Q = \begin{bmatrix} Y^{\mathrm{T}}(t_1) \\ Y^{\mathrm{T}}(t_2) \\ \vdots \\ Y^{\mathrm{T}}(t_m) \end{bmatrix}_{m \times 4}$，则式（5.29）记为：

$$P = QA^{\mathrm{T}} \tag{5.30}$$

根据对应变量系统的最小二乘法，参与矩阵 $A_{4 \times 4}^{\mathrm{T}}$ 最小二乘法估计，可通过对 A^{T} 极小化 4×4 矩阵函数 $J = (P - QA)^{\mathrm{T}}(P - QA)$ 来估计 $\tilde{A}^{\mathrm{T}}$，故

$$\tilde{A}^{\mathrm{T}} = (Q^{\mathrm{T}} Q)^{-1} Q^{\mathrm{T}} P \qquad (5.31)$$

进而估计出 H_i/m、$A_i/I (i=1,2,3,4)$ 的值,最后对式(5.1)和式(5.24)进行比较,获得无量纲颤振导数:

$$H_1^* = \frac{mH_1}{\rho\omega B^2} \quad H_2^* = \frac{mH_2}{\rho\omega B^3} \quad H_3^* = \frac{mH_3}{\rho\omega^2 B^3} \quad H_4^* = \frac{mH_4}{\rho\omega^2 B^2} \qquad (5.32a)$$

$$A_1^* = \frac{IA_1}{\rho\omega B^3} \quad A_2^* = \frac{IA_2}{\rho\omega B^4} \quad A_3^* = \frac{IA_3}{\rho\omega^2 B^2} \quad A_4^* = \frac{IA_4}{\rho\omega^2 B^3} \qquad (5.32b)$$

5.2.3　基于分状态强迫振动的颤振导数识别方法

主梁二维断面在只考虑两个自由度方向的运动微分方程时,其表达式为:

$$L = \ddot{h} + 2\xi_h \omega_h \dot{h} + \omega_h^2 h \qquad (5.33a)$$

$$M = \ddot{\alpha} + 2\xi_\alpha \omega_\alpha \dot{\alpha} + \omega_\alpha^2 \alpha \qquad (5.33b)$$

利用 Scanlan 颤振导数理论,其表达式为:

$$L = \frac{1}{2}\rho U^2 (2B)\left\{ KH_1^* \frac{\dot{h}}{U} + KH_2^* \frac{\dot{\alpha}B}{U} + K^2 H_3^* \alpha + K^2 H_4^* \frac{h}{B} \right\} \qquad (5.34a)$$

$$M = \frac{1}{2}\rho U^2 (2B^2)\left\{ KA_1^* \frac{\dot{h}}{U} + KA_2^* \frac{\dot{\alpha}B}{U} + K^2 A_3^* \alpha + K^2 A_4^* \frac{h}{B} \right\} \qquad (5.34b)$$

主梁断面两个自由度方向的运动状态方程为:

竖向:
$$h = h_0 e^{i\omega t} \qquad (5.35a)$$

扭转:
$$\alpha = \alpha_0 e^{i\omega t} \qquad (5.35b)$$

求导可得速度方程:

竖向:
$$\dot{h} = i\omega h \qquad (5.36a)$$

扭转:
$$\dot{\alpha} = i\omega\alpha \qquad (5.36b)$$

采用分状态法进行识别,第一步是让主梁断面做单自由度竖弯振动,可知 $\alpha(t)=0$。从而得到:

$$L = \frac{1}{2}\rho U^2 (2B)\left\{ KH_1^* \frac{\dot{h}}{U} + K^2 H_4^* \frac{h}{B} \right\} = \rho U^2 B\left\{ KH_1^* \frac{\omega h}{U}i + K^2 H_4^* \frac{h}{B} \right\} \qquad (5.37a)$$

$$M = \frac{1}{2}\rho U^2 (2B^2)\left\{ KA_1^* \frac{\dot{h}}{U} + K^2 A_4^* \frac{h}{B} \right\} = \rho U^2 B^2\left\{ KA_1^* \frac{\omega h}{U}i + K^2 A_4^* \frac{h}{B} \right\} \qquad (5.37b)$$

模型仅做竖弯振动,可以得到升力和力矩的时程曲线,根据所得数据的虚部项和实部项相等的原则,识别以下气动导数:

$$H_1^* = \frac{1}{\rho UBK\omega h}\mathrm{Image}(L)$$

$$H_4^* = \frac{1}{\rho U^2 K^2 h}\mathrm{Real}(L) \qquad (5.38a)$$

$$A_1^* = \frac{1}{\rho U B^2 K \omega h} \text{Image}(M)$$

$$A_4^* = \frac{1}{\rho U^2 B K^2 h} \text{Real}(M)$$

(5.38b)

式中　Real( )——实部项；

　　　Image( )——虚部项。

对在试验中采集到的 L 和 M 的数据进行分析可得到实部和虚部的解。

同理，第二步是让主梁断面做单自由度扭转振动，可知 $h(t) = 0$，可以得到：

$$L = \frac{1}{2}\rho U^2 (2B)\left\{ KH_2^* \frac{\dot{\alpha}B}{U} + K^2 H_3^* \alpha \right\} = \rho U^2 B \left\{ KH_2^* \frac{\omega \alpha B}{U}i + K^2 H_3^* \alpha \right\}$$

(5.39a)

$$M = \frac{1}{2}\rho U^2 (2B^2)\left\{ KA_2^* \frac{\dot{\alpha}B}{U} + K^2 A_3^* \alpha \right\} = \rho U^2 B^2 \left\{ KA_2^* \frac{\omega \alpha B}{U}i + K^2 A_3^* \alpha \right\}$$

(5.39b)

进而识别以下气动导数：

$$H_2^* = \frac{1}{\rho U B^2 K \omega \alpha} \text{Image}(L)$$

$$H_3^* = \frac{1}{\rho U^2 B K^2 \alpha} \text{Real}(L)$$

(5.40a)

$$A_2^* = \frac{1}{\rho U B^3 K \omega \alpha} \text{Image}(M)$$

$$A_3^* = \frac{1}{\rho U^2 B^2 K^2 \alpha} \text{Real}(M)$$

(5.40b)

5.2.4　基于耦合强迫振动的颤振导数识别方法

根据 Scanlan 颤振理论，主梁断面做强迫振动时，其气动自激力的频率与强迫振动的频率是一致的，不一致的是相位角。那么耦合状态强迫振动识别颤振导数的方法就是让主梁断面分别做两次强迫振动，要求两次振动的频率相同，第一次振动时是扭转和竖弯振动的相位角一致，第二次振动时使扭转和竖弯振动的相位角相差 180°，采集两次强迫振动的气动力时程数据，进行分析就可以对颤振导数进行识别。

第一次强迫振动两个自由度方向的运动方程如下：

竖向：　　　　　　　　　　$h = h_0 e^{i\omega t}$　　　　　　　　　　(5.41a)

扭转：　　　　　　　　　　$\alpha = \alpha_0 e^{i\omega t}$　　　　　　　　　　(5.41b)

第二次强迫振动两个自由度方向的运动方程如下：

竖向：　　　　　　　　　　$h = h_0 e^{i\omega t}$　　　　　　　　　　(5.42a)

扭转：　　　　　　　　　　$\alpha = \alpha_0 e^{i(\omega t + \pi)}$　　　　　　　　　　(5.42b)

求导得到两个方向速度的表达式：

$$\dot{h} = i\omega h$$

(5.43a)

$$\dot{\alpha} = i\omega \alpha$$

(5.43b)

可以假设：

$$L = L_j \mathrm{e}^{\mathrm{i}(\omega t + \beta_i)} \tag{5.44a}$$

$$M = M_j \mathrm{e}^{\mathrm{i}(\omega t + \theta_j)} \tag{5.44b}$$

式中 $j = 1,2$——第 1 次和第 2 次强迫振动。

根据欧拉公式 $\mathrm{e}^{\mathrm{i}x} = \cos x + \mathrm{i} \sin x$ 将复指数的表达式分离成实部和虚部成分：

$$\rho U^2 BK^2 \left\{ H_4^* \frac{h_0}{B} + H_3^* \alpha_0 \right\} = L_1 \cos \beta_1$$

$$\rho U^2 BK^2 \left\{ H_4^* \frac{h_0}{B} - H_3^* \alpha_0 \right\} = L_2 \cos \beta_2 \tag{5.45a}$$

$$\rho \omega U^2 B^2 K \left\{ H_1^* \frac{h_0}{B} + H_2^* \alpha_0 \right\} = L_1 \sin \beta_1$$

$$\rho \omega U^2 B^2 K \left\{ H_1^* \frac{h_0}{B} - H_2^* \alpha_0 \right\} = L_2 \sin \beta_2$$

$$\rho U^2 B^2 K^2 \left\{ A_4^* \frac{h_0}{B} + A_3^* \alpha_0 \right\} = M_1 \cos \theta_1$$

$$\rho U^2 B^2 K^2 \left\{ A_4^* \frac{h_0}{B} - A_3^* \alpha_0 \right\} = M_2 \cos \theta_2 \tag{5.45b}$$

$$\rho \omega U^2 B^3 K \left\{ A_1^* \frac{h_0}{B} + A_2^* \alpha_0 \right\} = M_1 \sin \theta_1$$

$$\rho \omega U^2 B^3 K \left\{ A_1^* \frac{h_0}{B} - A_2^* \alpha_0 \right\} = M_2 \sin \theta_2$$

根据得到的气动力时程数据，识别颤振导数：

$$H_1^* = \frac{1}{\rho \omega^2 B^2 h_0} \times \frac{L_1 \sin \beta_1 + L_2 \sin \beta_2}{2}$$

$$H_2^* = \frac{1}{\rho \omega^2 B^3 \alpha_0} \times \frac{L_1 \sin \beta_1 - L_2 \sin \beta_2}{2} \tag{5.46a}$$

$$H_3^* = \frac{1}{\rho \omega^2 B^3 \alpha_0} \times \frac{L_1 \cos \beta_1 - L_2 \cos \beta_2}{2}$$

$$H_4^* = \frac{1}{\rho \omega^2 B^2 h_0} \times \frac{L_1 \cos \beta_1 + L_2 \cos \beta_2}{2}$$

$$A_1^* = \frac{1}{\rho \omega^2 B^2 h_0} \times \frac{M_1 \sin \theta_1 + M_2 \sin \theta_2}{2}$$

$$A_2^* = \frac{1}{\rho \omega^2 B^3 \alpha_0} \times \frac{M_1 \sin \theta_1 - M_2 \sin \theta_2}{2}$$

$$A_3^* = \frac{1}{\rho \omega^2 B^3 \alpha_0} \times \frac{M_1 \cos \theta_1 - M_2 \cos \theta_2}{2} \tag{5.46b}$$

$$A_4^* = \frac{1}{\rho \omega^2 B^2 h_0} \times \frac{M_1 \cos \theta_1 + M_2 \cos \theta_2}{2}$$

5.2.5 颤振临界风速的计算

本书中数值模拟计算采用的方法是分状态强迫振动识别法,即分别让模型在流场中做单自由度的竖弯振动和单自由度的扭转振动,再根据获得的气动力时程数据对两自由度的 8 个颤振导数进行识别。

首先让模型做单自由度的竖弯振动,可知 $\alpha(t) = \dot{\alpha}(t) = 0$ 时,运动方程为:

$$h(t) = h_0 \sin \omega_h t \tag{5.47}$$

则线速度为:

$$\dot{h}(t) = h_0 \omega_h \cos \omega_h t \tag{5.48}$$

然后让模型做单自由度的扭转振动,可知 $h(t) = \dot{h}(t) = 0$ 时,运动方程为:

$$\alpha(t) = \alpha_0 \sin \omega_\alpha t \tag{5.49}$$

则角速度为:

$$\dot{\alpha}(t) = \alpha_0 \omega_\alpha \cos \omega_\alpha t \tag{5.50}$$

模型在流场中做单自由度的竖弯振动和单自由度的扭转振动由 UDF 函数实现。首先,让模型在流场中做单自由度的竖弯强迫振动,迭代若干步达到稳定之后,采集后续若干步的气动力时程数据,对数据进行均值化处理,代入式(5.1)得到若干组二元一次超定方程组,根据最小二乘原理解得 $H_1^*, H_4^*, A_1^*, A_4^*$;同理,让模型在流场中做单自由度的扭转强迫振动,得到另外 4 个颤振导数 $H_2^*, H_3^*, A_2^*, A_3^*$。

以单自由度的竖弯振动为例,式(5.1)可以简化为:

$$L = \frac{1}{2}\rho U^2(2B)\left\{ KH_1^* \frac{\dot{h}}{U} + K^2 H_4^* \frac{h}{B} \right\} \tag{5.51a}$$

$$M = \frac{1}{2}\rho U^2(2B^2)\left\{ KA_1^* \frac{\dot{h}}{U} + K^2 A_4^* \frac{h}{B} \right\} \tag{5.51b}$$

对时间步 i 进行采样,与其对应的位移和速度分别是 h_i 和 $\dot{h}_i(i = 1, 2, \cdots, n)$,采集的数据经过换算可以得到升力和力矩数据 L_i 和 M_i($i = 1, 2, \cdots, n$)。这时式 $L = \frac{1}{2}\rho U^2(2B)\left\{ KH_1^* \frac{\dot{h}}{U} + K^2 H_4^* \frac{h}{B} \right\}$ 中,只有 H_1^*, H_4^* 是未知量,转化为以下形式:

$$L_i = c_{1i}H_1^* + c_{2i}H_4^* \quad (i = 1, 2, \cdots, n) \tag{5.52}$$

式中 $c_{1i}, c_{2i}(i = 1, 2, \cdots, n)$——随时间变化的量。

这是 n 个关于 H_1^*, H_4^* 的二元一次超定方程组,根据最小二乘法原理拟合可以解出 H_1^*,H_4^* 的合理值。同理,按照式(5.51b)可以得到 A_1^*, A_4^*。

用 Scanlan 颤振临界风速计算方法来对主梁断面的颤振临界风速值进行估算的理论推导如下。

主梁断面的运动方程为:

$$m(\ddot{h} + 2\xi_h\omega_h\dot{h} + \omega_h^2 h) = L \tag{5.53a}$$

$$I_m(\ddot{\alpha} + 2\xi_\alpha\omega_\alpha\dot{\alpha} + \omega_\alpha^2\alpha) = M \tag{5.53b}$$

式中　m, I_m——模型单位长度的等效质量和等效质量矩；

　　　ξ_h, ξ_α——竖弯振动和扭转振动的阻尼比；

　　　h, α——竖弯振动和扭转振动的位移；

　　　$\dot{h}, \dot{\alpha}$——竖弯振动和扭转振动的速度；

　　　$\ddot{h}, \ddot{\alpha}$——竖弯振动和扭转振动的加速度。

将式(5.1)带入式(5.53)，同时引入无量纲时间 $s = tU/B$，得到无量纲化的运动方程：

$$\frac{\ddot{h}}{B} + 2\xi_h K_h \frac{\dot{h}}{B} + K_h^2 \frac{h}{B} = \frac{\rho B^2}{m}\left\{ KH_1^* \frac{\dot{h}}{B} + KH_2^* \dot{\alpha} + K^2 H_3^* \alpha + K^2 H_4^* \frac{h}{B} \right\} \tag{5.54a}$$

$$\ddot{\alpha} + 2\xi_\alpha K_\alpha \dot{\alpha} + K_\alpha^2 \alpha = \frac{\rho B^4}{I}\left\{ KA_1^* \frac{\dot{h}}{B} + KA_2^* \dot{\alpha} + K^2 A_3^* \alpha + K^2 A_4^* \frac{h}{B} \right\} \tag{5.54b}$$

其中，$(\dot{\ }) = \dfrac{\mathrm{d}(\ )}{\mathrm{d}t} = \dfrac{\mathrm{d}(\ )}{\mathrm{d}s}\dfrac{\mathrm{d}s}{\mathrm{d}t} = \dfrac{U}{B}(\ )$；$K_h = B\omega_h/U, K_\alpha = B\omega_\alpha/U$。

方程的解可以写成：

$$\frac{h}{B} = \frac{h_0}{B}\mathrm{e}^{\mathrm{i}\omega t} = \frac{h_0}{B}\mathrm{e}^{\mathrm{i}Ks} \tag{5.55a}$$

$$\alpha = \alpha_0 \mathrm{e}^{\mathrm{i}\omega t} = \alpha_0 \mathrm{e}^{\mathrm{i}Ks} \tag{5.55b}$$

将其代入式(5.54)，则：

$$\left[-K^2 + 2\mathrm{i}\xi_h K_h K + K_h^2 - \frac{\rho B^2}{m}K^2(\mathrm{i}H_1^* + H_4^*) \right]\frac{h_0}{B} - \frac{\rho B^2}{m}K^2(\mathrm{i}H_2^* + H_3^*)\alpha_0 = 0 \tag{5.56a}$$

$$-\frac{\rho B^4}{I}K^2(\mathrm{i}A_1^* + A_4^*)\frac{h_0}{B} + \left[-K^2 + 2\mathrm{i}\xi_\alpha K_\alpha K + K_\alpha^2 - \frac{\rho B^4}{I}K^2(\mathrm{i}A_2^* + A_3^*) \right]\alpha_0 = 0 \tag{5.56b}$$

定义未知函数 $X = \omega/\omega_h$，代入式(5.56)，得：

$$\left(X^2 - 2\mathrm{i}\xi_h X - 1 + \frac{\rho B^2}{m}X^2 H_4^* + \mathrm{i}\frac{\rho B^2}{m}X^2 H_1^* \right)\frac{h_0}{B} + \left(\frac{\rho B^2}{m}X^2 H_3^* + \mathrm{i}\frac{\rho B^2}{m}X^2 H_2^* \right) = 0 \tag{5.57a}$$

$$\left(\mathrm{i}\frac{\rho B^4}{I}X^2 A_1^* + \frac{\rho B^4}{I}X^2 A_4^* \right)\frac{h_0}{B} + \left[X^2 - 2\mathrm{i}\xi_\alpha\frac{\omega_\alpha}{\omega_h}X - \left(\frac{\omega_\alpha}{\omega_h}\right)^2 + \frac{\rho B^4}{I}X^2 A_3^* + \mathrm{i}\frac{\rho B^4}{I}X^2 A_2^* \right]\alpha_0 = 0 \tag{5.57b}$$

方程有解的条件是系数行列式为零，根据系数行列式为零整理得到 X 的四次多项式，进一步整理得到实部和虚部两个方程如下：

$$A_{4R}X^4 + A_{3R}X^3 + A_{2R}X^2 + A_{1R}X + A_{0R} = 0 \tag{5.58a}$$

$$A_{3I}X^3 + A_{2I}X^2 + A_{1I}X + A_{0I} = 0 \tag{5.58b}$$

式中：

$$A_{4R} = 1 + \frac{\rho B^2}{m}H_4^* + \frac{\rho B^4}{I}A_3^* + \frac{\rho^2 B^6}{mI}(H_4^* A_3^* - H_3^* A_4^* + H_2^* A_1^* - H_1^* A_2^*)$$

$$A_{3R} = 2\xi_\alpha \frac{\omega_\alpha}{\omega_h} \frac{\rho B^2}{m}H_1^* + 2\xi_h \frac{\rho B^4}{I}A_2^* \tag{5.59a}$$

$$A_{2R} = -\left(\frac{\omega_\alpha}{\omega_h}\right)^2 \left(1 + \frac{\rho B^2}{m}H_4^*\right) - \left(1 + \frac{\rho B^4}{I}A_3^*\right) - 4\xi_h \xi_\alpha \frac{\omega_\alpha}{\omega_h}$$

$$A_{1R} = 0$$

$$A_{0R} = \left(\frac{\omega_\alpha}{\omega_h}\right)^2$$

$$A_{3I} = \frac{\rho B^2}{m}H_1^* + \frac{\rho B^4}{I}A_2^* + \frac{\rho^2 B^6}{mI}(H_4^* A_2^* - H_2^* A_4^* + H_1^* A_3^* - H_3^* A_1^*)$$

$$A_{2I} = -2\xi_\alpha \frac{\omega_\alpha}{\omega_h}\left(1 + \frac{\rho B^2}{m}H_4^*\right) - 2\xi_h\left(1 + \frac{\rho B^4}{I}A_3^*\right)$$

$$A_{1I} = -\frac{\rho B^2}{m}H_1^*\left(\frac{\omega_\alpha}{\omega_h}\right)^2 - \frac{\rho B^4}{I}A_2^* \tag{5.59b}$$

$$A_{0I} = 2\xi_h\left(\frac{\omega_\alpha}{\omega_h}\right)^2 + 2\xi_\alpha \frac{\omega_\alpha}{\omega_h}$$

选择不同的 K 值以及与其对应的 8 个颤振导数值，可解得实部方程中的 $X_R(K)$ 和虚部方程中的 $X_I(K)$，在一张图中绘制 X_R-K 和 X_I-K 曲线，可以得到两条曲线的交点 (K_C, X_C)，这个交点就是对应的临界状态。

对应的圆频率为：

$$\omega_C = X_C \omega_h \tag{5.60}$$

颤振临界风速为：

$$U_C = \frac{B\omega_C}{K_C} = \frac{B\omega_h}{K_C}X_C \tag{5.61}$$

计算时采用的横坐标是与 K 值对应的折算风速 V_r，由 V_R-V_r 和 V_I-V_r 两条曲线的交点 (V_{rC}, X_C) 来确定临界状态，对应的颤振临界风速计算公式为：

$$U_C = \frac{B\omega_h X_C V_{rC}}{2\pi} \tag{5.62}$$

5.3 颤振临界风速的测定及颤振导数识别

5.3.1 颤振临界风速的测定

节段模型试验中主要进行两个方面的工作：主梁在不同工况下的临界风速，主要是攻角、断面形式;颤振导数识别:均匀流下不同风攻角($-5°,-3°,0°,+3°,+5°$)和不同风速($4\sim$ 18 m/s,$\Delta=2$ m/s)的颤振导数识别试验,节段模型试验工况见表5.1。

表5.1　节段模型试验工况

工　况	断面形式	流　场	攻角/(°)	风速/ $(m\cdot s^{-1})$	实验内容
1	成桥状态	均匀流	-5	$0\sim18$	①较高风速时考察主梁是否发生颤振; ②颤振导数识别提取风速为:$4\sim18$ m/s,$\Delta=2$ m/s
2			-3		
3			0		
4			$+3$		
5			$+5$		
6	施工状态	均匀流	-5		
7			-3		
8			0		
9			$+3$		
10			$+5$		

节段模型颤振临界风速的确定采用在风洞中直接测量得到,分别测定得到施工状态和成桥状态在不同风攻角下的节段模型颤振临界风速,然后进行风速比的换算得到相应状态下实桥的颤振临界风速值的大小。首先需要计算风速比,其中成桥状态:

$$\lambda_V^1 = \lambda_L \cdot \lambda_f^2 = \frac{1}{60} \times 12.926 = 0.215, \frac{U_p}{U_m} = 4.64$$

施工状态:

$$\lambda_V^2 = \lambda_L \cdot \lambda_f^2 = \frac{1}{60} \times 12.238 = 0.204, \frac{U_p}{U_m} = 4.90$$

直接测量法得到的颤振临界风速,见表5.2。

表5.2　直接测量法得到的颤振临界风速

工　况	攻角/(°)	模型实测风速 U_m /$(m\cdot s^{-1})$	风速比	对应实桥风速 U_p /$(m\cdot s^{-1})$
100%主梁拼装状态	$+5$	14.60	4.90	71.54
	$+3$	16.70	4.90	81.83
	0	>18.20	4.90	>89.18
	-3	16.80	4.90	82.32
	-5	>16.70	4.90	>81.83

续表

工 况	攻角/(°)	模型实测风速 U_m /(m·s^{-1})	风速比	对应实桥风速 U_p /(m·s^{-1})
成桥状态	+5	14.10	4.64	65.42
	+3	14.60	4.64	67.74
	0	>18.20	4.64	>84.45
	−3	16.60	4.64	77.02
	−5	>18.20	4.64	>84.45

从表5.2的结果可知,该桥主桥的成桥状态、施工状态不同风攻角($-5°,-3°,0°,+3°,$ $+5°$)时的颤振临界风速均远高于相应的颤振检验风速:成桥状态的颤振检验风速为 61.92 m/s;施工阶段的颤振检验风速为56.96 m/s;直接测量法得到的颤振临界风速的结果 说明了该桥的颤振稳定性满足要求。

5.3.2 颤振导数识别

进行颤振导数识别试验时,分别考虑施工状态和成桥状态的影响,通过试验得到识别其 颤振导数值。

1)成桥状态的工况设置

在进行成桥状态的颤振导数识别试验时,通过变换人行道栏杆的形式,分别考虑了栏杆 不同透风率的影响,从而探索模型气动外形的改变对颤振导数的影响情况,图5.1给出了主 梁标准断面的详细尺寸及栏杆的几种布置形式。

在试验中防撞护栏的位置和形式保持不变,通过改变栏杆的形式分别考虑了3种试验 工况:大透风率、中透风率和小透风率。

在颤振导数试验中,对3种人行道栏杆的透风率设置形式下,分别进行均匀流场中0°风 攻角的颤振导数试验,试验风速为0,4,6,8,10,12,14,16,18 m/s,每个风速下均试验6次, 取颤振导数识别结果的平均值作为最终值。

2)施工状态的工况设置

在进行施工状态的颤振导数识别试验时,主梁断面的防撞护栏、人行道栏杆以及检修导 轨均未安装,如图5.3所示。

进行均匀流场中0°风攻角的颤振导数试验,试验风速为0,4,6,8,10,12,14,16,18 m/s, 每个风速下均试验6次,取颤振导数识别结果的平均值作为最终值。

3)颤振导数识别试验工况

综上所述,所有试验工况的设置见表5.3。

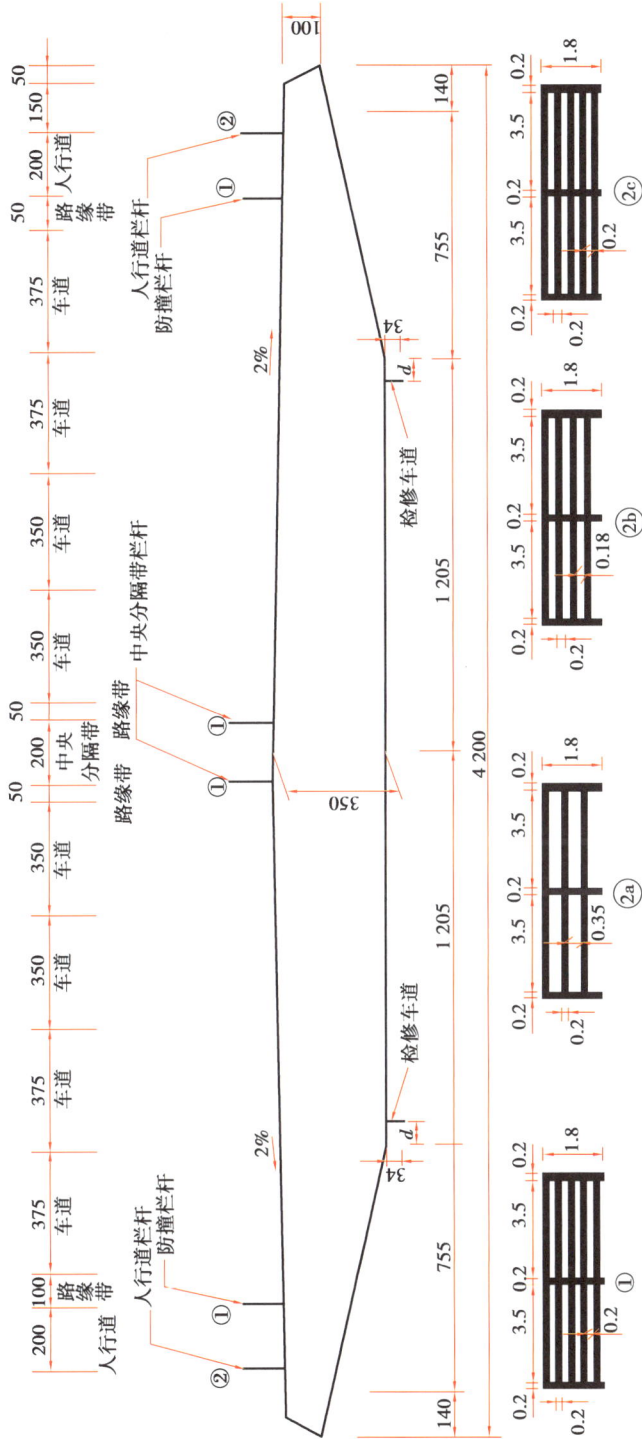

图5.1 主梁标准断面(单位: cm)

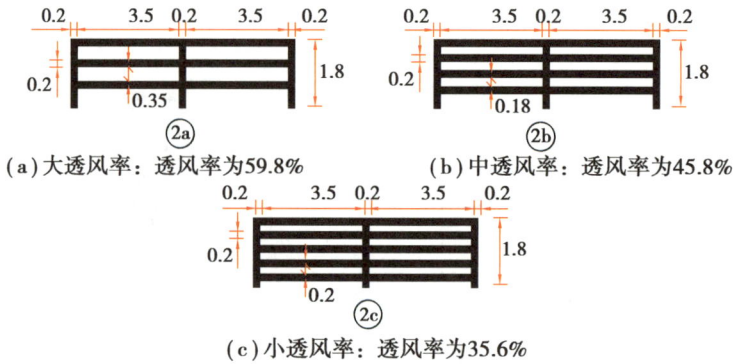

（a）大透风率：透风率为59.8%　　　　（b）中透风率：透风率为45.8%

（c）小透风率：透风率为35.6%

图 5.2　不同人行道栏杆形式的透风率设置情况（单位：cm）

表 5.3　颤振导数识别试验工况

工　　况	断面形式		流　场	风攻角 /(°)	风速/ (m·s⁻¹)	备　　注
1~8	施工状态		均匀流	0	0,4,6, 8,10,12, 14,16	每个风速下均 试验 6 次,取颤振 导数识别结果的 平均值
9~16	成桥状态	大透风率	均匀流	0	0,4,6, 8,10,12, 14,16	
17~24		中透风率				
25~32		小透风率				

由施工状态颤振导数识别试验得到的数据,应用 MATLAB 程序根据最小二乘法原理识别颤振导数,将 6 次试验得到的结果取平均值可得到最终的颤振导数识别结果,见表 5.4。

表 5.4　施工状态颤振导数识别结果

风速 U/ (m·s⁻¹)	A_1^*	A_2^*	A_3^*	A_4^*	H_1^*	H_2^*	H_3^*	H_4^*
0	−1.469 8	−0.535 0	0.243 0	0.586 4	4.196 8	1.572 8	12.891 5	−2.022 2
4.05	−1.646 7	−0.640 2	0.325 8	0.587 1	3.995 7	2.407 3	12.925 7	−2.511 0
5.98	−1.602 3	−0.652 0	0.350 6	0.548 9	3.646 4	2.207 8	13.404 7	−2.480 3
8.02	−1.611 2	−0.692 8	0.444 4	0.540 9	3.526 5	2.570 1	13.543 5	−3.023 7
10.1	−1.776 5	−0.839 1	0.638 1	0.720 1	4.069 8	2.905 9	14.183 7	−3.646 2
11.7	−1.712 3	−0.887 0	0.700 4	0.673 5	4.160 5	3.173 4	14.103 1	−4.810 2
14.4	−1.608 8	−0.924 2	0.730 6	0.432 4	4.141 7	3.412 9	15.550 9	−3.845 9
16.1	−1.249 2	−0.889 5	0.978 0	0.806 8	2.579 9	2.202 8	13.684 7	−7.392 0
18.2	−0.765 8	−0.756 4	1.358 2	0.636 5	4.032 0	2.998 2	12.923 3	−10.820 8

注：表中数据均为 6 次试验结果数据处理之后的平均值。

根据数据 $f_h = 2.308$；$f_\alpha = 3.479$；$B = 0.7$ m,可得相应的折算风速 $V_r = U/fB$,整理数据后可得到颤振导数曲线。

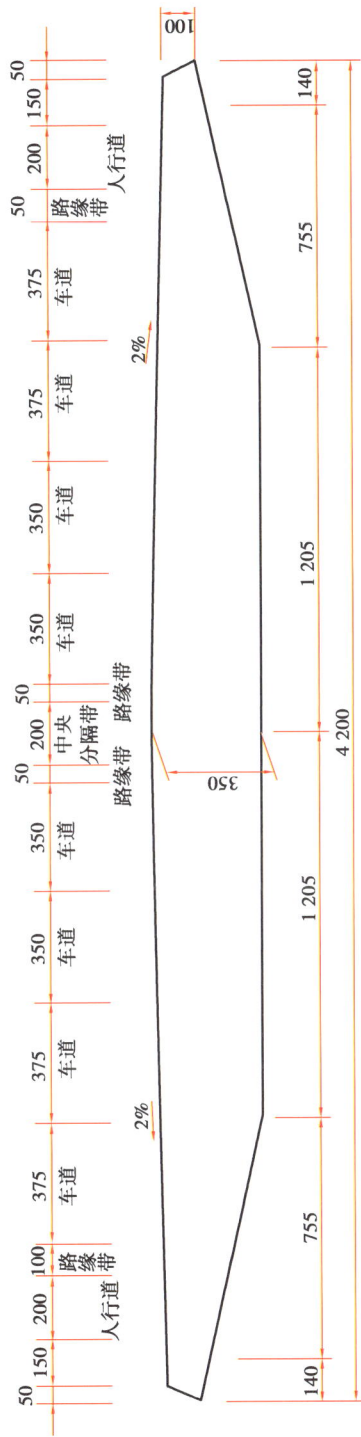

图5.3 施工状态的主梁断面(单位：cm)

由成桥状态(大透风率)颤振导数识别试验得到的数据,应用 MATLAB 程序根据最小二乘法原理识别颤振导数,将 6 次试验的结果取平均值可得到最终的颤振导数识别结果,见表5.5。

表 5.5 成桥状态(大透风率)颤振导数识别结果

风速 $U/$ $(\mathrm{m \cdot s^{-1}})$	A_1^*	A_2^*	A_3^*	A_4^*	H_1^*	H_2^*	H_3^*	H_4^*
0	1.966 9	0.083 5	0.039 1	0.412 3	−0.541 7	−0.203 7	1.321 9	−0.485 9
4.05	1.976 5	0.028 7	0.058 1	0.374 6	−0.867 5	−0.559 1	0.962 9	−1.049 7
5.98	1.918 0	0.012 2	0.056 4	0.415 8	−1.158 3	−0.306 3	0.616 1	−1.161 8
8.02	2.002 0	−0.009 8	0.170 5	0.372 0	−1.451 2	−0.238 9	0.241 5	−0.819 8
10.1	2.050 8	−0.060 5	0.209 1	0.163 3	−1.295 6	−0.135 5	−0.483 2	−1.026 2
11.7	1.912 0	−0.087 2	0.271 3	0.475 1	−1.298 6	−0.185 2	−0.944 3	−1.965 3
14.4	2.191 3	−0.208 1	0.474 7	0.117 5	−0.718 2	−0.397 1	−2.075 5	−2.126 8
16.1	2.390 1	−0.270 1	0.584 8	0.324 1	0.189 8	−0.181 0	−3.032 1	−2.427 4
18.2	2.574 7	−0.264 4	0.691 0	1.221 9	1.500 5	−0.453 2	−3.953 7	−6.474 8

注:表中数据均为 6 次试验结果数据处理之后的平均值。

根据数据 $f_h = 2.308$;$f_\alpha = 3.479$;$B = 0.7$ m,可得相应的折算风速 $V_r = U/fB$,整理数据后可得到颤振导数曲线。

由成桥状态(中透风率)颤振导数识别试验得到的数据,经数据处理可得到最终的颤振导数识别结果,见表5.6。

表 5.6 成桥状态(中透风率)颤振导数识别结果

风速 $U/$ $(\mathrm{m \cdot s^{-1}})$	A_1^*	A_2^*	A_3^*	A_4^*	H_1^*	H_2^*	H_3^*	H_4^*
0	2.002 4	0.059 5	0.104 5	0.250 3	−0.388 5	0.275 2	1.015 1	−0.092 8
4.05	1.890 2	−0.006 0	0.168 6	0.218 3	−0.703 0	−0.285 2	0.511 7	−0.821 0
5.98	2.005 3	−0.015 1	0.202 5	0.347 7	−1.085 6	−0.274 3	0.106 6	−0.919 5
8.02	1.898 2	−0.024 0	0.242 7	0.309 0	−1.287 3	−0.070 4	−0.193 9	−1.055 2
10.1	2.229 6	−0.084 6	0.395 3	0.306 7	−1.300 0	−0.249 8	−0.973 9	−1.142 4
11.7	2.348 5	−0.147 5	0.475 9	0.239 6	−0.853 0	−0.271 6	−1.705 6	−2.736 4

风速 $U/$ $(\mathrm{m \cdot s^{-1}})$	A_1^*	A_2^*	A_3^*	A_4^*	H_1^*	H_2^*	H_3^*	H_4^*
14.4	1.440 3	−0.135 5	0.512 0	0.890 9	−0.679 7	−0.087 2	−2.290 1	−4.711 4
16.1	1.010 3	−0.139 7	0.768 3	0.540 7	0.196 9	−0.149 3	−2.673 8	−10.652 9
18.2	3.571 6	−0.782 0	0.863 6	0.698 0	3.894 9	−1.039 2	−2.927 7	−12.921 8

注:表中数据均为 6 次试验结果数据处理之后的平均值。

根据数据 $f_h = 2.308$;$f_\alpha = 3.479$;$B = 0.7\ \mathrm{m}$,可得相应的折算风速 $V_r = U/fB$,整理数据后可得到颤振导数曲线。

由成桥状态(小透风率)颤振导数识别试验得到的数据,经数据处理可得最终的颤振导数识别结果,见表 5.7。

表 5.7　成桥状态(小透风率)颤振导数识别结果

风速 $U/$ $(\mathrm{m \cdot s^{-1}})$	A_1^*	A_2^*	A_3^*	A_4^*	H_1^*	H_2^*	H_3^*	H_4^*
0	2.090 3	0.050 4	0.061 9	0.628 9	−0.523 6	−0.011 3	1.146 2	−0.273 9
4.05	2.378 4	0.081 5	0.106 6	0.400 6	−0.937 2	−0.054 4	1.221 2	−0.325 1
5.98	1.945 6	−0.005 2	0.175 8	0.448 2	−1.173 1	−0.278 1	0.582 9	−0.842 2
8.02	1.865 8	−0.027 9	0.251 4	0.341 8	−1.254 3	−0.008 7	−0.103 8	−1.081 0
10.1	2.175 8	−0.078 8	0.380 3	0.266 7	−1.341 7	−0.052 5	−0.946 2	−1.210 7
11.7	1.682 4	−0.115 7	0.469 5	0.358 6	−0.911 4	0.090 7	−1.806 9	−3.039 3
14.4	0.941 2	−0.094 9	0.561 3	0.584 2	−0.735 1	0.231 7	−2.695 0	−2.722 9
16.1	−0.853 7	0.161 2	0.967 3	−0.944 6	−1.329 9	0.366 1	−2.593 8	−12.893 0
18.2	−2.554 4	0.629 8	1.047 9	−0.239 6	−3.307 1	0.843 6	−2.819 7	−14.919 6

注:表中数据均为 6 次试验结果数据处理之后的平均值。

根据数据 $f_h = 2.308$;$f_\alpha = 3.479$;$B = 0.7\ \mathrm{m}$,可得相应的折算风速 $V_r = U/fB$,整理数据后可得到颤振导数曲线。

这里分别在成桥状态设置 3 种不同透风率的栏杆形式,探索气动外形的改变对颤振导数的影响情况,从图 5.4 中的对比结果可以看出,根据风洞试验中主梁节段模型的自由振动来识别颤振导数的方法具有较大的不稳定性,本试验通过每级风速下进行 6 次重复试验取平均值的方法来消除不稳定的影响,但依然存在较大的误差。通过试验结果的比较可以看出,成桥状态下设置 3 种不同透风率的栏杆,对 8 个颤振导数的整体变化趋势没有影响,即 3 种不同透风率的栏杆其颤振导数的变化趋势保持一致,只是数值大小存在差异。同时还能发现,当折算风速 V_r 较小时,不同透风率栏杆的颤振导数值较为接近,但随着折算风速的增大,3 条曲线的差异越来越大,即在折算风速较大时,不同透风率栏杆的颤振导数值差异较大。

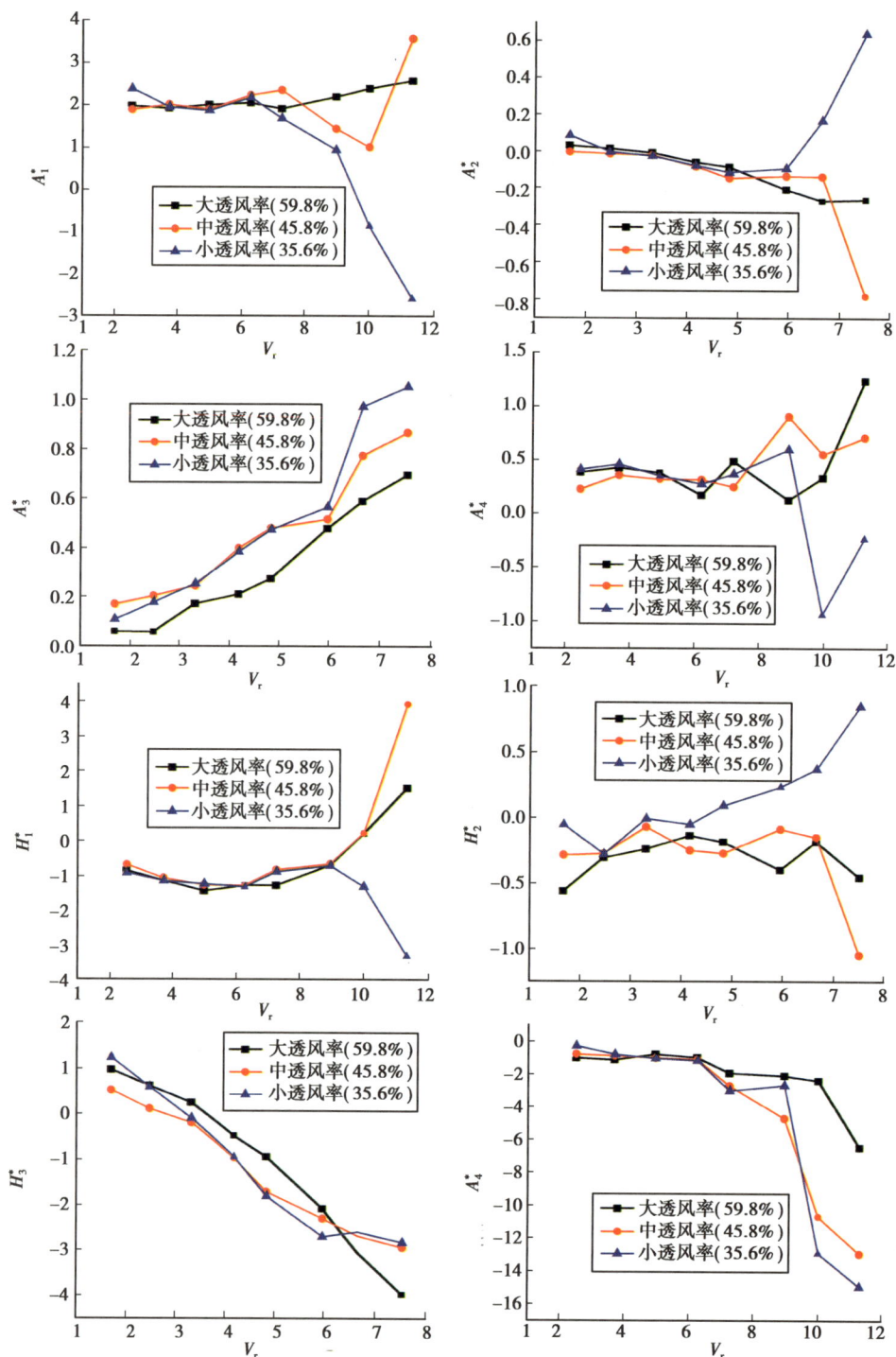

图 5.4　成桥状态的颤振导数与折算风速的关系曲线

5.4 颤振性能数值分析

数值模拟中采用的模型为风洞试验中的缩尺模型。其模型分别做单自由度的竖弯振动和单自由度的扭转振动,运动方程如下:

单自由度的竖弯振动的参数:频率 $f = 2$ Hz,振幅 $h_0 = 0.02$ m,相位 $\varphi = 0$,风攻角 $\alpha = 0°$。

竖向振动:
$$h = h_0 \sin \omega t \tag{5.63a}$$

单自由度的扭转振动的参数:频率 $f = 2$ Hz,振幅 $\alpha_0 = 2\pi/180°$,相位 $\varphi = 0$,沉浮位移 $h = 0°$。

扭转振动:
$$\alpha = \alpha_0 \sin \omega t \tag{5.63b}$$

折算风速 $V_r = U/fB$,依次取 $2, 4, 6, \cdots, 16$ 这 8 个数据,由此可得数值模拟中的来流折算风速 U 的大小,见表 5.8。

表 5.8　来流折算风速

$V_r = U/fB$	2	4	6	8	10	12	14	16
$U/(\text{m} \cdot \text{s}^{-1})$	4	8	12	16	20	24	28	32

5.4.1　边界条件设置

数值计算中流场网格可划分成以下三个部分:

①与模型一起同步运动的刚性边界层网格区域,其中网格只运动不进行改变。

②根据模型运动而进行网格大小调整或重组的动网格区域,网格在运动过程中始终在改变。

③既不随模型运动也不进行网格调整改变的静止网格区域,位于流场的最外围。

流场设置情况如图 5.5 所示,流场区域为 10 m×2.2 m 的矩形,动网格区域为 3 m×1.2 m 的矩形,刚性边界层网格区域设置为椭圆,椭圆长轴长度为 1.2 m,短轴长度为 0.5 m。

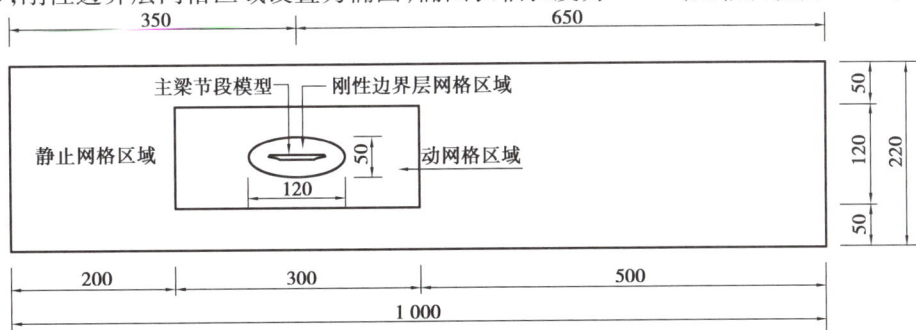

图 5.5　数值模拟流场区域的设置情况(单位: cm)

采用 Gambit 软件绘制模型截面、流场区域及流场区域的网格,网格的划分情况如图 5.6 所示。

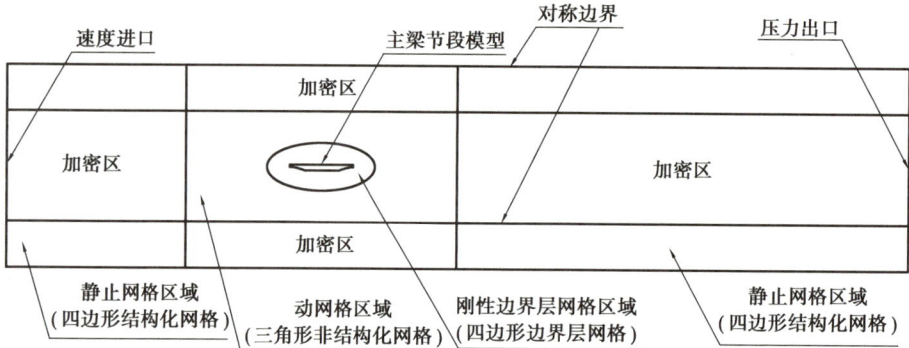

图 5.6 数值模拟流场区域网格的划分情况

根据图 5.6 划分网格,得到网格的总数为 135 728,其中刚性边界层网格数为 36 437,动网格数为 72 195,静止网格数为 27 096。具体网格划分情况如图 5.7 和图 5.8 所示。

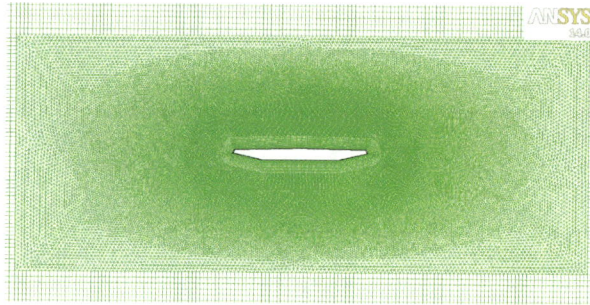

图 5.7 局部网格划分情况

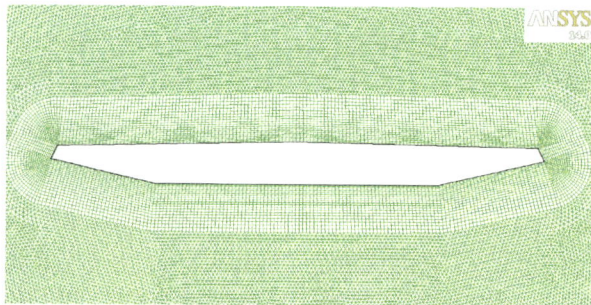

图 5.8 刚性边界层网格划分情况

数值模拟中模型表面贴体网格的 y^+ 值分布如图 5.9 所示,根据经验,当 $y^+ = 30 \sim 60$ 时计算效果最好,图中的数据表明本文采用的网格划分控制效果较好,对流场流动进行了合理的模拟。

FLUENT 软件的基本参数设置见表 5.9。计算状态采用非定常计算项;采用 $k\text{-}e$ 标准湍流模型进行计算,进出口湍流强度取 5%,湍流黏性比取 10;不考虑温度变化和能量交换;时间步长取 0.01 s;入口风速取 4,8,12,16,20,24,28,32 m/s。

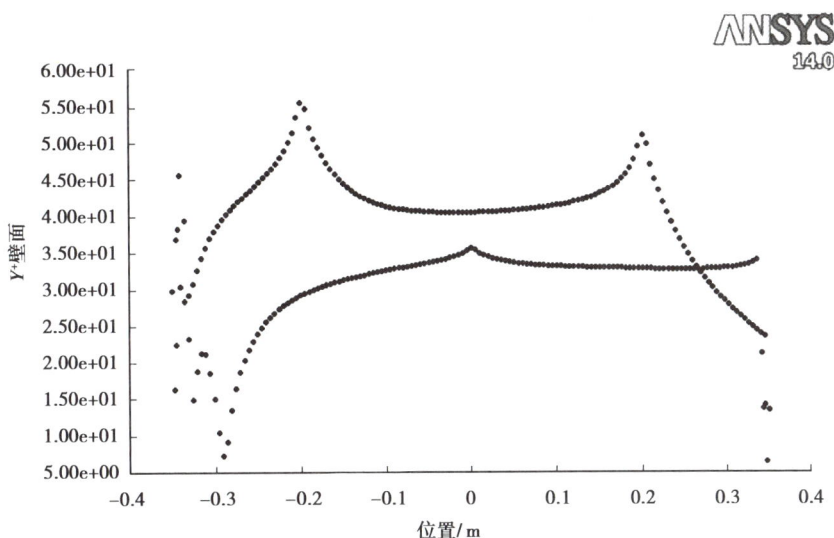

图 5.9 模型 y^+ 值的分布情况

表 5.9 FLUENT 软件的基本参数设置

边界条件	入口	VELOCITY_INLET
	出口	PRESSURE_OUTLET
	上下壁面	SYMMETRY
	断面体	WALL
动网格区域设置	运动区	Rigid Body 竖弯 UDF 程序
		Rigid Body 扭转 UDF 程序
计算控制	湍流模型	标准湍流模型名称为 k 标准湍流模型
	离散算法	SIMPLE
	迎风格式	Second Order Upwind

5.4.2 颤振导数识别及临界风速计算

模型在强迫振动下分别做单自由度的竖弯运动和单自由度的扭转运动,首先迭代 100 步(2T)使残差稳定,然后再迭代 300 步(6T),采集后 300 步(6T)的升力系数和力矩系数的数据。

以风速 $U = 12$ m/s 为例,其升力系数和力矩系数的时程曲线,如图 5.10 所示。

根据所得的升力系数和力矩系数,通过式 $L = \frac{1}{2}\rho U^2 C_L B$ 和式 $M = \frac{1}{2}\rho U^2 C_M B^2$ 得到升力 L 和力矩 M 的时程曲线,如图 5.11 至图 5.13 所示。

这里分别考察模型在单自由度的竖弯运动和单自由度的扭转运动时的压力分布变化情况,在提取结果时,将一个周期 T 分为 4 个时间节点 $T/4, 2T/4, 3T/4, T$ 分别进行考察,从而

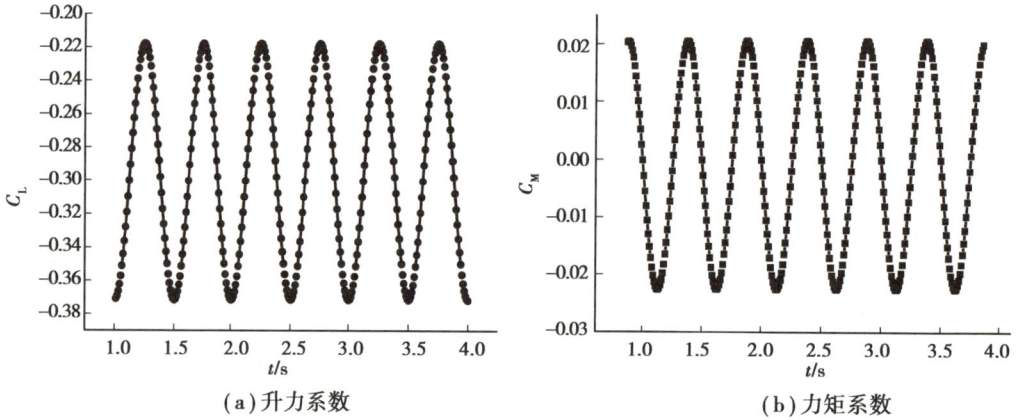

（a）升力系数   （b）力矩系数

图 5.10   竖弯运动气动力系数时程曲线

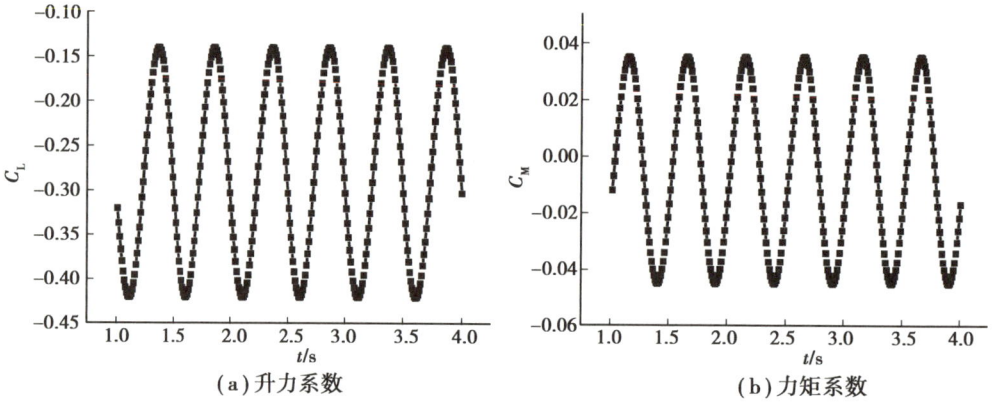

（a）升力系数   （b）力矩系数

图 5.11   扭转运动气动力系数时程曲线

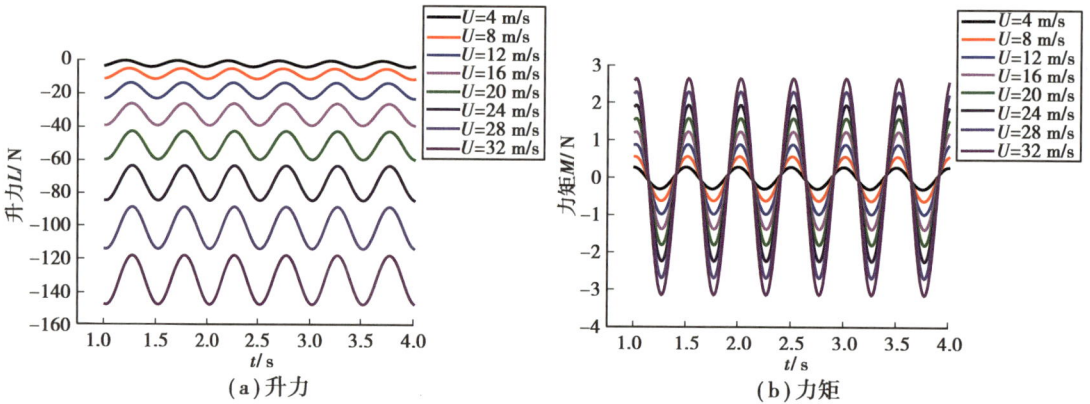

（a）升力   （b）力矩

图 5.12   模型在各级风速下做纯竖弯强迫振动的气动力时程曲线

了解在一个周期内的压力分布变化情况。

以风速 $U = 12$ m/s 为例，其压力等高线分布如图 5.14 和图 5.15 所示。

（a）升力

（b）力矩

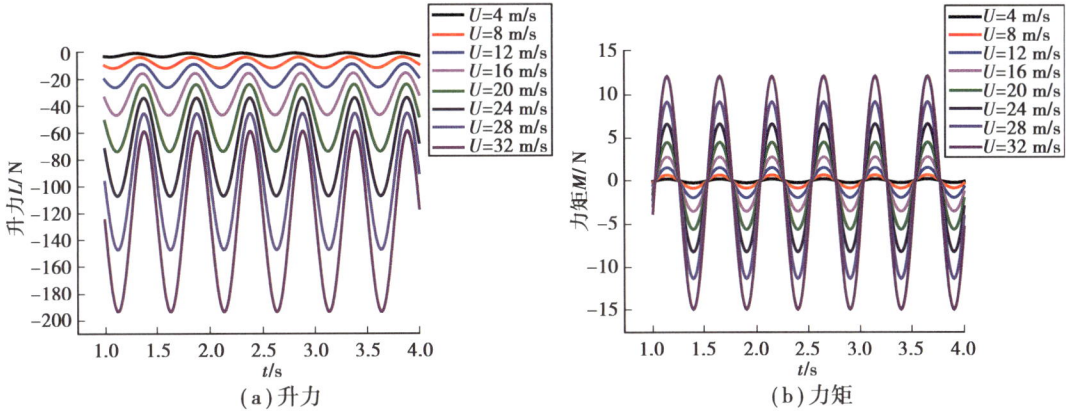

图 5.13　模型在各级风速下做纯扭转强迫振动的气动力时程曲线

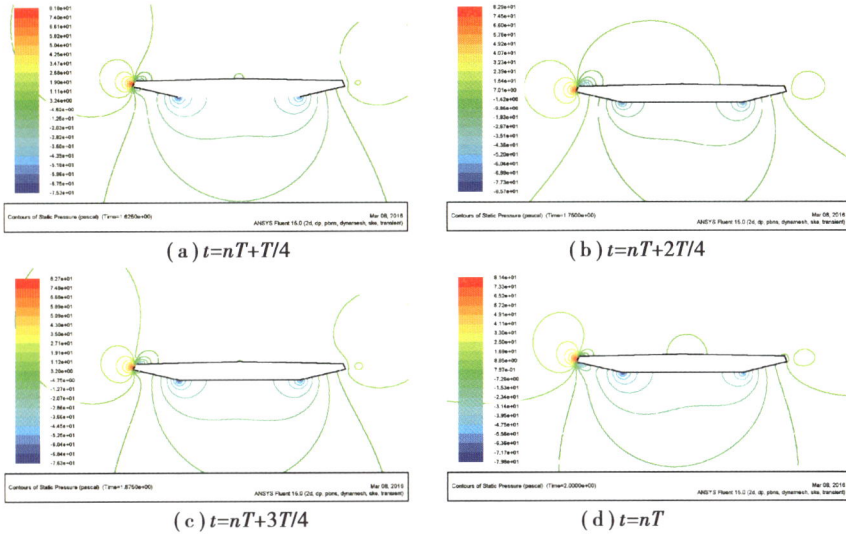

（a）$t=nT+T/4$

（b）$t=nT+2T/4$

（c）$t=nT+3T/4$

（d）$t=nT$

图 5.14　模型做纯竖弯运动的压力等高线分布

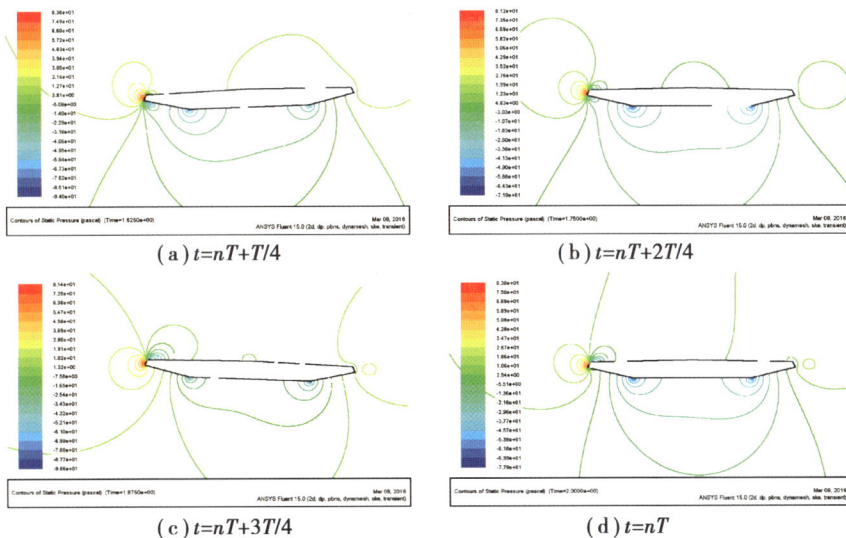

（a）$t=nT+T/4$

（b）$t=nT+2T/4$

（c）$t=nT+3T/4$

（d）$t=nT$

图 5.15　模型做纯扭转运动的压力等高线分布

这里分别考察模型在单自由度的竖弯运动和单自由度的扭转运动时的速度流场分布变化情况,在提取结果时,将一个周期 T 分为 4 个时间节点 $T/4$,$2T/4$,$3T/4$,T 分别进行考察,从而了解在一个周期内的速度流场的变化情况。

以风速 $U = 12$ m/s 为例,其速度流场云图分布如图 5.16 和图 5.17 所示。

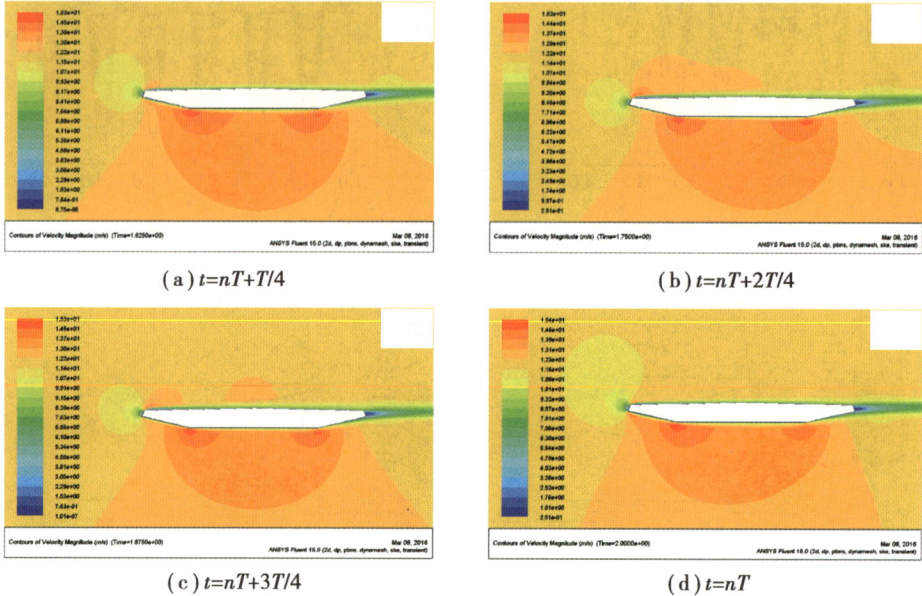

(a) $t = nT + T/4$ (b) $t = nT + 2T/4$

(c) $t = nT + 3T/4$ (d) $t = nT$

图 5.16 模型做纯竖弯运动的速度流场分布

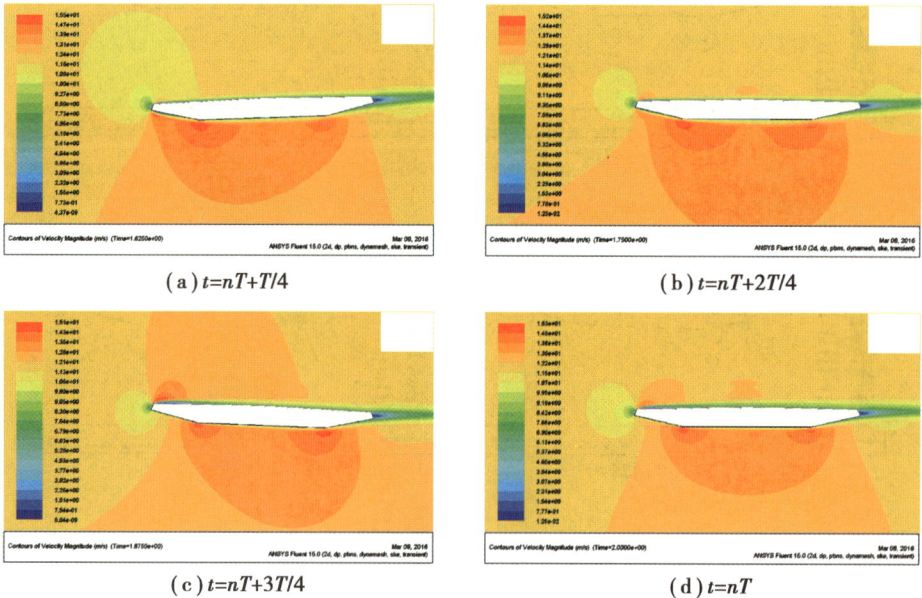

(a) $t = nT + T/4$ (b) $t = nT + 2T/4$

(c) $t = nT + 3T/4$ (d) $t = nT$

图 5.17 模型做纯扭转运动的速度流场分布

由升力和力矩的时程数据知,MATLAB 程序根据最小二乘法原理识别颤振导数,计算结果见表 5.10。

表 5.10　节段模型颤振导数数值模拟计算结果

$V_r = U/fB$	H_1^*	H_2^*	H_3^*	H_4^*	A_1^*	A_2^*	A_3^*	A_4^*
2	−0.717	−0.418	−0.373	0.581	0.211	−0.047	0.121	0.010
4	−1.499	−0.539	−1.503	0.173	0.421	−0.151	0.426	0.074
6	−2.372	−0.180	−3.543	−0.366	0.642	−0.351	0.952	0.167
8	−3.320	0.635	−6.601	−0.949	0.880	−0.651	1.724	0.267
10	−4.329	1.890	−10.684	−1.528	1.134	−1.041	2.761	0.364
12	−5.354	3.598	−15.828	−2.110	1.394	−1.513	4.056	0.455
14	−6.406	5.697	−22.020	−2.662	1.659	−2.068	5.611	0.543
16	−7.472	8.190	−29.300	−3.258	1.927	−2.707	7.433	0.627

　　将主梁节段模型颤振导数数值模拟计算结果与理想平板颤振导数数值模拟计算结果进行对比,对比结果如图 5.18 所示。

　　采用 SCANLAN 二维颤振临界风速计算方法,将数值计算得到的颤振导数计算结果代入式(5.57)和式(5.58),可得到实部方程(一元四次方程)和虚部方程(一元三次方程),由 MATLAB 程序计算得到两个方程的理论解,并依据图解法绘制求解过程,如图 5.19 所示。

　　同时依据式(5.61)求解颤振临界风速,求解过程及结果见表 5.11。

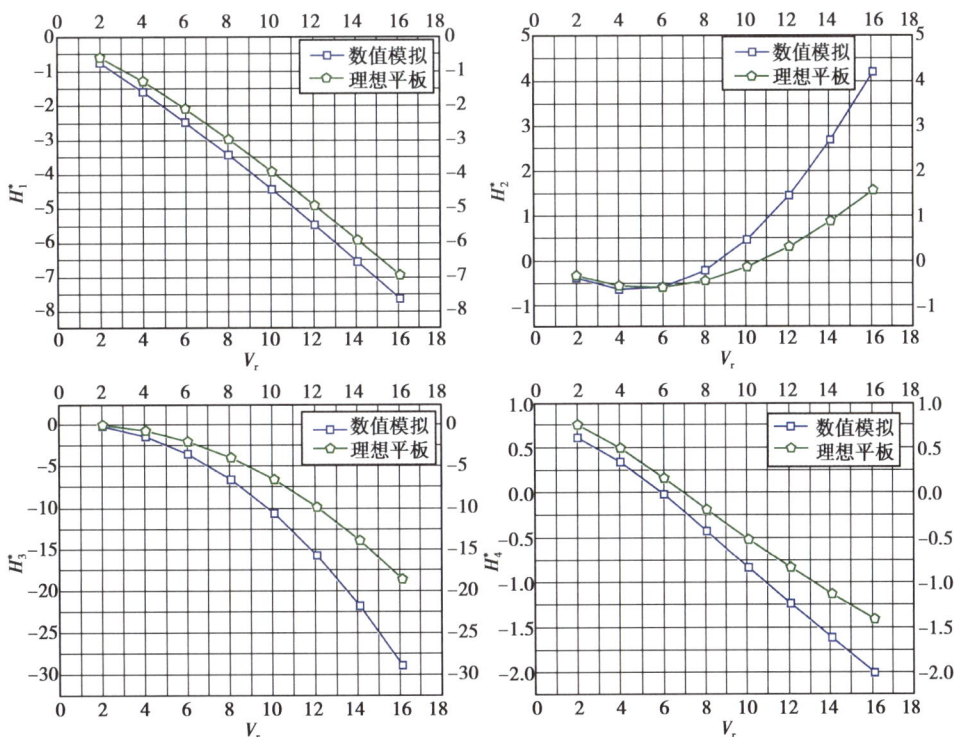

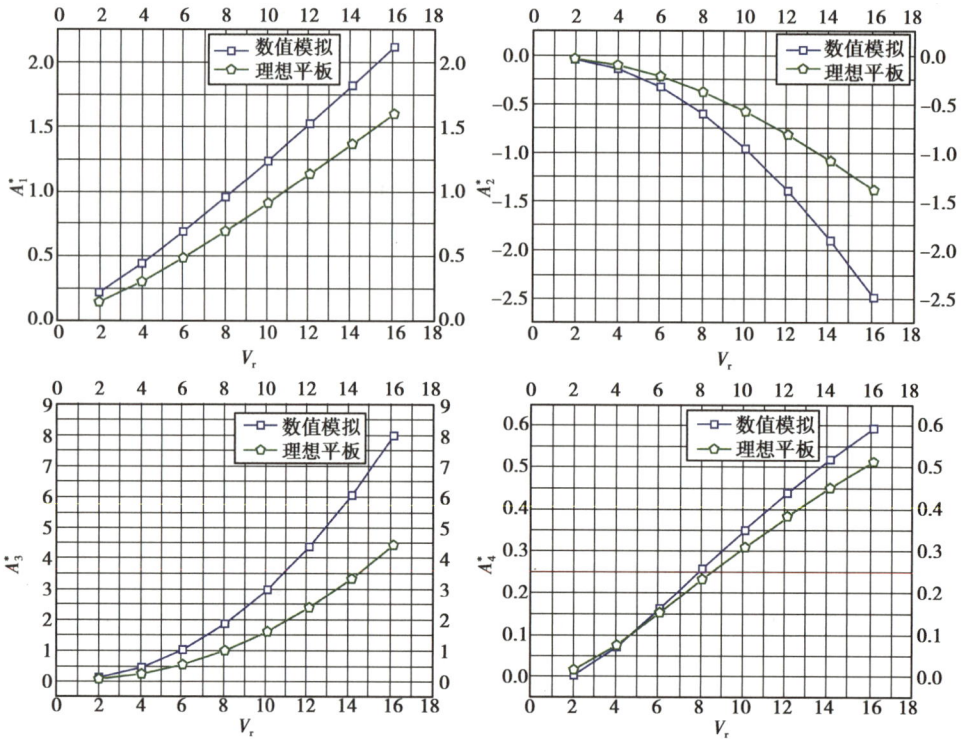

图 5.18　寸滩节段模型颤振导数的识别结果

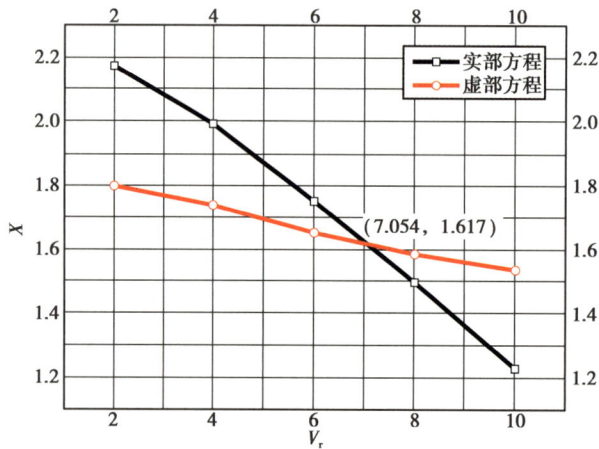

图 5.19　图解法求解寸滩长江大桥(无附属结构)颤振临界风速

表 5.11　寸滩长江大桥(无附属结构)颤振临界风速计算

寸滩结构模型设置情况	B/m	$\omega_h/(\text{rad} \cdot \text{s}^{-1})$	X_C	V_{rC}	$U_C/(\text{m} \cdot \text{s}^{-1})$
无附属结构	42	1.088 9	1.617 0	7.054 0	83.022 0

5.4.3　气动外形对颤振性能的影响

1)不同栏杆透风率对颤振性能的影响

由于人行道栏杆的形式不同,其透风率也在改变,从而对结构的气动性能存在影响。为了探索栏杆不同透风率对颤振性能的影响,本书考虑 3 种栏杆形式分别进行数值模拟,尺寸依然是在实桥设计值的基础上设置 1/60 的缩尺比。通过改变栏杆的形式分别考虑了 3 种工况,即大透风率、中透风率和小透风率。

本节数值模拟的分析参数,包括流场区域的大小、网格划分分区以及 FLUENT 分析基本参数设置均同上节所分析的主梁节段模型一样,3 种不同透风率的栏杆所对应网格的划分情况如图 5.20 所示。

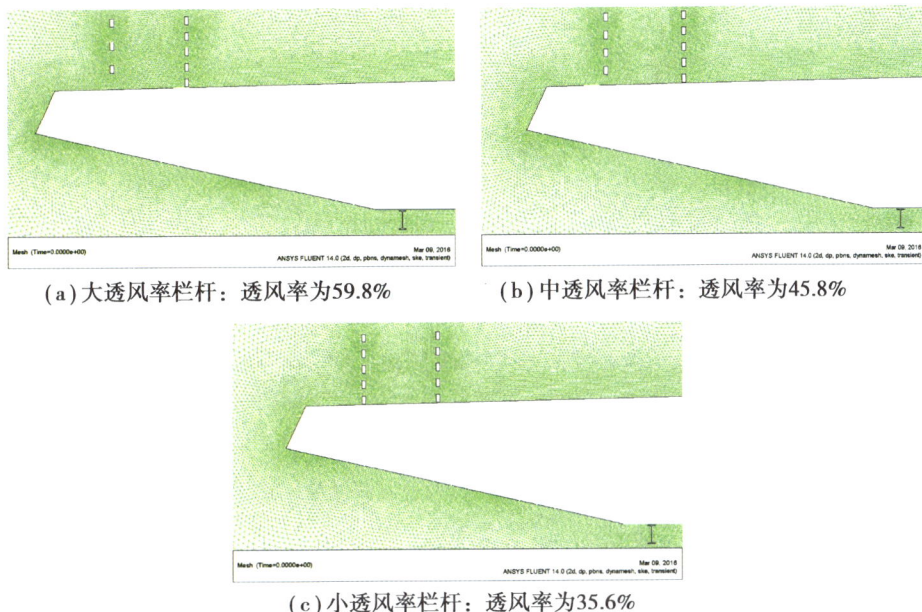

(a)大透风率栏杆:透风率为59.8%   (b)中透风率栏杆:透风率为45.8%

(c)小透风率栏杆:透风率为35.6%

图 5.20   3 种不同透风率的栏杆所对应网格的划分情况

首先对 3 种不同透风率栏杆的压力等高线分布进行考察,如图 5.21 所示。

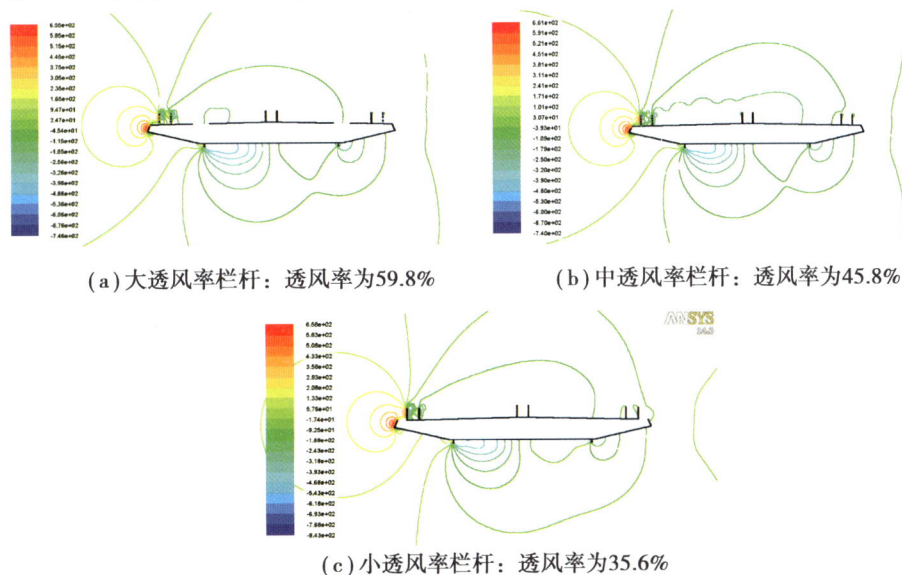

(a)大透风率栏杆:透风率为59.8%   (b)中透风率栏杆:透风率为45.8%

(c)小透风率栏杆:透风率为35.6%

图 5.21   3 种不同透风率栏杆的压力等高线分布情况

接着对 3 种不同透风率栏杆的速度流线分布情况进行考察,如图 5.22 所示。

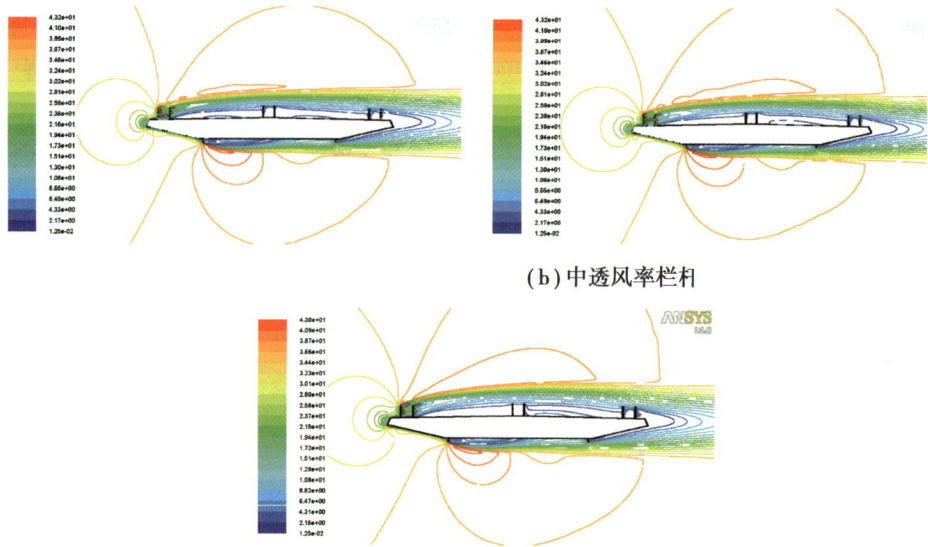

（b）中透风率栏杆

图 5.22　3 种不同透风率栏杆的速度流线分布情况

由升力和力矩的时程数据知，MATLAB 程序根据最小二乘法原理识别颤振导数，计算结果见表 5.12 至表 5.14。

表 5.12　大透风率栏杆（透风率为 59.8%）颤振导数数值模拟计算结果

$V_r = U/fB$	H_1^*	H_2^*	H_3^*	H_4^*	A_1^*	A_2^*	A_3^*	A_4^*
2	−0.510	−0.332	−0.373	0.647	0.224	−0.044	0.106	−0.007
4	−0.905	−0.270	−1.252	0.056	0.436	−0.100	0.410	−0.051
6	−1.474	0.542	−3.033	−0.737	0.609	−0.211	0.869	−0.072
8	−2.173	2.062	−5.731	−1.616	0.787	−0.406	1.540	−0.084
10	−2.961	4.242	−9.519	−2.553	0.972	−0.693	2.429	−0.103
12	−3.833	7.039	−14.463	−3.502	1.164	−1.072	3.547	−0.135
14	−4.815	10.406	−20.508	−4.410	1.353	−1.531	4.898	−0.185
16	−5.759	14.214	−27.607	−5.340	1.561	−2.076	6.501	−0.241

表 5.13　中透风率栏杆（透风率为 45.8%）颤振导数数值模拟计算结果

$V_r = U/fB$	H_1^*	H_2^*	H_3^*	H_4^*	A_1^*	A_2^*	A_3^*	A_4^*
2	−0.571	−0.338	−0.427	0.689	0.216	−0.052	0.096	0.008
4	−0.821	−0.524	−1.258	0.312	0.483	−0.152	0.445	−0.016
6	−1.181	−0.123	−2.728	−0.379	0.696	−0.271	1.009	−0.062

$V_r = U/fB$	H_1^*	H_2^*	H_3^*	H_4^*	A_1^*	A_2^*	A_3^*	A_4^*
8	−1.624	0.931	−4.847	−1.142	0.908	−0.425	1.808	−0.100
10	−2.129	2.383	−7.845	−1.912	1.128	−0.661	2.862	−0.150
12	−2.750	4.138	−11.798	−2.731	1.343	−0.986	4.175	−0.203
14	−3.392	6.352	−16.492	−3.583	1.561	−1.352	5.749	−0.279
16	−4.073	8.926	−22.018	−4.449	1.777	−1.778	7.590	−0.369

表 5.14　小透风率栏杆(透风率为 35.6%)颤振导数数值模拟计算结果

$V_r = U/fB$	H_1^*	H_2^*	H_3^*	H_4^*	A_1^*	A_2^*	A_3^*	A_4^*
2	−0.636	−0.303	−0.459	0.668	0.203	−0.049	0.088	0.052
4	−1.009	−0.606	−1.447	0.481	0.473	−0.195	0.424	0.039
6	−1.370	−0.485	−3.063	0.040	0.730	−0.388	1.028	0.027
8	−1.813	0.040	−5.479	−0.528	0.970	−0.647	1.891	−0.002
10	−2.546	1.074	−8.975	−1.194	1.180	−0.959	2.934	−0.027
12	−3.215	2.087	−13.337	−1.688	1.428	−1.402	4.320	−0.056
14	−4.115	3.758	−18.249	−2.200	1.656	−1.836	5.974	−0.105
16	−4.488	5.712	−24.394	−2.497	1.947	−2.393	7.863	−0.203

　　将 3 种不同透风率栏杆模型颤振导数数值模拟计算结果进行对比,对比结果如图 5.23 所示。

　　从图 5.23 中的对比可以看出,栏杆透风率的改变对颤振导数结果存在较大的影响,虽然不改变整体的变化趋势,但是数值的大小存在差异。当折算风速 V_r 较小时,不同透风率栏杆的颤振导数值较为接近,随着折算风速的增大,3 条曲线的差异越来越大,即在折算风速较大时,不同透风率栏杆颤振导数值差异较大。这些结论与风洞试验得到的结论吻合。

　　采用 SCANLAN 二维颤振临界风速计算方法,将数值计算得到的颤振导数计算结果代入式(5.57)和式(5.58),可得到实部方程(一元四次方程)和虚部方程(一元三次方程),由 MATLAB 程序计算得到两个方程的理论解,并根据图解法绘制求解过程,如图 5.24 所示。

　　根据式(5.61)求解颤振临界风速,求解过程及结果见表 5.15。

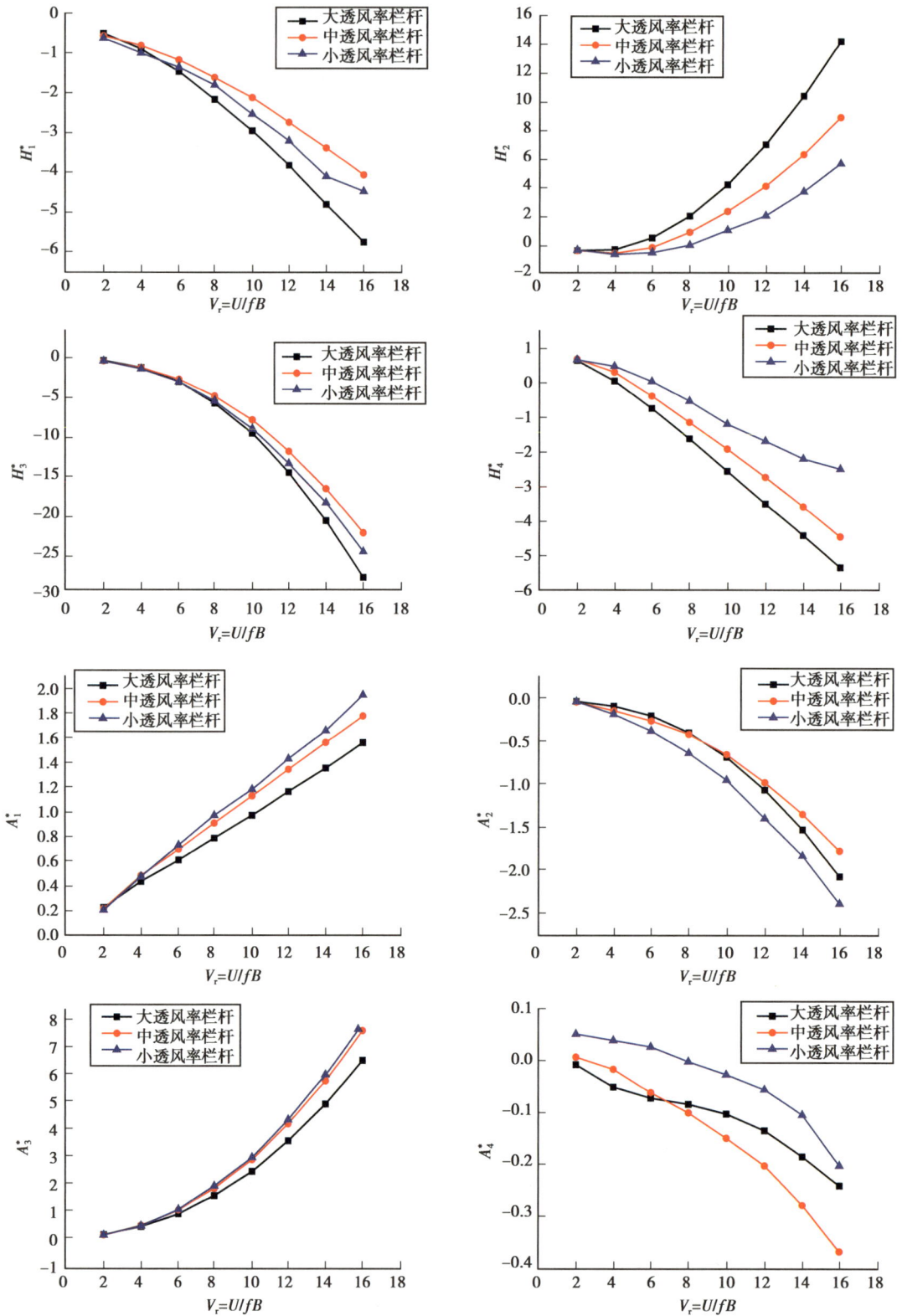

图 5.23 3 种栏杆模型颤振导数的识别结果

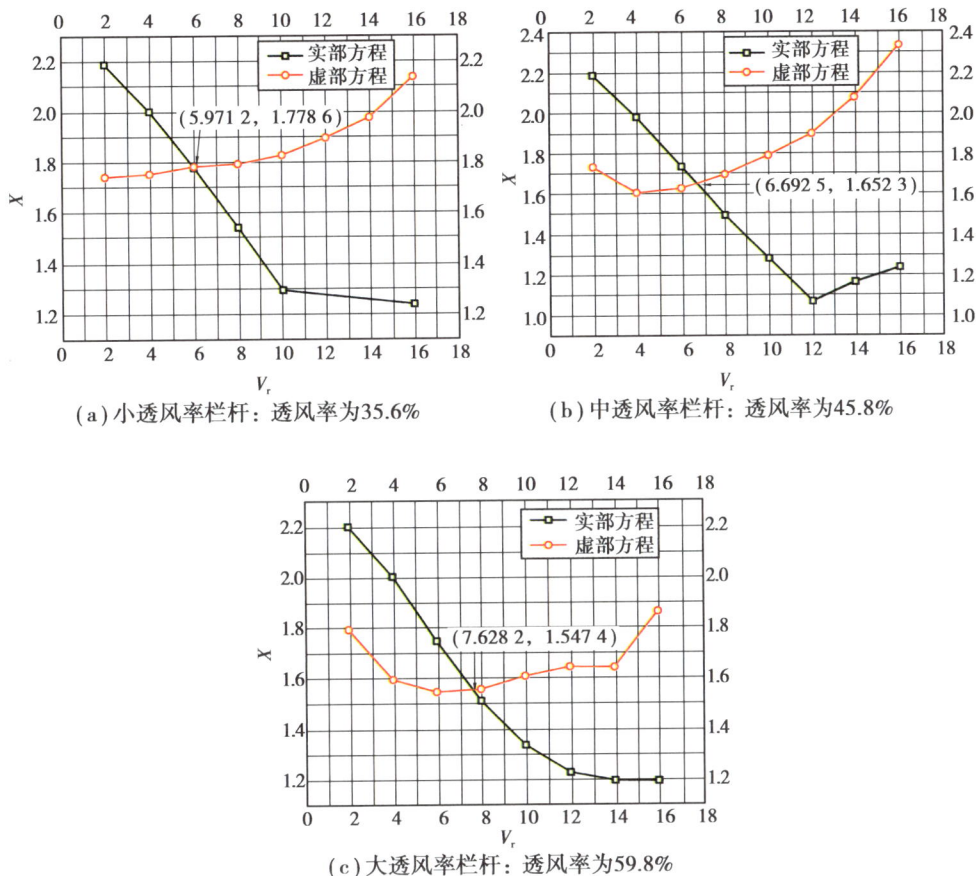

(a) 小透风率栏杆：透风率为35.6%　　　　(b) 中透风率栏杆：透风率为45.8%

(c) 大透风率栏杆：透风率为59.8%

图 5.24　图解法求解寸滩长江大桥(3种栏杆形式)颤振临界风速

表 5.15　主梁断面(3种栏杆形式)颤振临界风速计算

主梁断面结构设置情况	B/m	$\omega_\mathrm{h}/(\mathrm{rad}\cdot\mathrm{s}^{-1})$	X_C	V_rC	$U_\mathrm{C}/(\mathrm{m}\cdot\mathrm{s}^{-1})$
小透风率栏杆	42	1.088 9	1.778 6	5.971 2	77.301 5
中透风率栏杆	42	1.088 9	1.652 3	6.692 5	80.486 9
大透风率栏杆	42	1.088 9	1.547 4	7.628 2	85.915 7

　　通过颤振导数的对比可知,栏杆的透风率大小对颤振导数的影响较大,本节通过计算不同透风率栏杆的颤振临界风速,得到具体的结论:栏杆透风率可显著影响颤振临界风速,透风率越大颤振临界风速值越大,故在进行主梁栏杆设计时,可以在实际条件允许的范围内尽可能地采取透风率较大的栏杆形式。

2) 导流板对颤振性能的影响

　　在中透风率栏杆主梁节段模型的基础上增加导流板,探索导流板对颤振性能的影响,模型示意图和导流板尺寸如图 5.25 所示。

（a）主梁节段模型示意图（有导流板）　　（b）左导流板　　（c）右导流板

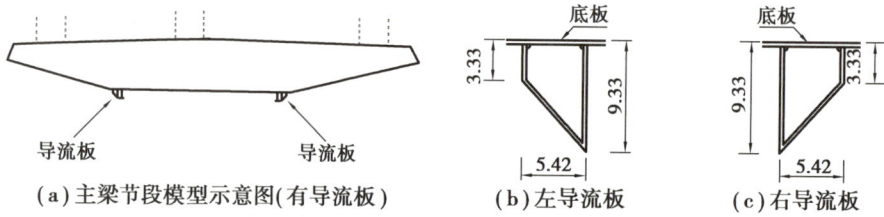

图 5.25　主梁节段模型及导流板尺寸（单位：mm）

根据图 5.25 划分网格，得到网格的总数为 224 094，其中刚性边界层网格数为 166 836，动网格数为 35 458，静止网格数为 21 800。具体网格划分情况如图 5.26 所示。

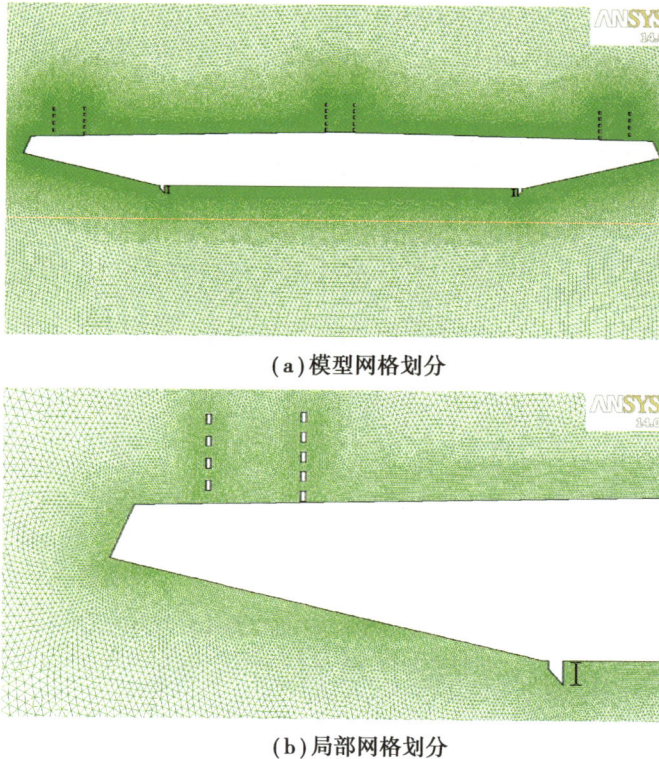

（a）模型网格划分

（b）局部网格划分

图 5.26　主梁节段模型（有导流板）网格划分情况

对寸滩主梁节段模型（有导流板）速度流线分布进行考察，并与无导流板的模型进行对比，以风速取值 32 m/s 为例，如图 5.27 所示。

由升力和力矩的时程数据知，MATLAB 程序根据最小二乘法原理识别颤振导数，计算结果见表 5.16。

表 5.16　主梁节段模型（有导流板）颤振导数识别结果

$V_r = U/fB$	H_1^*	H_2^*	H_3^*	H_4^*	A_1^*	A_2^*	A_3^*	A_4^*
2	−0.599	−0.352	−0.440	0.694	0.211	−0.055	0.095	0.011
4	−0.884	−0.555	−1.314	0.334	0.474	−0.163	0.439	−0.008
6	−1.294	−0.167	−2.875	−0.341	0.685	−0.296	0.997	−0.047

$V_r = U/fB$	H_1^*	H_2^*	H_3^*	H_4^*	A_1^*	A_2^*	A_3^*	A_4^*
8	−1.809	0.796	−5.160	−1.094	0.894	−0.481	1.794	−0.078
10	−2.399	2.122	−8.452	−1.856	1.111	−0.760	2.843	−0.115
12	−3.077	3.808	−12.623	−2.647	1.325	−1.112	4.157	−0.162
14	−3.712	5.791	−17.659	−3.452	1.552	−1.532	5.747	−0.241
16	−4.547	8.255	−23.504	−4.228	1.763	−1.994	7.592	−0.312

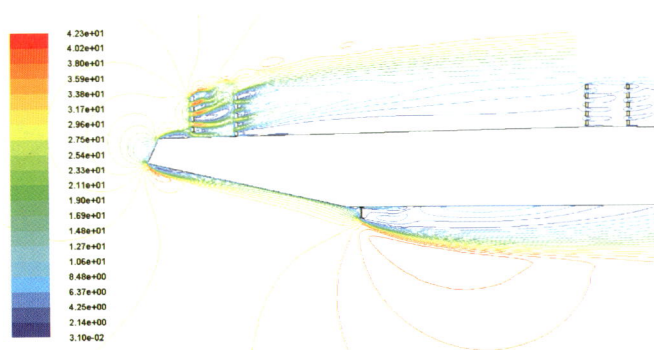

（a）有导流板

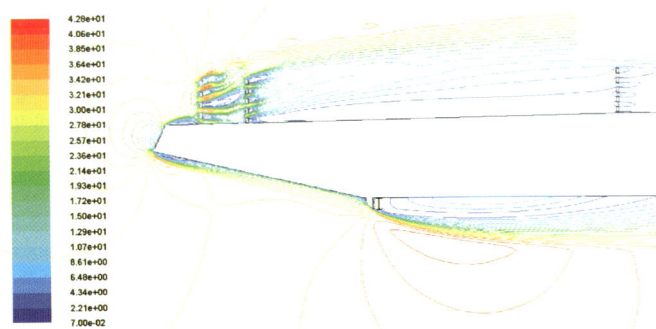

（b）无导流板

图 5.27　主梁节段模型（有导流板和无导流板）速度流线分布

　　分别将有导流板模型和无导流板模型的颤振导数数值模拟计算结果进行对比，对比结果如图 5.28 所示。

　　采用 SCANLAN 二维颤振临界风速计算方法，将数值计算得到的颤振导数计算结果代入式（5.57）和式（5.58），可得到实部方程（一元四次方程）和虚部方程（一元三次方程）。由 MATLAB 程序计算得到两个方程的理论解，并根据图解法绘制求解过程，如图 5.29 所示。

　　根据式（5.61）求解颤振临界风速，求解过程及结果见表 5.17。

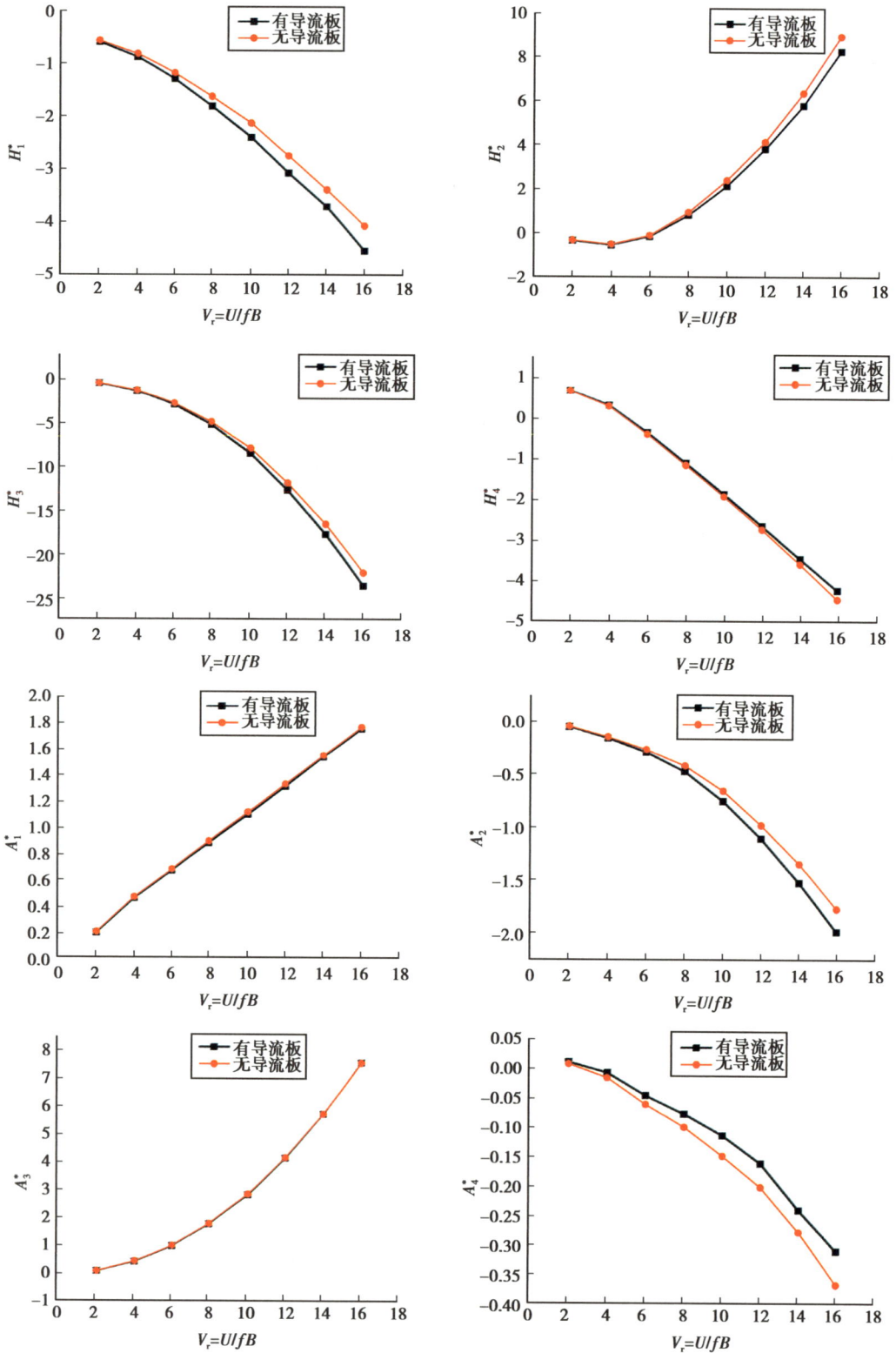

图 5.28　主梁节段模型(有导流板和无导流板)颤振导数对比

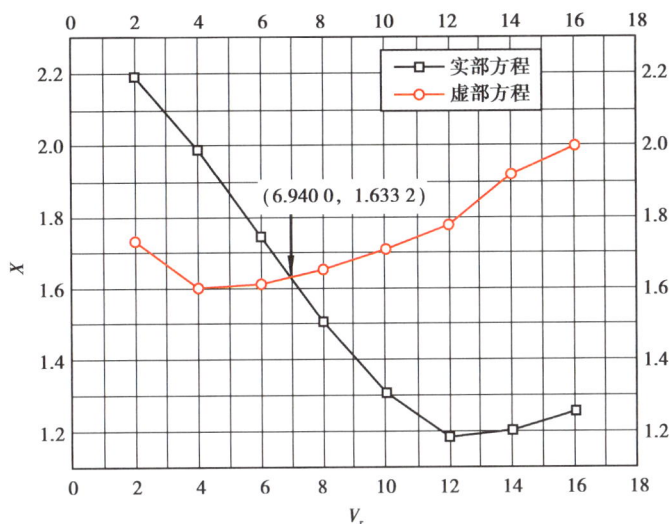

图 5.29　图解法求解寸滩长江大桥(有导流板)颤振临界风速

表 5.17　主梁断面(有导流板)颤振临界风速计算

主梁断面结构设置情况	B/m	$\omega_h/(rad \cdot s^{-1})$	X_C	V_{rC}	$U_C/(m \cdot s^{-1})$
有导流板	42	1.088 9	1.633 2	6.940 0	82.498 6
无导流板	42	1.088 9	1.652 3	6.692 5	80.486 9

从颤振导数的结果对比和颤振临界风速的结果对比均可看出,有导流板和无导流板对颤振性能存在一定的影响,添加导流板可以改变主梁断面的颤振稳定性,提高颤振临界风速,故在大跨悬索桥的设计中导流板的添置必不可少。

3) 结果验证

分别对上述设置有 3 种透风率栏杆的主梁模型,比较其数值模拟结果与风洞试验结果,主梁节段模型颤振导数的研究通过改变栏杆的透风率分为以下 3 种情况:

①大透风率栏杆:透风率为 59.8%。

②中透风率栏杆:透风率为 45.8%。

③小透风率栏杆:透风率为 35.6%。

图 5.30 至图 5.32 中给出了 3 种透风率栏杆的颤振导数在风洞试验中得到的结果及数值计算结果,并进行了对比分析。

通过颤振导数的识别结果对比发现与竖弯相关的 4 个颤振导数 $H_1^*, H_4^*, A_1^*, A_4^*$ 数值计算结果和风洞试验结果存在较大差距;与扭转相关的 4 个颤振导数 $H_2^*, H_3^*, A_2^*, A_3^*$ 数值计算结果和风洞试验结果吻合较好。

对颤振临界风速的研究,首先在节段模型风洞试验中采用直接测量的方法得到了颤振临界风速的大小,同时在数值模拟计算得到颤振导数之后,又采用 SCANLAN 二维颤振临界风速计算的方法得到了颤振临界风速的大小,将两者得到的结果进行对比,见表 5.18。

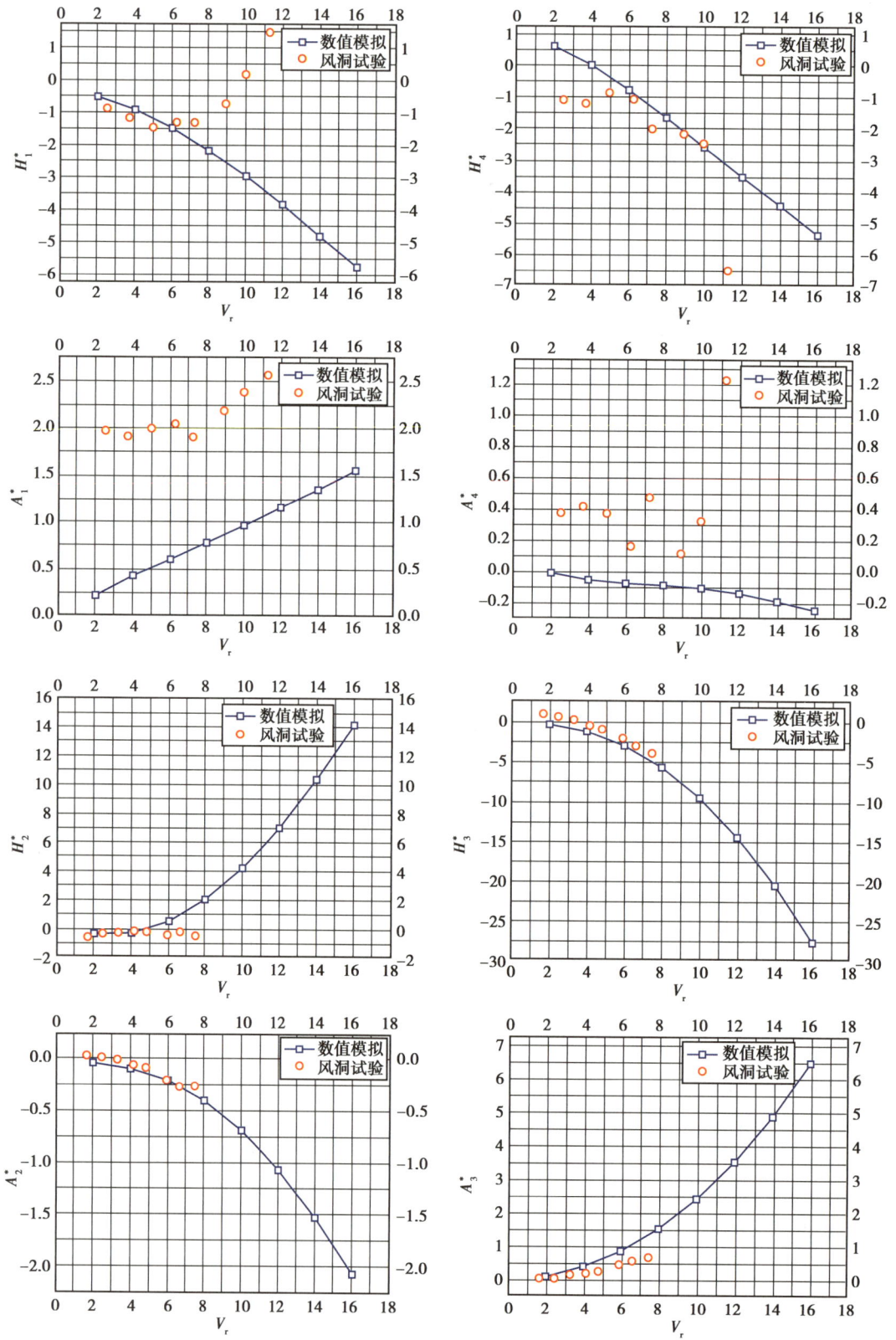

图 5.30　节段模型(大透风率栏杆)颤振导数风洞试验结果与数值计算结果对比

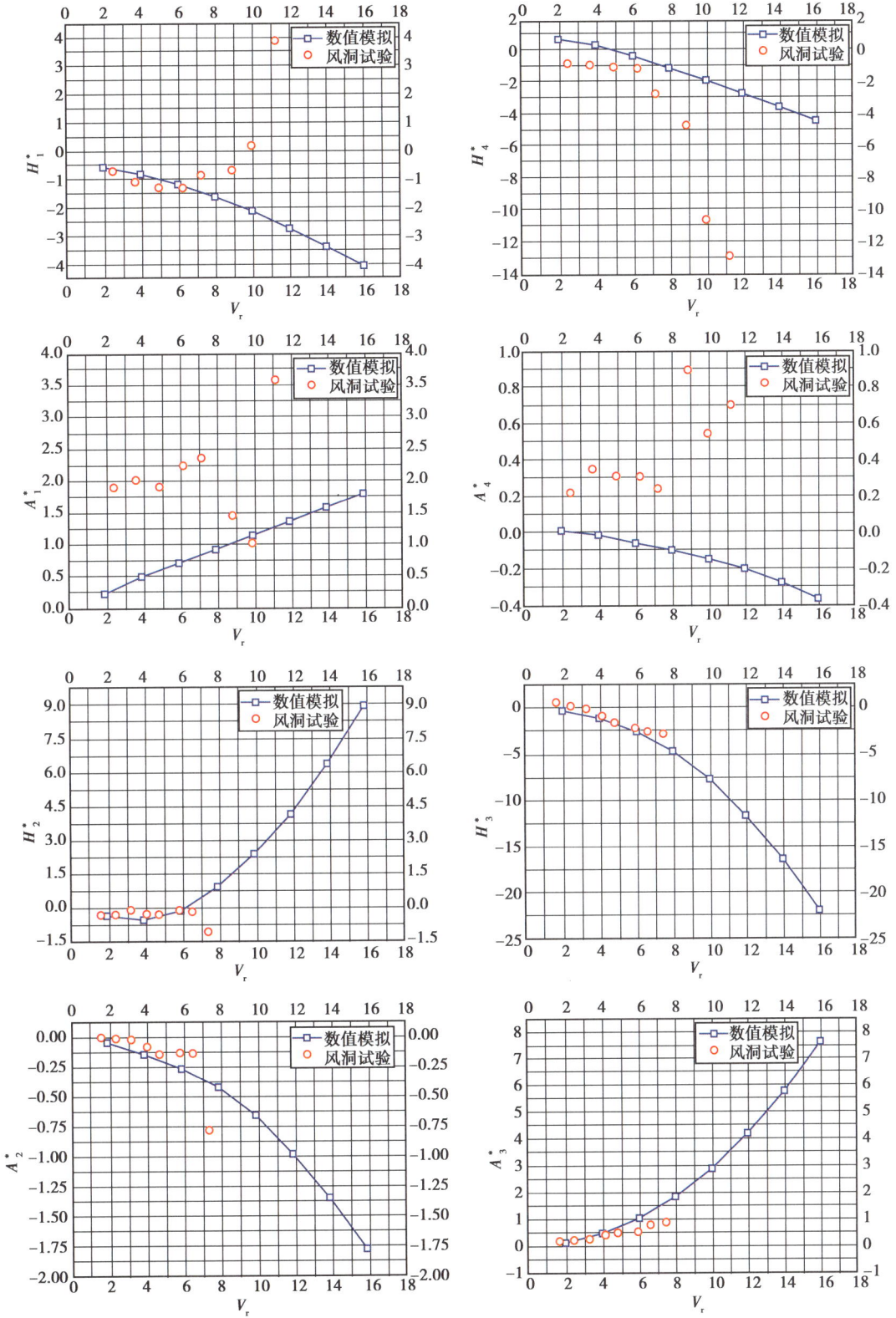

图 5.31　节段模型(中透风率栏杆)颤振导数风洞试验结果与数值计算结果对比

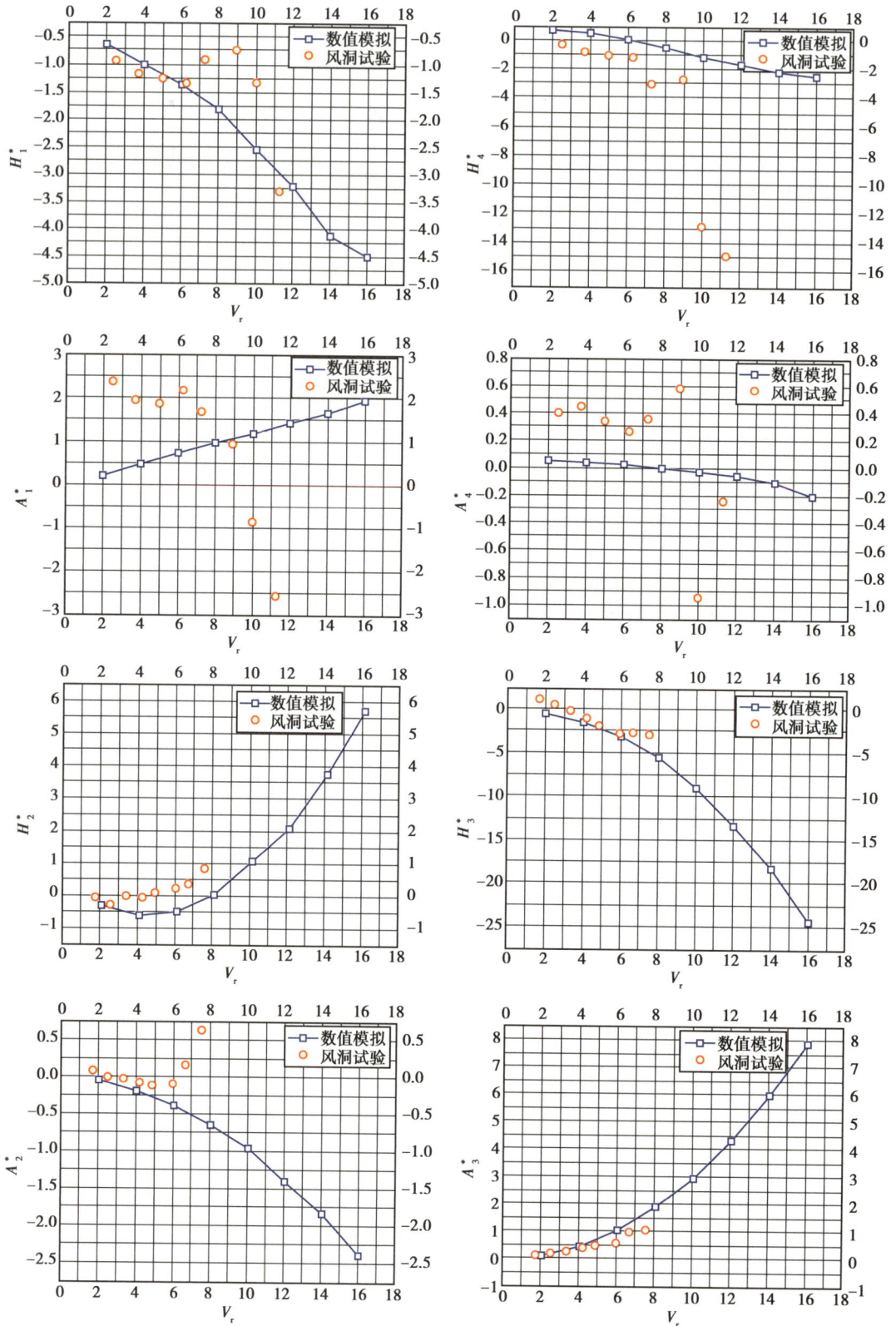

图 5.32　节段模型(小透风率栏杆)颤振导数风洞试验结果与数值计算结果对比

表 5.18 颤振临界风速风洞试验测量结果与数值模拟计算结果对比

主梁节段模型	风洞试验颤振临界风速 直接测量结果/(m·s⁻¹)	SCANLAN 颤振临界风速 数值计算结果/(m·s⁻¹)	颤振检验风速 /(m·s⁻¹)
施工状态	>89.18	83.02	56.96
成桥状态	>84.45	80.49	61.92

对两种方法得到的颤振临界风速值进行对比,两者结果的差距在可接受的范围之内,同时,两种方法得到的结果均大于颤振检验风速,说明本桥的颤振稳定性满足要求。实测数据与模拟数据相差不大,表明采用数值模拟计算的方法可以预估桥梁的颤振临界风速,其结果可以用于桥梁的初步设计,具有一定的工程意义。

5.4.4 颤振临界风速及稳定性分析

根据《公路桥梁抗风设计规范》(JTG/T 3360-01—2018)第 6.3.8 条规定,颤振检验风速根据下式进行计算:

$$[V_{cr}] = 1.2 \cdot \mu_f \cdot V_d \tag{5.64}$$

式中　V_d——设计基准风速,m/s;

　　μ_f——考虑风的脉动特性以及空间相关特性影响的修正系数,可按《公路桥梁抗风设计规范》(JTG/T 3360-01—2018)中表 6.3.8 选用。

根据式(5.64)计算成桥状态的颤振检验风速:

$$[V_{cr}] = 1.2 \cdot \mu_f \cdot V_d = 1.2 \times 1.256 \times 41.08 \text{ m/s} = 61.92 \text{ m/s} \tag{5.65}$$

根据式(5.64)计算施工阶段的颤振检验风速:

$$[V_{cr}] = 1.2 \cdot \mu_f \cdot V_d = 1.2 \times 1.256 \times 37.79 \text{ m/s} = 56.96 \text{ m/s} \tag{5.66}$$

根据《公路桥梁抗风设计规范》(JTG/T 3360-01—2018)第 6.3.1 条规定,可根据下式计算颤振稳定性指数 I_f:

$$I_f = \frac{[V_{cr}]}{f_t \cdot B} \tag{5.67}$$

式中　I_f——颤振稳定性指数;

　　f_t——扭转基频,Hz;

　　B——桥面全宽,m。

根据《公路桥梁抗风设计规范》(JTG/T 3360-01—2018)第 6.3.4 条规定,可按照表 5.19 所列等级来检验桥梁的颤振稳定性。

表 5.19 规范推荐的桥梁颤振稳定性检验方法

颤振稳定性指数	检验方法
$I_f < 2.5$	可按照《公路桥梁抗风设计规范》(JTG/T 3360-01—2018)第 6.3.4 条规定计算桥梁的颤振临界风速

续表

颤振稳定性指数	检验方法
$2.5 \leqslant I_f < 4.0$	宜通过节段模型风洞试验进行检验
$4.0 \leqslant I_f < 7.5$	宜进行主梁的气动选型,并通过节段模型试验、全桥模型试验或详细的颤振稳定性分析进行检验
$I_f \geqslant 7.5$	宜进行主梁的气动选型,并通过节段模型试验、全桥模型试验或详细的颤振稳定性分析进行检验,必要时应采用振动控制技术

1)成桥状态颤振稳定性分析

颤振稳定性指数计算:

$$I_f = \frac{[V_{cr}]}{f_t \cdot B} = \frac{61.92}{0.391\ 4 \times 42} \approx 3.766\ 7 \tag{5.68}$$

由于 $2.5 \leqslant I_f < 4.0$,根据表 5.19 可知,需要采用节段模型风洞试验来对桥梁的颤振稳定性进行检验。

根据《公路桥梁抗风设计规范》(JTG/T 3360-01—2018)第 6.3.6 条和第 6.3.7 条规定,节段模型风洞试验应考察在风攻角 $-3° \leqslant \alpha \leqslant +3°$ 范围内桥梁的颤振临界风速,若满足下式规定,则颤振稳定性满足要求:

$$V_{cr} \leqslant [V_{cr}] \tag{5.69}$$

式中 V_{cr}——颤振临界风速,m/s;

$[V_{cr}]$——颤振检验风速,m/s。

由前述风洞试验的结果可知,成桥状态不同风攻角($-5°$,$-3°$,$0°$,$+3°$,$+5°$)时的颤振临界风速均远高于其相应的颤振检验风速,故颤振稳定性满足要求。

2)典型施工状态颤振稳定性分析

以 100%主梁拼装状态为例,颤振稳定性指数计算:

$$I_f = \frac{[V_{cr}]}{f_t \cdot B} = \frac{56.96}{0.423\ 7 \times 42} \approx 3.200\ 8 \tag{5.70}$$

由于 $2.5 \leqslant I_f < 4.0$,根据表 5.19 可知,需要采用节段模型风洞试验来对桥梁的颤振稳定性进行检验。

同理,由前述风洞试验的结果可知,施工状态不同风攻角($-5°$,$-3°$,$0°$,$+3°$,$+5°$)时的颤振临界风速均远高于其相应的颤振检验风速,故颤振稳定性满足要求。

3)颤振临界风速计算

在进行颤振分析时,先按平板颤振理论的公式计算出平板断面的基本颤振临界风速 V_{co},然后通过实际断面的节段模型风洞试验直接测出二维颤振临界风速 V_c,两者之间的比值即为断面形状的修正系数 η_s。如果要考虑 $\pm 3°$ 攻角对颤振的不利影响,也可通过风洞试验直接测定攻角效应的折减系数 η_α,最后写出颤振临界风速的表达式为:

$$V_{cr} = \eta_s \cdot \eta_\alpha \cdot V_{co} \tag{5.71}$$

式中 V_{cr}——颤振临界风速，m/s；

η_s——断面形状的修正系数，$\eta_s = \dfrac{V_c(0°)}{V_{co}}$；根据《公路桥梁抗风设计规范》（JTG/T 3360-01—2018）第6.3.4条规定，截面为带风嘴的扁平钢箱梁，阻尼比为0.005时，得到$\eta_s = 0.7$；

η_α——攻角效应的折减系数，$\eta_\alpha = \dfrac{V_c(\alpha)}{V_c(0°)}$；根据《公路桥梁抗风设计规范》（JTG/T 3360-01—2018）第6.3.4条规定，截面为带风嘴的扁平钢箱梁，得到$\eta_\alpha = 0.8$；

V_{co}——平板颤振临界风速，m/s，可采用下述3种方法计算。

（1）Van Der Por公式计算颤振临界风速

参照Theoderson理想平板气动力的表达式，由Kloppel和Thiele算出了无量纲参数的诺谟图，再由Van Der Por将诺谟图中的曲线拟合为近似的直线形式，表达式为：

$$V_{co} = \left[1 + (\varepsilon - 0.5)\sqrt{\frac{r}{b} \times 0.72\mu}\right]\omega_b \times b \tag{5.72}$$

式中 ε——扭弯频率比，$\varepsilon = \dfrac{\omega_t}{\omega_b} = \dfrac{f_t}{f_b}$；

μ——桥面质量与空气的密度比，$\mu = \dfrac{m}{\pi\rho b^2}$；

r——桥梁的惯性半径，m，$\dfrac{r}{b} = \dfrac{1}{b}\sqrt{\dfrac{I_m}{m}}$；

b——桥梁的宽度之半，m，$b = \dfrac{B}{2}$。

由前述内容可知，扭转基频$f_t = 0.391\ 4$ Hz，弯曲基频$f_b = 0.173\ 3$ Hz，桥宽$B = 42$ m，主梁单位长度质量$m = 27\ 600$ kg/m，单位长度质量惯性矩$I_m = 5\ 167\ 700$ kg·m²/m，空气密度$\rho = 1.25$ kg/m³。

$$\begin{aligned}
V_{co} &= \left[1 + (\varepsilon - 0.5)\sqrt{\frac{r}{b} \times 0.72\mu}\right]\omega_b \times b \\
&= \left[1 + \left(\frac{0.391\ 4}{0.173\ 3} - 0.5\right)\sqrt{\frac{1}{21}\sqrt{\frac{5\ 167\ 700}{27\ 600}} \times 0.72 \times \frac{27\ 600}{\pi \times 1.25 \times 21^2}}\right] \times \\
&\quad 2 \times \pi \times 0.173\ 3 \times 21\ \text{m/s} \\
&= 132.78\ \text{m/s}
\end{aligned}$$

无攻角时的颤振临界风速为：

$$V_{cr} = \eta_s \cdot V_{co} = 0.7 \times 132.78\ \text{m/s} = 92.95\ \text{m/s} \tag{5.73}$$

有攻角时的颤振临界风速为：

$$V_{cr} = \eta_s \cdot \eta_\alpha \cdot V_{co} = 0.7 \times 0.8 \times 132.78\ \text{m/s} = 74.36\ \text{m/s} \tag{5.74}$$

（2）Selberg公式计算颤振临界风速

参照Theoderson理想平板气动力的表达式，由Bleich悬索桥颤振分析方法作为基础，Selberg解得悬索桥颤振临界风速的近似公式为：

$$V_{co} = 0.44 B \omega_t \sqrt{\left(1 - \frac{\omega_b^2}{\omega_t^2}\right) \frac{\sqrt{\bar{\nu}}}{\bar{\mu}}} \tag{5.75}$$

式中　$\bar{\mu}$——空气与桥面的密度比, $\bar{\mu} = \frac{\pi \rho B^2}{4m} = \frac{1}{\mu}$;

　　　$\bar{\nu}$——与惯性半径相关的参数, $\bar{\nu} = 8\left(\frac{r}{B}\right)^2 = 2\left(\frac{r}{b}\right)^2$。

由前述内容可知,扭转基频 $f_t = 0.391\,4$ Hz,弯曲基频 $f_b = 0.173\,3$ Hz,桥宽 $B = 42$ m,主梁单位长度质量 $m = 27\,600$ kg/m,单位长度质量惯性矩 $I_m = 5\,167\,700$ kg·m^2/m,空气密度 $\rho = 1.25$ kg/m^3。

$$V_{co} = 0.44 B \omega_t \sqrt{\left(1 - \frac{\omega_b^2}{\omega_t^2}\right) \frac{\sqrt{\bar{\nu}}}{\bar{\mu}}}$$

$$= 0.44 \times 42 \times 2 \times \pi \times 0.391\,4 \times \sqrt{\left[1 - \left(\frac{0.173\,3}{0.391\,4}\right)^2\right] \times \frac{\sqrt{2 \times \left(\frac{1}{21}\sqrt{\frac{5\,167\,700}{27\,600}}\right)^2}}{\frac{\pi \times 1.25 \times 42^2}{4 \times 27\,600}}}\ \text{m/s}$$

$$= 156.12\ \text{m/s}$$

无攻角时的颤振临界风速为:

$$V_{cr} = \eta_s \cdot V_{co} = 0.7 \times 156.12\ \text{m/s} = 109.28\ \text{m/s}$$

有攻角时的颤振临界风速为:

$$V_{cr} = \eta_s \cdot \eta_\alpha \cdot V_{co} = 0.7 \times 0.8 \times 156.12\ \text{m/s} = 87.43\ \text{m/s}$$

(3)同济大学防灾实验室公式计算颤振临界风速

同济大学土木工程防灾实验室将 Kloppel 的诺谟图近似拟合为通过坐标原点的直线,同时适当地对拟合直线的斜率作出调整,从而可以消去对结构影响比较小的参数扭弯频率比 ε,最后得到的计算公式如下:

$$V_{co} = 2.5 \sqrt{\mu \times \frac{r}{b}} \times B \times f_t \tag{5.76}$$

式中　μ——桥面质量与空气的密度比, $\mu = \frac{m}{\pi \rho b^2}$;

　　　r——桥梁的惯性半径,m, $\frac{r}{b} = \frac{1}{b}\sqrt{\frac{I_m}{m}}$;

　　　b——桥梁的宽度之半,m, $b = \frac{B}{2}$。

由前述内容可知,扭转基频 $f_t = 0.391\,4$ Hz,弯曲基频 $f_b = 0.173\,3$ Hz,桥宽 $B = 42$ m,主梁单位长度质量 $m = 27\,600$ kg/m,单位长度质量惯性矩 $I_m = 5\,167\,700$ kg·m^2/m,空气密度 $\rho = 1.25$ kg/m^3。

$$V_{co} = 2.5 \sqrt{\mu \times \frac{r}{b}} \times B \times f_t$$

$$= 2.5 \times \sqrt{\frac{27\,600}{\pi \times 1.25 \times 21^2} \times \frac{1}{21} \sqrt{\frac{5\,167\,700}{27\,600}}} \times 42 \times 0.391\,4 \text{ m/s}$$

$$= 132.47 \text{ m/s}$$

无攻角时的颤振临界风速为：

$$V_{cr} = \eta_s \cdot V_{co} = 0.7 \times 132.47 \text{ m/s} = 92.73 \text{ m/s}$$

有攻角时的颤振临界风速为：

$$V_{cr} = \eta_s \cdot \eta_\alpha \cdot V_{co} = 0.7 \times 0.8 \times 132.47 \text{ m/s} = 74.18 \text{ m/s}$$

将前述各种方法得到的颤振临界风速计算结果进行对比，对比结果见表 5.20。

表 5.20　颤振临界风速计算结果对比

风攻角	风洞试验测量/$(\text{m} \cdot \text{s}^{-1})$	经验公式估算/$(\text{m} \cdot \text{s}^{-1})$		
		VanDerPor 公式	Selberg 公式	同济大学公式
无攻角($\alpha = 0°$)	>84.45	92.95	109.28	92.73
有攻角($-3° \leqslant \alpha \leqslant +3°$)	67.74	74.36	87.43	74.18

综上所述，将得到的估算结果与成桥状态的颤振检验风速 61.92 m/s 进行比较，可知它们均大于颤振检验风速，进一步说明颤振稳定性都满足要求。

5.5　本章小结

本章以大跨度悬索桥作为工程背景，对宽体扁平钢箱梁的颤振特性进行研究，包括颤振导数的识别和颤振临界风速的求解，研究采用两种方法，即风洞试验测量和 CFD 数值模拟计算。对主梁节段模型的参数进行设计并制作风洞试验模型，在边界层风洞中进行颤振性能试验，直接对施工态和成桥态的颤振临界风速进行测定，并与颤振检验风速进行对比，验证了本桥的颤振稳定性满足要求。采用自由振动法识别颤振导数，通过采集竖向和扭转的位移时程数据，并编制 MATLAB 程序根据最小二乘法原理识别主梁断面两个自由度方向的 8 个颤振导数；同时分别对配置有 3 种不同透风率栏杆的主梁节段模型进行风洞试验，识别了 3 种情况下的颤振导数。

采用 FLUENT 软件对主梁节段模型的颤振导数进行数值计算，分析得到颤振导数的数值计算结果，根据 Scanlan 颤振临界风速计算方法求解主梁断面的颤振临界风速值，同时以宽体式扁平钢箱梁断面为基础，通过改变气动外形来研究其附属结构、不同栏杆透风率以及导流板等对颤振性能的影响，发现有附属结构的主梁对其颤振稳定性将有一定的不良影响。栏杆透风率可显著影响颤振临界风速，透风率越大颤振临界风速值越大，在进行主梁栏杆设计时可以在实际条件允许的范围内尽可能地采取透风率较大的栏杆形式。有导流板和无导流板对颤振性能存在一定的影响,添加导流板可以改变主梁断面的颤振稳定性,提高颤振临界风速。根据已有的颤振临界风速计算公式对无风攻角和有风攻角的颤振临界风速值进行估算,得到的结果均大于颤振检验风速,从而进一步说明了本桥的颤振稳定性均满足要求。本节通过对宽体式扁平钢箱梁的颤振特性进行研究,为今后类似工程和相关研究工作提供了参考。

6 风-汽车-桥梁系统振动特性分析

风-汽车-桥梁是一个比较复杂的振动系统,风荷载影响汽车和桥梁的振动情况,汽车的振动会影响桥梁的响应,桥梁的振动也会影响汽车的响应,三者之间相互作用。

模拟自然界风的方法主要包含两类,即谐波合成和线性滤波法。在研究风-汽车-桥梁系统振动时大多数学者常采用谐波合成法,因此研究风-汽车-桥梁系统振动的方法主要是根据如何求解汽车-桥梁间的运动方程分类。求解汽车-桥梁间的运动方程的方法主要包括分离迭代法、压缩法和整体法。

(1)分离迭代法

分离迭代法分别对汽车和桥梁建立运动方程,将汽车和桥梁的振动单独计算,通过对汽车-桥梁的接触点进行迭代,把两个系统结合起来。

(2)压缩法

压缩法将车辆的自由度压缩到与桥梁自由度相关,建立用汽车-桥梁作用单元,通过车辆位移来计算桥梁位移。

(3)整体法

建立风-汽车-桥梁整体动力方程,求出车辆各个自由度响应,建立精细化汽车局部模型,将整体方程中的结果代入局部模型中。

本章中在风-汽车-路面程序上,引入了汽车和桥梁位移与力的相互作用,编制了汽车-桥梁系统分析程序,对不同车辆速度、桥面粗糙度、风速、车辆间距对桥梁振动的影响进行了分析。基于 Baker 的安全行车模型,提出了在风荷载作用下考虑风速风向联合分布的寸滩长江大桥的安全行车准则。

6.2 汽车-桥梁系统运动方程

文中采用了分离迭代法研究汽车-桥梁系统振动。分离迭代法的关键在于正确地引入了汽车和桥梁两个系统之间的关系。汽车和桥梁两个系统之间的关系具体包括以下两个方面：一是车轮与桥面接触点间的位移协调一致性。二是车轮与桥面接触点间的力的平衡。桥梁对汽车的激励通过桥梁的位移、速度、加速度等效到车轮与桥面的接触点来实现，汽车对桥梁的作用力通过车轮传递，在汽车-桥梁系统的振动分析中，要求每个车轮与桥面的接触点都满足位移协调一致性和力的平衡。

6.2.1 位移协调一致性

位移协调一致性是在汽车-桥梁系统中，车轮与桥面在接触点处，有相同的位移、速度和加速度。在前人的研究中，把桥梁在车辆作用下产生的位移对车辆的激励等效为路面粗糙度对车辆的激励。在考虑路面粗糙度和桥梁位移共同作用的汽车-桥梁振动系统中，桥梁位移对车辆的激励和路面粗糙度激励统一为一致的路面粗糙度，作为系统激励源进行输入，通常称其为等效路面粗糙度。

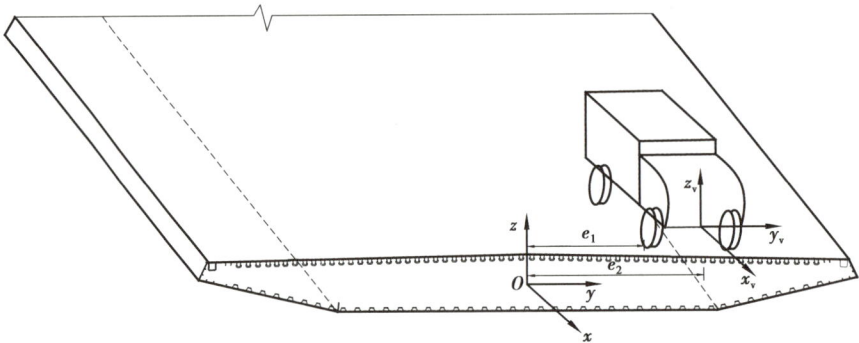

图 6.1 车轮与桥梁的几何关系

车轮与桥面的空间位置关系定义如图 6.1 所示，根据位移协调性原则及图示几何关系，桥面节点位移为 $\{u_b, v_b, w_b, \theta_{xb}, \theta_{yb}, \theta_{zb}\}^T$，1 号车轮的位移为：

$$\begin{Bmatrix} x_v \\ y_v \\ z_v \\ \theta_{xv} \\ \theta_{yv} \\ \theta_{zv} \end{Bmatrix} = \begin{bmatrix} 1 & 0 & 0 & 0 & h & e_1 \\ 0 & 1 & 0 & h & 0 & 0 \\ 0 & 0 & 1 & e_1 & 0 & 0 \\ 0 & 0 & 0 & 1 & 0 & 0 \\ 0 & 0 & 0 & 0 & 1 & 0 \\ 0 & 0 & 0 & 0 & 0 & 1 \end{bmatrix} \begin{Bmatrix} u_b \\ v_b \\ w_b \\ \theta_{xb} \\ \theta_{yb} \\ \theta_{zb} \end{Bmatrix} \tag{6.1}$$

式中　　x_v——车轮在 x 方向的位移；

　　　　z_v——车轮在 z 方向的位移；

　　　　y_v——车轮在 y 方向的位移；

　　　　θ_{xv}——车轮绕 x 方向的角度；

　　　　θ_{yv}——车轮绕 y 方向的角度；

　　　　θ_{zv}——车轮绕 z 方向的角度；

　　　　u_b——桥面接触点在 x 方向的位移；

　　　　v_b——桥面接触点在 y 方向的位移；

　　　　w_b——桥面接触点在 z 方向的位移；

　　　　θ_{xb}——桥面接触点在 x 方向的角度；

　　　　θ_{yb}——桥面接触点在 y 方向的角度；

　　　　θ_{zb}——桥面接触点在 z 方向的角度。

等效路面粗糙度可表示为：

$$Z_{ci} = r_{ci}(x) + r_{qi}(x) \tag{6.2}$$

$$r_{qi}(x) = w_b + e_1\theta_{xb} \tag{6.3}$$

式中　　$r_{ci}(x)$——车轮与路面接触点的路面粗糙度；

　　　　$r_{qi}(x)$——由桥梁位移引起的附加路面粗糙度。

在汽车-桥梁系统振动的研究中，通常只考虑车辆系统与桥梁的竖向相互作用，而侧向相互作用关系通常作近似处理，即假定车辆前进中，车辆车轮在桥梁路面上不发生侧移，这样可将桥梁的侧向及扭转位移对车辆振动的影响转化为以其加速度作为对车辆系统的基础激励。车轮与路面接触点处桥梁侧向及扭转加速度可表示为：

$$\ddot{Y}_{eq} = \ddot{v}_b + h\ddot{\theta}_{yb} \tag{6.4}$$

$$\ddot{\theta}_{eq} = \ddot{\theta}_{xb} \tag{6.5}$$

在桥梁系统有限元模型中通过求解获得的是有限元节点处的速度、加速度及位移，而在车辆系统中作为基础激励和等效路面粗糙度激励的是车轮和路面接触点桥面的位移、速度和加速度，因此需要通过一定的方法将有限元节点处的位移、速度和加速度转化到接触点上。通常采用有限元法中的 Hermite 插值原理得到，以位移插值法为例：

$$u_b(x,t) = N(x)\delta_{bi} \tag{6.6}$$

式中　　$N(x)$——基于两结点的 Hermite 插值多项式矩阵；

　　　　δ_{bi}——单元节点位移列阵。

$$N_1 = 1 - 3\frac{\xi_i^2}{l_k^2} + 2\frac{\xi_i^3}{l_k^3}, N_2 = \xi_i - 2\frac{\xi_i^2}{l} + \frac{\xi_i^3}{l_k^2}, N_3 = 3\frac{\xi_i^2}{l_k^2} + \frac{\xi_i^3}{l_k^3},$$

$$N_4 = \frac{\xi_i^2}{l_k} + \frac{\xi_i^3}{l_k^2}, N_5 = \frac{\xi_i}{l_k}, N_6 = 1 - \frac{\xi_i}{l_k}。$$

式中　　ξ——车轮与桥面接触点到单元节点的距离；

　　　　l_k——单元的长度。

接触点若在 i 和 j 节点之间,其位移和加速度为:

$$\begin{Bmatrix} u_b \\ v_b \\ w_b \\ \theta_{xb} \\ \theta_{yb} \\ \theta_{zb} \end{Bmatrix} = \begin{bmatrix} N_5 & 0 & 0 & 0 & 0 & 0 & N_6 & 0 & 0 & 0 & 0 & 0 \\ 0 & N_1 & 0 & 0 & 0 & -N_2 & 0 & N_3 & 0 & 0 & 0 & -N_4 \\ 0 & 0 & N_1 & 0 & 0 & 0 & 0 & 0 & N_3 & 0 & N_4 & 0 \\ 0 & 0 & 0 & N_5 & 0 & 0 & 0 & 0 & 0 & N_6 & 0 & 0 \\ 0 & 0 & 0 & 0 & N_5 & 0 & 0 & 0 & 0 & 0 & N_6 & 0 \\ 0 & 0 & 0 & 0 & 0 & N_5 & 0 & 0 & 0 & 0 & 0 & N_6 \end{bmatrix} \begin{Bmatrix} u_i \\ v_i \\ w_i \\ \theta_{xi} \\ \theta_{yi} \\ \theta_{zi} \\ u_j \\ v_j \\ w_j \\ \theta_{xj} \\ \theta_{yj} \\ \theta_{zj} \end{Bmatrix} \tag{6.7}$$

$$\dot{u}_b(x,t) = \frac{\partial u_b}{\partial t} + \frac{\partial u_b}{\partial x}\frac{\mathrm{d}x}{\mathrm{d}t} = \frac{\partial u_b}{\partial t} + \frac{\partial u_b}{\partial x}u_v$$

$$= N(x)\dot{\delta}_{bi} + \frac{\partial N(x)}{\partial x}\delta_{bi}u_v \tag{6.8}$$

$$\ddot{u}_b(x,t) = \frac{\partial^2 u_b}{\partial t^2} + 2\frac{\partial^2 \Omega}{\partial x\partial t}u_v + \frac{\partial^2 u_b}{\partial x^2}u_v$$

$$= N(x)\ddot{\delta}_{bi} + \frac{\partial N(x)}{\partial x}\dot{\delta}_{bi}u_v^2 + \frac{\partial^2 N(x)}{\partial x^2}\delta_{bi}u_v^2 \tag{6.9}$$

式中 u_v——车辆在桥面上的行驶速度,式(6.8)和式(6.9)在求导过程中假定其为恒定速度。

6.2.2 位移和力的相互关系

根据作用力与反作用力原理,接触点对力进行传递。车辆受到的力为:

$$F_{vz} = C_{lzi}\dot{Z} + K_{lzi}Z_{zci} \tag{6.10}$$

式中 C_{lzi}, K_{lzi}——车辆运动方程中的车辆悬挂体系的阻力和刚度系数。

以单个车轮为例,由车轮的平衡条件可知,桥梁受到车辆的垂直于桥面的作用力可表示为:

$$F_{vi} = M_{ci}\ddot{Z}_{ci} + C_{lzi}(\dot{Z}_{ci} - \dot{Z}_{si}) + K_{lzi}(Z_{ci} - Z_{si}) + F_{Gi} \tag{6.11}$$

当车轮位于某单元两节点间时,其等效节点作用力也可根据 Hermite 插值法表示为竖向力作用下等效节点力和侧向力作用下等效节点力。

竖向力作用下等效节点力:

$$P_{weq} = \left[\begin{matrix} 0 & 0 & F_{wi}\left(1 + 2\dfrac{\xi_i}{l_k}\right)\left(1 - \dfrac{\xi_i}{l_k}\right)^2 & e_i F_{wi}\dfrac{\xi_i}{l_k} & F_{wi}\xi_i\left(1 - \dfrac{\xi_i}{l_k}\right)^2 & 0 \end{matrix}\right.$$

$$\left.\begin{matrix} 0 & 0 & F_{wi}\left(3 - 2\dfrac{\xi_i}{l_k}\right)\left(\dfrac{\xi_i}{l_k}\right)^2 & e_i F_{wi}\left(1 - \dfrac{\xi_i}{l_k}\right) & F_{wi}\xi_i\left(3 - 2\dfrac{\xi_i}{l_k}\right)\left(\dfrac{\xi_i}{l_k}\right)^2 & 0 \end{matrix}\right]^{\mathrm{T}} \tag{6.12}$$

侧向力作用下等效节点力:

$$P_{veq} = \left[\begin{matrix} 0 & F_{vi}\left(1 + 2\dfrac{\xi_i}{l_k}\right)\left(1 - \dfrac{\xi_i}{l_k}\right)^2 & 0 & h_i F_{vi}\dfrac{\xi_i^2}{l_k} & 0 & F_{vi}\xi_i\left(1 - \dfrac{\xi_i}{l_k}\right)^2 \end{matrix}\right.$$

$$\left.\begin{matrix} 0 & F_{vi}\left(3 - 2\dfrac{\xi_i}{l_k}\right)\left(\dfrac{\xi_i}{l_k}\right)^2 & 0 & h_i F_{vi}\left(1 - \dfrac{\xi_i}{l_k}\right) & 0 & F_{vi}\xi_i\left(3 - 2\dfrac{\xi_i}{l_k}\right)\left(\dfrac{\xi_i}{l_k}\right)^2 \end{matrix}\right]^{\mathrm{T}} \tag{6.13}$$

6.2.3　求解方法及程序实现

前面已假定车轮在桥面上不发生侧向位移,桥梁的横向位移对车辆的作用是通过对车轮以横向位移激励来实现的。车辆对桥梁的作用力为:

侧向作用力:

$$F_{vi} = C_{lyi}\dot{Z}_{yi} + K_{lyi}Z_{ci} \tag{6.14}$$

竖向作用力:

$$F_{wi} = C_{lzi}(\dot{Z}_{ci} - \dot{Z}_{si}) + K_{lzi}(Z_{ci} - Z_{si}) \tag{6.15}$$

汽车-桥梁系统空间振动是通过桥梁与车辆两个系统的分离迭代来完成的,运动方程为:

桥梁:

$$M_b\ddot{u}_b + C_b\dot{u}_b + K_b u_b = F_{bg} + F_{vb} \tag{6.16}$$

汽车:

$$M_v\ddot{u}_v + C_v\dot{u}_v + K_v u_v = F_{vg} + F_{bv} \tag{6.17}$$

式中　F_{bg},F_{vg}——作用于桥梁和车辆上与车轮和桥梁系统无关的作用,如自重、桥面二次铺装荷载等;

F_{vb},F_{bv}——车轮与桥梁间的相互作用力。

对汽车-桥梁振动系统求解,需要分别求解式(6.16)和式(6.17),然后通过分离迭代来满足车桥接触点处的协调一致性。其具体方法如下:

①对 t 时刻而言,迭代的初始值则为 $t-1$ 时刻桥梁的运动状态(u_b^{t-1},$\dot{u}_b^{t-1}$,$\ddot{u}_b^{t-1}$)加上 t 时刻的路面粗糙度。

②根据等效路面粗糙度求得车辆受到的激励。

③采用 Newmark-β 数值方法求解 t 时刻车辆的运动方程,获得车辆的响应(u_v^t,$\dot{u}_v^t$,$\ddot{u}_v^t$)。

④根据式(6.12)和式(6.13)求得车辆对桥梁的作用力,进而组合其他荷载作用形成桥梁有限元模型的荷载列阵。

⑤通过 Newmark-β 法解 t 时刻桥梁方程,求出桥梁的响应(u_b^t,$\dot{u}_b^t$,$\ddot{u}_b^t$)。

⑥根据协调一致性的判定准则,重复步骤①—步骤⑤,直到车桥振动系统满足协调一致性原则为止,以此为循环步骤进行下一时刻计算。

在程序中,程序计算流程如图6.2所示。

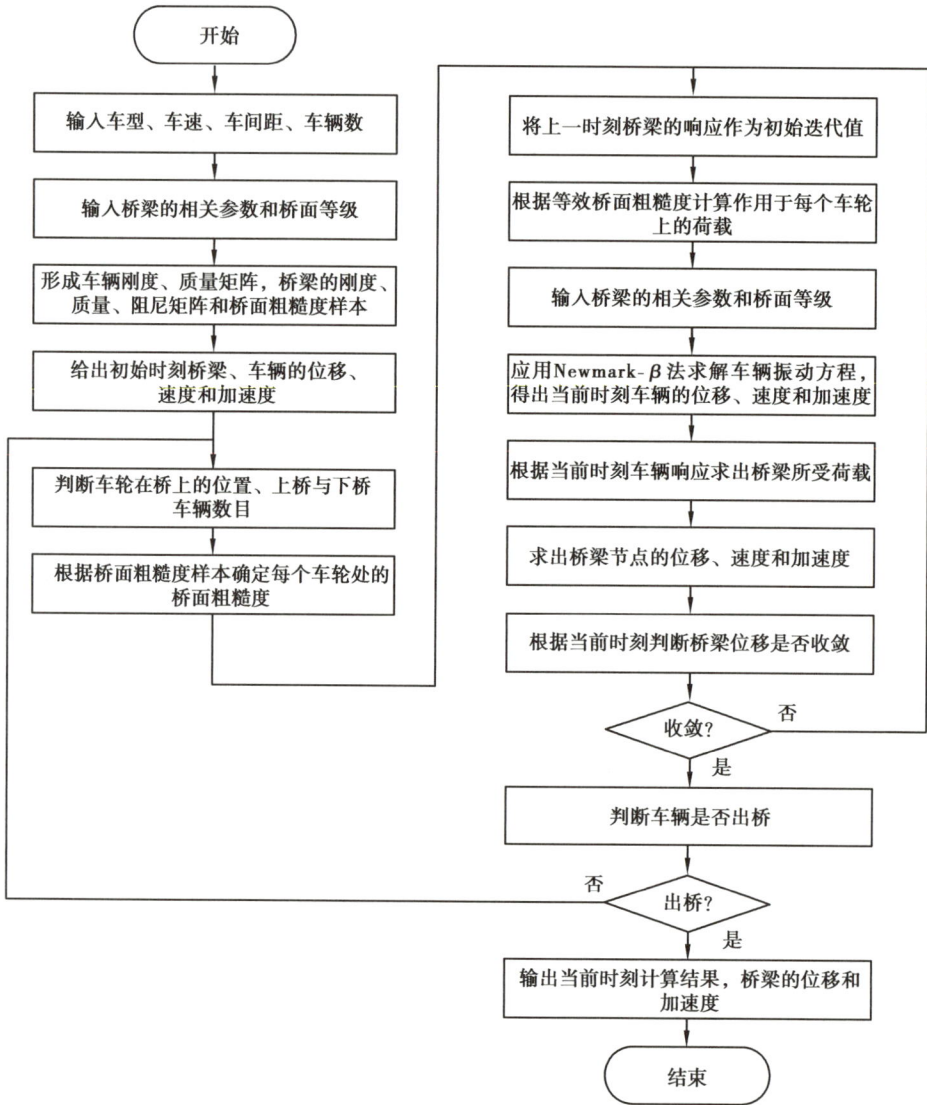

图6.2 汽车-桥梁程序流程图

6.2.4 程序正确性的验证

以文献[268]中弹簧质量块通过简支梁为例,对程序的正确性进行验证。梁长 $L=25$ m,弹性模量 $E_b=2.8$ GPa,泊松比 $\mu=0.2$,抗弯惯矩 $I_x=2.9$ m⁴,$m=2\,303$ kg/m,弹簧质量 $M_v=5\,750$ kg,$K_v=1\,595$ kN/m,$v=100$ km/h。$f_{b1}=4.719$ Hz,$f_{b2}=18.877$ Hz,$f_v=16.655$ Hz,计算步长为0.005 s。本书计算跨中节点位移和加速度结果与文献[268]计算结果对比,如图6.3所示。

（a）竖向位移

（b）竖向加速度

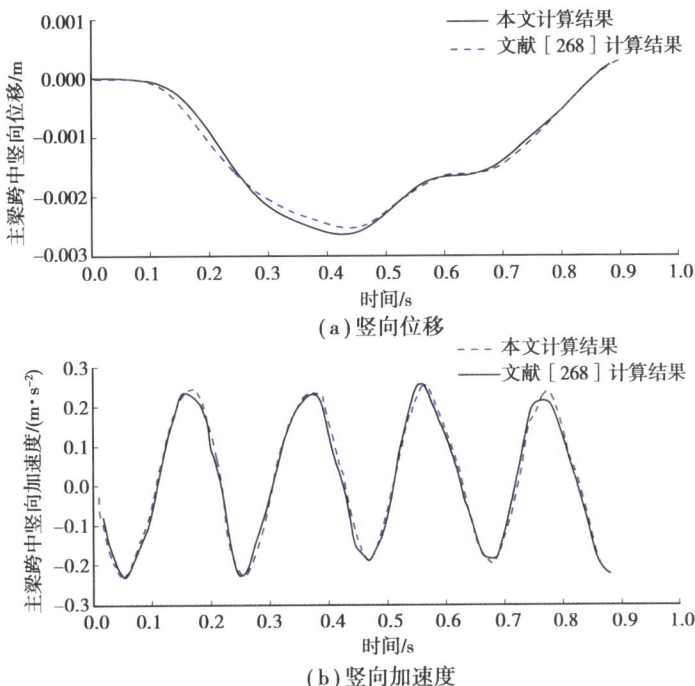

图 6.3　本书计算结果与文献［268］计算结果对比

　　由图 6.3 可知,本书计算出的主梁跨中节点竖向位移和加速度结果与文献［268］计算结果基本一致,因此,本书所编写的汽车-桥梁程序可信。

6.3　不同因素对汽车-桥梁系统振动特性的影响

6.3.1　单车过桥

　　为考察移动汽车-悬索桥系统之间的相互作用情况,首先计算了一辆厢式货车以80 km/h的速度通过主梁的情况,桥面粗糙度采用 A 级,车辆上桥之前经过 100 m 的 A 级路面,计算时间步长取 0.01 s,主梁跨中响应记录时间从厢式货车受上桥的瞬间开始,共用了 44.10 s 通过主跨。图 6.4 为一辆厢式货车过桥时主梁跨中节点位移和加速度响应。

　　由图 6.4 可知,当车辆刚上桥时,跨中节点开始振动,但振动幅度并不大;跨中向上挠曲,但挠曲幅度不大。随着车辆向跨中靠近,跨中开始向下挠曲,车辆到达跨中时向下位移达到极值 0.178 m,车辆远离跨中之后竖向位移逐渐减小。当车辆靠近跨中时,跨中节点竖向位移增大速度较快,车辆远离跨中时位移减小的速度相对较慢;车辆靠近跨中过程中,主梁跨中波动幅度小于车辆远离跨中的过程。主梁跨中的加速度随着车辆靠近跨中而增大,车辆靠近跨中,跨中节点竖向加速度逐渐增大,但当车辆远离跨中时,跨中节点竖向加速度

（a）竖向位移

（b）竖向加速度

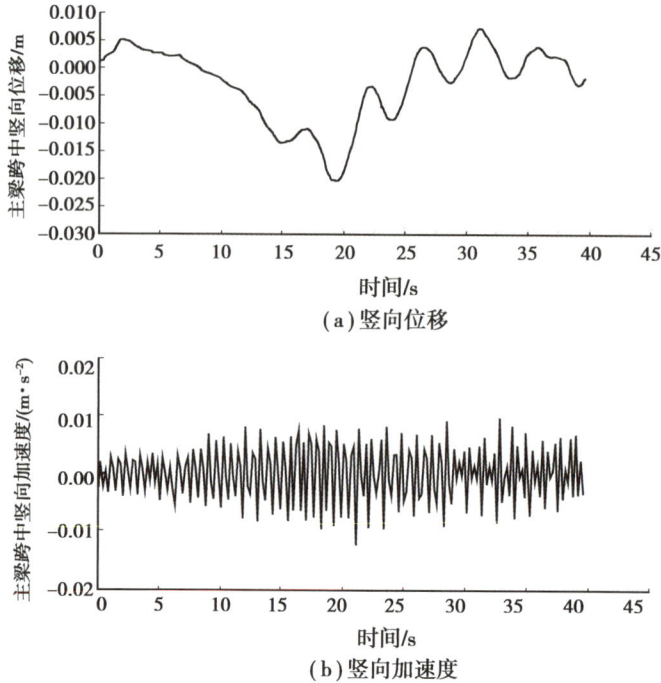

图 6.4　一辆厢式货车过桥时主梁跨中响应

并没有明显的减小趋势。单车过桥时跨中响应情况与力学定性分析一致,进一步证明了该汽车-桥梁振动程序可靠。

6.3.2　车辆速度的影响

为了研究车速因素在汽车-桥梁系统中对主梁跨中响应的影响,选取了 40,60,80,100 km/h 4 种车速进行分析。采用厢式货车,A 级桥面粗糙度,车辆之间距离为 10 m,数目为 10 排,车辆上桥之前经过 100 m 的 A 级路面,计算时间步长取 0.01 s,主梁跨中响应记录时间从厢式货车上悬索桥主跨的瞬间开始。

车速为 40,60,80,100 km/h 时,第一辆车通过主梁的时间分别为 79.20,52.80,39.60,31.68 s,最后一辆车通过主梁的时间分别为 87.30,58.20,43.65,34.92 s。由图 6.5 可知,当第一辆车车头到达跨中时,跨中出现明显的波动,直至最后一辆车离开跨中。跨中的最大竖向位移分别为 0.177,0.194,0.226,0.193 m,跨中的最大竖向加速度分别为 0.284,0.336,0.358,0.326 m/s^2,跨中的冲击系数分别为 1.006,1.102,1.170,1.097,主梁的跨中竖向位移响应并不是随着车速的增加而一直增大。

6.3.3　车辆间距的影响

为了研究车辆之间的距离对跨中响应的影响,设置车辆之间的距离分别为 10,20,30,40 m,车型为厢式货车,车辆数目为 10 排,车速为 80 km/h,桥面粗糙度为 A 级,车辆上桥之前经过 100 m 的 A 级路面,计算时间步长取 0.01 s,主梁跨中节点响应记录时间从厢式货车上桥的瞬间开始。图 6.6 为不同车流间距下主梁跨中节点响应对比图。

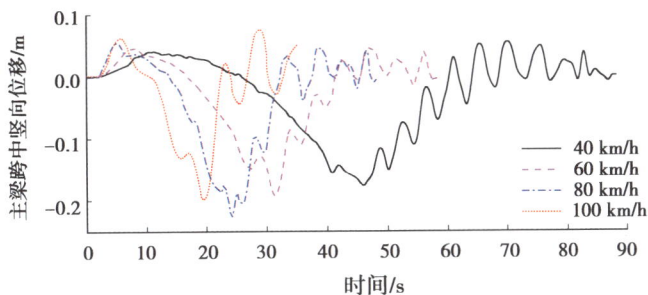

（a）竖向位移

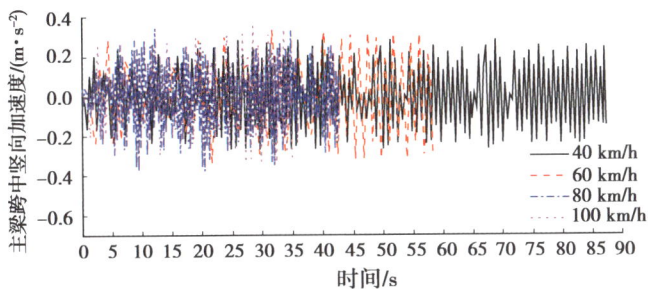

（b）竖向加速度

图 6.5　不同车速下主梁跨中响应对比

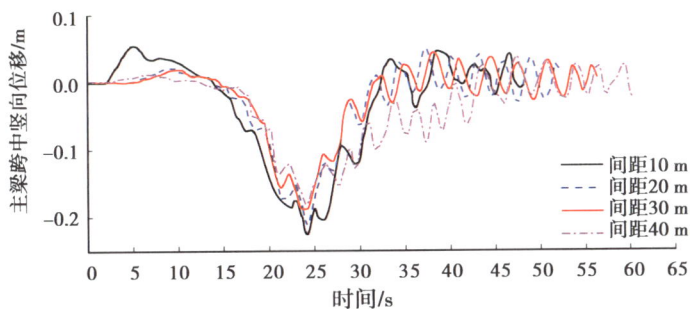

（a）竖向位移

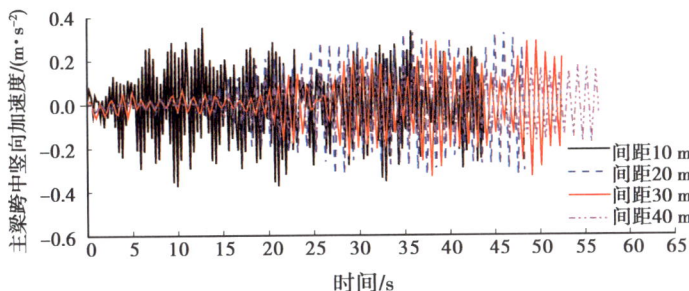

（b）竖向加速度

图 6.6　不同间距下主梁跨中响应对比

从图 6.6 可知,当车辆之间的距离分别为 10,20,30,40 m 时,整个车流经过主跨需要花费的时间分别为 43.65,47.7,51.75,55.8 s。当车流中的第一辆车到达跨中时,跨中竖向位移处于极大值附近,极大值分别为 0.226,0.211,0.188,0.181 m,跨中冲击系数分别为 1.284,

1.197,1.070,1.028。车辆之间距离变大,主梁跨中响应和跨中冲击系数都处于减小趋势。整个车流驶离跨中时,跨中竖向位移减小,但跨中加速度并没有发生明显变化,证明移动的车流荷载对悬索桥的整体动力特性有影响。

6.3.4 桥面粗糙度的影响

通常情况下钢箱梁桥梁桥面粗糙度为 A 级,钢管混凝土拱桥桥面粗糙度有可能达到 B 级,实际中基本不会出现 C 级桥面粗糙度,但为了进行对比,研究桥面粗糙度对跨中响应的影响,本书同样选取 C 级桥面粗糙度进行研究。设置车辆之间的距离分别为 10 m,车型为厢式货车,车辆数目为 10 排,车速为 80 km/h,桥面粗糙度分别为 A 级、B 级和 C 级,车辆上桥之前经过 100 m 的对应等级路面,计算时间步长取 0.01 s。图 6.7 为不同桥面粗糙度下主梁跨中位移和加速度随时间的变化情况。

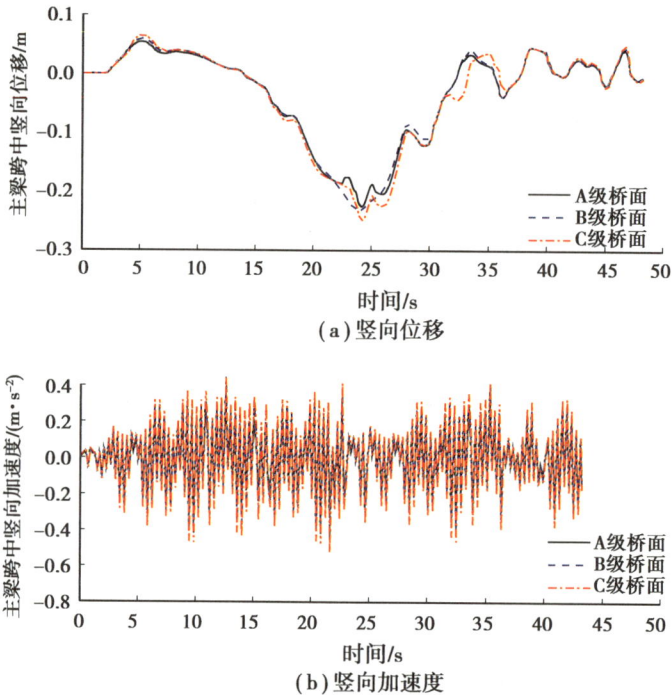

(a)竖向位移

(b)竖向加速度

图 6.7 不同桥面粗糙度下主梁跨中响应对比

由图 6.7 可知,桥面粗糙度变化对主梁跨中节点竖向位移和主梁跨中竖向加速度的 RMS 值都有一定的影响:

①桥面粗糙度分别为 A 级、B 级和 C 级时,主梁跨中节点竖向位移最大分别为0.226,0.235 和 0.248 m。主梁冲击系数为 1.284,1.335 和 1.409。主梁冲击系数随着桥面粗糙度变差而增大。

②主梁跨中竖向加速度的最大值分别为 0.358,0.417 和 0.484 m/s^2,其 RMS 值分别为0.187,0.224 和 0.259,C 级桥面粗糙度对应的主梁跨中竖向加速度 RMS 值分别为 A 级和 B 级路面的 1.385 倍和 1.156 倍。

6.4　桥上行车安全临界风速

车辆安全行驶评价涉及的影响因素相对很多,与车辆类型、路面状况、天气状况、车流密度及驾驶员状态都有密切关系,学者们根据不同的研究目的将其中最重要的因素量化,建立相应的简化模型对车辆安全行驶进行评价。在汽车工业领域,为了提高行车的安全性和驾驶的舒适度,通常建立精细化的车辆模型,一般情况都要考虑驾驶员的可操控性。但在风-汽车-桥梁振动系统的研究中,汽车与桥梁之间的相互作用,侧风作用下行车特性更为重要,因此,需要寻找一个合理的简化模型,从而降低问题的复杂性又不失真实性。大量风致车辆事故研究表明,相同工况下桥上行车的危险性大于路面上行车。

为使侧风作用下桥上行车安全性的评价具有普遍使用性,本书从气动稳定性评价出发,选取小轿车、小客车、中客车、大客车、厢式货车、集装箱车为研究对象,对其在侧向不同风速作用下的行车安全性进行评价,偏于保守,分析时各车型都按空载计算。各基本车型主要参数见表6.1。

表 6.1　车辆基本参数表

车辆类型	轴距/m	宽度/m	高度/m	投影面积/m²	质量/kg
小轿车	2.656	1.700	1.423	2.05	1 140
小型客车	2.350	1.475	1.895	2.30	965
中型客车	4.290	2.250	2.900	5.55	7 100
大型客车	6.200	2.500	3.700	7.87	12 840
厢式货车	2.500	1.800	2.800	4.22	1 840
集装箱车	12.400	2.480	4.290	8.89	17 340

进行车辆事故模型分析时,主要用到了气动升力系数和侧向力系数,按下式进行计算:

$$C_{L} = kc_{L}\psi \tag{6.18}$$

$$C_{s} = k_{1}c_{s}\psi + k_{2}c_{s}\psi^{2} + k_{3}c_{s}\psi^{3} \tag{6.19}$$

式中　ψ——风偏角,取值按照式(5.2)进行计算;

　　　kc_{L}——升力系数参数;

　　　$k_{1}c_{s}, k_{2}c_{s}, k_{3}c_{s}$——侧向力系数参数,其取值见表6.2。

为了建立行车安全的定量指标,首先对车辆事故类型进行划分,进而建立车辆事故分析模型,在此基础上对行车安全作出定量的评价。桥上行车安全事故与路面行车安全事故分类相同,为侧翻、侧滑和侧偏3类,所不同的是桥上行车安全计算时引入了桥面在风致作用下的响应(主要是桥梁的抖振加速度),因此,在进行定量计算时事故模型所用的标准不同。

表 6.2　气动力系数参数

车辆类型	升力系数参数	侧向力系数参数		
	kc_L	k_1c_s	k_2c_s	k_3c_s
小轿车	0.02	0.047	−5.130E-04	1.675E-06
小客车	0.04	0.079	−2.205E-04	−2.820E-06
中客车	0.04	0.195	5.929E-05	−1.172E-05
大客车	0.04	0.195	5.929E-05	−1.172E-05
厢式货车	0.04	0.079	−2.205E-04	−2.820E-06
集装箱车	0.04	0.195	5.929E-05	−1.172E-05

6.4.1　侧翻安全事故模型

为了更好地理解侧翻安全事故模型,首先对桥梁横坡为 α,弯道半径为 R 的桥面上的行驶车辆进行受力分析。车辆受力分析模型如图 6.8 所示。

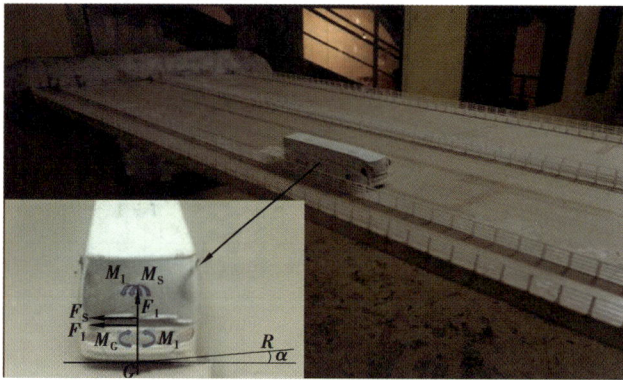

图 6.8　车辆受力分析

假定侧风向车道外侧吹,则行驶的车辆受到与侧翻相关的作用力可概括为:指向侧向的气动力 F_s、气动升力 F_L、离心力 F_l 及重力 G;为了考虑桥面行车时的风振对桥梁的影响,上述力学模型中引入了桥梁抖振所产生的水平惯性力 F_{bh} 及竖向惯性力 F_{bv}。另外,车辆还会受到空气阻力、地面上的支撑力及摩擦力,但在侧向的这些力是没有贡献的,故忽略不计。

车辆在侧向风速作用下的相对风速为式(5.1)中的 U_R,空气密度为 ρ,汽车质量为 m,对侧翻模型力矩有贡献的作用力有侧向气动力、气动升力、弯道上的离心力、重力、水平向和竖直向的抖振惯性力。其中侧向气动力可表示为 $F_s=0.5\rho U_R^2 C_s$;气动升力可表示为 $F_L=0.5\rho U_R^2 C_L$;弯道上的离心力可表示为 $F_l=mU_v^2/R$,其中 R 表示弯道半径;重力可表示为 $G=mg$;水平向的抖振惯性力可表示为 $F_{bH}=ma_{bH}$,a_{bH} 表示水平向的抖振力产生的加速度;竖直向的抖振惯性力可表示为 $F_{bV}=ma_{bV}$,a_{bV} 表示竖向的抖振力产生的加速度。

气动力系数通常是在车辆处于水平状态时测量的,在本模型中,车辆是处于倾斜状态的,但是气动力系数按线性取值,偏于保守,故忽略不计。

在水平和侧向抖振力的最不利组合的情况下,上面介绍的和侧翻有关的力在垂直桥面(向下)和平行侧风作用方向的合力可表示为:

$$F_{\text{perp}} = (G - F_{\text{L}} - F_{\text{bV}})\cos\alpha + (F_{\text{S}} + F_{\text{I}} + F_{\text{bH}})\sin\alpha \qquad (6.20)$$

$$F_{\text{para}} = -(G - F_{\text{L}} - F_{\text{bV}})\sin\alpha + (F_{\text{S}} + F_{\text{I}} + F_{\text{bH}})\cos\alpha \qquad (6.21)$$

当侧向风吹向弯道内时,在水平和侧向抖振力的最不利组合的情况下,垂直桥面(向下)和平行侧风作用方向的合力可表示为:

$$F_{\text{perp}} = (G - F_{\text{L}} - F_{\text{bV}})\cos\alpha - (F_{\text{S}} - F_{\text{I}} + F_{\text{bH}})\sin\alpha \qquad (6.22)$$

$$F_{\text{para}} = (G - F_{\text{L}} - F_{\text{bV}})\sin\alpha + (F_{\text{S}} - F_{\text{I}} + F_{\text{bH}})\cos\alpha \qquad (6.23)$$

车辆高度和宽度分别为 H 和 B,偏于保守,假定作用在车辆上的力集中作用在高度和宽度的中心处,则上述作用力对风向下游侧的车轴的矩即侧翻力矩。其表达式为:

$$M_{\text{over}} = 0.5HF_{\text{para}} - 0.5BF_{\text{perp}} \qquad (6.24)$$

有了侧翻力矩,就可以给出车辆发生侧翻事故的判定准则,即当总的倾覆力矩 $M_{\text{over}} \geqslant 0$ 时,车辆将发生倾覆事故。

6.4.2 侧滑安全事故模型

当车辆在侧向风荷载作用下,车轮会产生作用在路面的平行于风向的力 F_{para},当该作用力大于车轮与路面之间的静摩擦力时,车轮会沿着该作用力方向产生滑动,在这种情况下发生的行车安全事故即为侧滑安全事故。通常车辆和路面间的摩擦力可表示为:

$$F_{\text{f}} = \mu_{\text{s}} F_{\text{perp}} \qquad (6.25)$$

式中 μ_{s}——摩擦系数,见表6.3;

F_{perp}——车轮对路面的竖向作用力。

表 6.3   不同路况的路面摩擦系数

路况	干燥路面	湿路面	积雪路面	冰冻路面
摩擦系数	0.7	0.5	0.15	0.07

车辆发生侧滑事故的判别准则为:

$$F_{\text{para}} - F_{\text{f}} > 0 \qquad (6.26)$$

6.4.3 侧偏安全事故模型

侧偏安全事故的偏转不是指在驾驶员操作方向盘导致的车辆的偏转,而是指在车辆所有侧向力共同作用下导致的侧向偏移,当偏移量达到一定程度,导致车辆进入另一车道时,就可能发生行车安全事故。

根据参考文献所述,驾驶员控制车辆的频率与侧向风速有关,风速过大会使驾驶员有意地调整车速,增加反应时间。在驾驶员反应时间内,不计车轮的侧滑,在侧向合力 F_{pera} 作用下车辆发生侧向位移的过程,可认为是匀加速运动,0.5 s 内的侧移位移可用式(6.25)计算:

$$D_s = \frac{1}{2}\frac{F_{\text{pera}}}{m}t^2 \qquad (6.27)$$

根据相关经验,侧偏安全事故判别准则可表示为:$D_s > 0.5$ m,通常认为车辆会发生侧偏安全事故。

6.4.4 桥上行车安全性评价结果

图 6.9 中为宽体式扁平钢箱梁的车道布置和尺寸,车辆所受的弯道离心力 F_l 由弯道半径 R 决定,根据图 6.9 中的尺寸可以计算出弯道半径值。

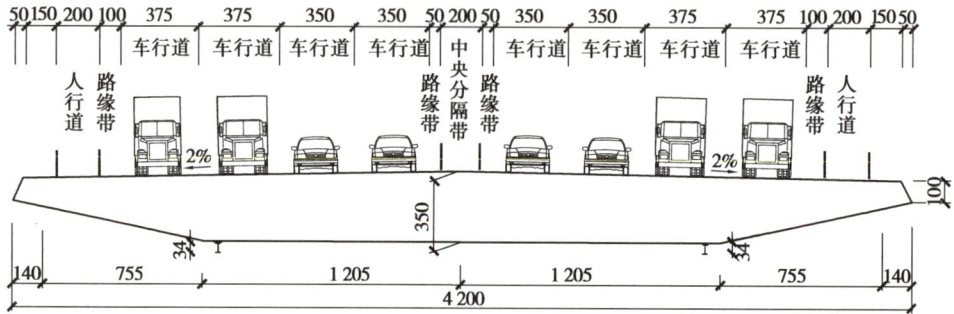

图 6.9 寸滩长江大桥车道布置

桥面水平面为直线,竖向的弧度未考虑,由图 6.9 可知横向坡度为 2%,根据前面建立的车辆事故模型和归纳的几种基本车辆类型,研究了基本车辆类型在不同车速下侧翻、侧偏及不同类型桥面下侧滑的临界状态风速,如图 6.10 所示。

由图 6.10 可知,中型客车、小轿车和小型客车的侧翻临界风速是最大的,而厢式货车、集装箱车和大型客车在干路面情况下的侧滑临界风速是最大的。6 种车型的冰桥面侧滑临

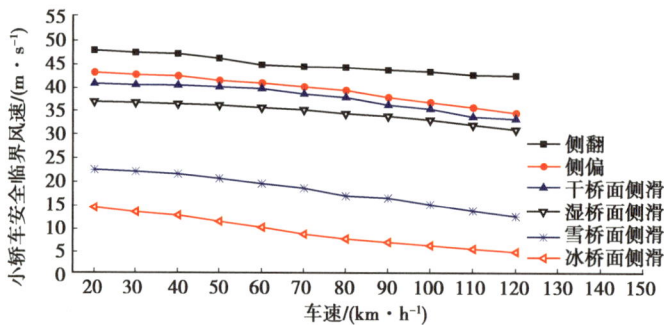

（a）小轿车安全临界风速

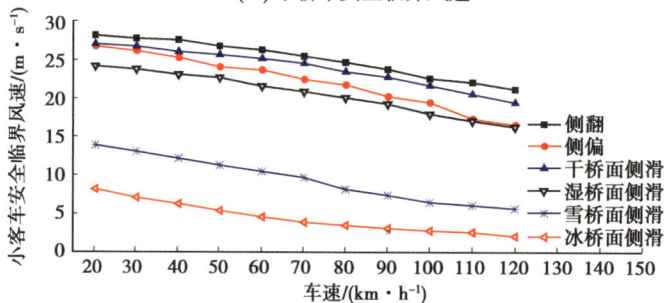

（b）小客车安全临界风速

（c）中型客车安全临界风速

（d）大型客车安全临界风速

（e）厢式货车安全临界风速

（f）集装箱车安全临界风速

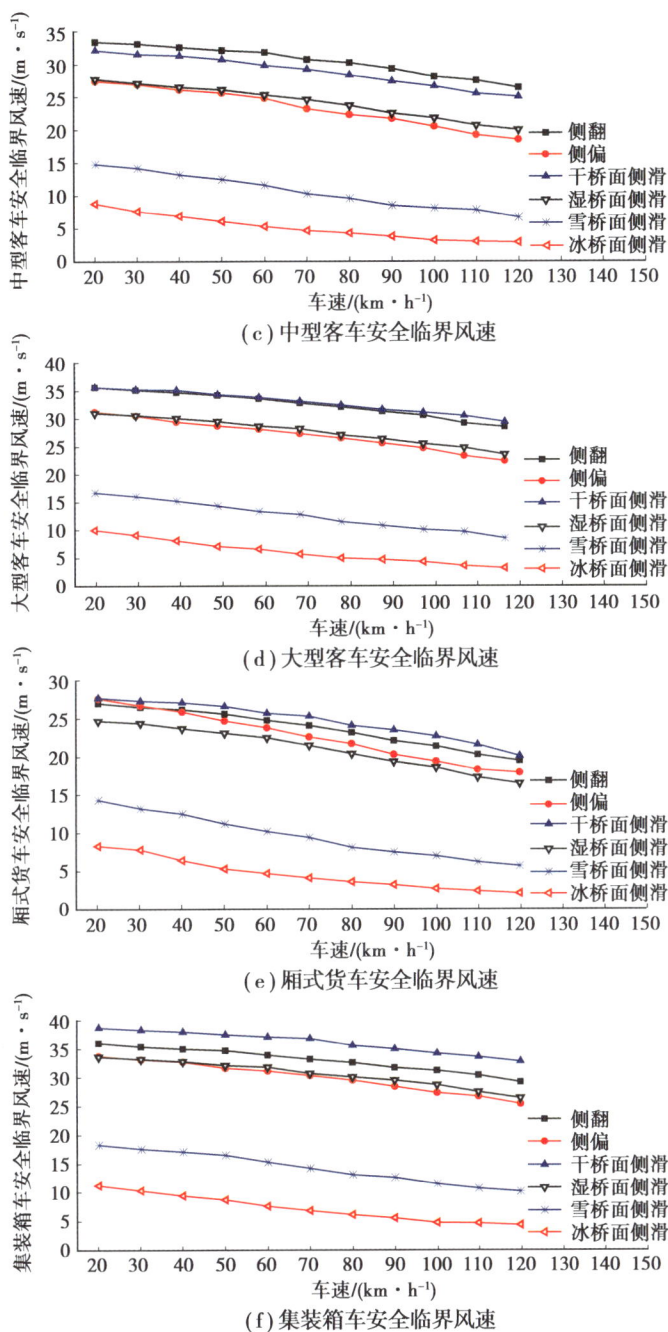

图 6.10　寸滩长江大桥行车安全临界风速

界风速都是最低的,其次是雪桥面侧滑临界风速,寸滩长江大桥设计车速为 80 km/h,该车速下小客车冰桥面的侧滑临界风速最小,为 3.5 m/s;厢式货车雪桥面侧滑临界风速最小,为 8.1 m/s。小客车和厢式货车安全临界风速相对其他几种车型而言比较集中,以低于 120 km/h 的速度行驶在 30 m/s 以下风环境中时,发生事故的类型更多,安全性较差。不同天气状况下,小轿车安全临界风速整体较高,安全性较好。

6.5 桥上行车安全临界车速

6.5.1 风速概率分布参数的确定

寸滩长江大桥桥面标高约为 267.8 m,根据 2.4.1 小节可知,桥址处基本风速为 28.1 m/s,实测风剖面指数模型 $\alpha_w = 0.170$,可知主梁处的基本风速为 43.03 m/s。当风和汽车荷载组合时,根据《规范》,桥面高度处风速取 25.0 m/s,$V_{10} = 25.0$ m/s。

对桥面的行车安全的概率进行评价时,需要桥址处基准高度风速,因汽车侧向受风面积的中心距桥面有一定距离,通常情况下将高于桥面 1.5 m 的位置作为基准高度风速,应用下式可将桥面处的安全行车基本风速换算为基准高度处的桥面等效风速:

$$V_{eff} = V_{10} \beta \left(\frac{H + 1.5}{10} \right)^{\alpha_w} \tag{6.28}$$

式中 H——桥面的离地高度,取 122.8 m;

  β——侧向风速折减系数,能够体现主梁及附属构件对来流风速干扰程度,本书中偏保守取为 0.74。$V_{eff} = 28.4$ m/s。

为体现 10 m 高度处的风速与桥面等效风速的关系,定义综合系数 R_z:

$$R_z = \beta \left(\frac{H + 1.5}{10} \right)^{\alpha_w} \tag{6.29}$$

通过式(6.29)可得 $R_z = 1.535$。

极值 I 型概率分布被广泛用于拟合风速样本数据中,其函数有:

概率分布函数:

$$F_G(x) = \exp\left[-\exp\left(-\frac{x - b}{a} \right) \right] \tag{6.30}$$

概率密度函数:

$$f_G(x) = \frac{1}{a} \exp\left[-\exp\left(-\frac{x - b}{a} \right) \right] \cdot \exp\left(-\frac{x - b}{a} \right) \tag{6.31}$$

式中 a, b——尺寸、位置参数。

根据最大似然法原理,可得极值 I 型概率分布的最大释然估计计算式。

极值 I 型的概率分布:

$$\sum_{i=1}^{n} x_i \exp\left(-\frac{x_i}{\hat{a}} \right) - (\bar{x} - \hat{a}) \exp\left(-\frac{x_i}{\hat{a}} \right) = 0 \tag{6.32}$$

$$\hat{b} = -\hat{a} \ln\left[\frac{1}{n} \sum_{i=1}^{n} \exp\left(-\frac{x_i}{\hat{a}} \right) \right] \tag{6.33}$$

桥址处风速风向观测系统记录的五月份每日最大风速及风向,见表 6.4,根据一年的实测记录结果计算出风速概率分布参数 $a = 6.435$，$b = 18.347$。

表 6.4 寸滩长江大桥五月份每日最大风速及风向

日期	风速/(m·s^{-1})	风向/(°)	日期	风速/(m·s^{-1})	风向/(°)
2014 年 5 月 1 日	4.5	26	2014 年 5 月 17 日	4.2	22
2014 年 5 月 2 日	2.4	88	2014 年 5 月 18 日	3.1	13
2014 年 5 月 3 日	3.6	12	2014 年 5 月 19 日	3.1	14
2014 年 5 月 4 日	2.8	84	2014 年 5 月 20 日	4.3	24
2014 年 5 月 5 日	2.1	84	2014 年 5 月 21 日	3.5	18
2014 年 5 月 6 日	6.2	284	2014 年 5 月 22 日	4.1	19
2014 年 5 月 7 日	4.1	28	2014 年 5 月 23 日	2.2	78
2014 年 5 月 8 日	3.1	16	2014 年 5 月 24 日	4.8	22
2014 年 5 月 9 日	1.6	68	2014 年 5 月 25 日	5.7	33
2014 年 5 月 10 日	1.7	64	2014 年 5 月 26 日	5.9	34
2014 年 5 月 11 日	3.1	11	2014 年 5 月 27 日	4.4	23
2014 年 5 月 12 日	4.1	19	2014 年 5 月 28 日	3.7	17
2014 年 5 月 13 日	2.6	83	2014 年 5 月 29 日	3.1	12
2014 年 5 月 14 日	3.1	12	2014 年 5 月 30 日	2.1	84
2014 年 5 月 15 日	3.9	19	2014 年 5 月 31 日	1.9	93
2014 年 5 月 16 日	1.4	62			

6.5.2 非安全行车概率评价模型

通过建立行车安全模型，在 6.4.4 节中计算了车辆发生事故的临界风速 V_{cr}，侧风行车下车辆发生事故的概率可定义为桥面的等效风速 V_{eff} 大于 V_{cr} 的概率。将该类概率评价方法称为非安全行车的概率评价，即

$$P_f(V_{eff} > V_{cf}) = 1 - \exp\left[- \exp\left\{ - \frac{\dfrac{V_{cr}}{R} - b}{a} \right\} \right] \quad (6.34)$$

此评价方法中只考虑了侧向风速大小的影响，没有涉及风向产生的效应。实际来讲，对桥面侧风向的行车安全的评价，来流风速的风向也是一个关键因素。如当风速与桥面纵轴线侧向水平垂直时，侧风对行车安全的影响效应可能更大，而当风向与桥轴向平行时侧风行车发生事故的概率可能较小。

本小节中风向影响效应考虑方法如下：与寸滩长江大桥的走向在±22.5°之内将其看成垂直风向，而其他风向的影响则忽略不计。风向频率则根据图2.10(b)中记录的数据，考虑了风向风速的联合作用后的桥面侧风行车安全评价概率分布为：

$$P_f(V_{eff} > V_{cf}) = 1 - \exp\left\{1 - \exp\left[\exp\left(-\cfrac{\cfrac{V_{cr}}{R} - b}{a}\right)\right]\right\} \times p_m \qquad (6.35)$$

式中　p_m——桥纵向与主通航孔间±22.5°内的风向频率，$p_m = 0.134$。

6.5.3　非安全行车概率计算

当10 m高度的10 min平均风超越行车安全的基本风速25.0 m/s时，寸滩长江大桥应当关闭交通。而由6.5.4节分析可知，不同车辆类型的气动性能是不同的，所以不是所有的车辆类型在风速为25.0 m/s时都会发生安全事故。本节在不考虑大桥封闭交通的条件下，探究在桥面处的风速超越行车安全的临界风速的概率，为之后的车速的限速标准的限定提供必要的依据。

根据6.5.4节中对寸滩长江大桥行车安全临界风速作出的分析，将之前计算的各种车辆类型的临界风速代入式(6.35)，可计算得出寸滩长江大桥桥面处的等效风速超过安全行车的临界风速的概率，即非安全行车概率，如图6.11所示。

由图6.11可知：①非安全行车概率随着车速的增加而增大，其中，雪桥面侧滑事故的非安全行车概率增速最快，冰桥面侧滑事故的增速最慢。②厢式货车的非安全行车概率随着车速的增加增长最快，小轿车的非安全行车概率随着车速基本没发生变化。因此限制车速这一措施对控制厢式货车安全事故发生最有效。③厢式货车和集装箱车在干桥面上发生侧滑事故的概率最低，大客车在干桥面上发生侧滑事故概率和侧翻概率基本一致，其余3种类型的车辆发

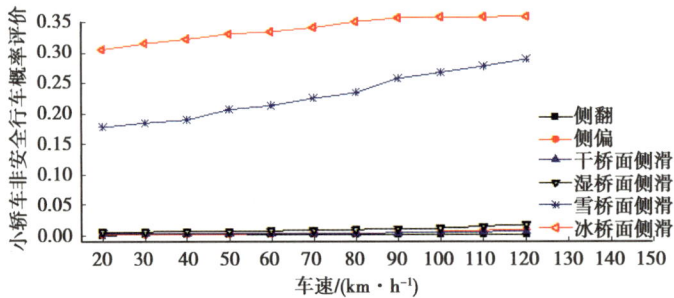

(a)小轿车非安全行车概率评价

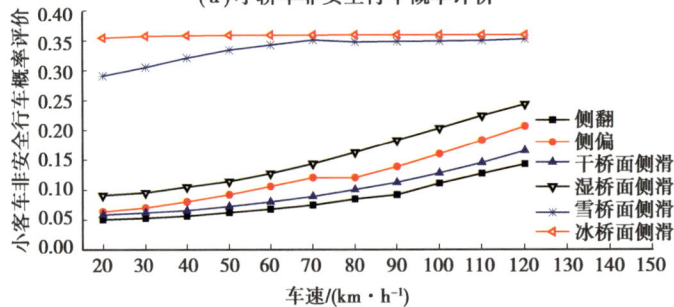

(b)小客车非安全行车概率评价

（c）中型客车非安全行车概率评价

（d）大型客车非安全行车概率评价

（e）厢式货车非安全行车概率评价

（f）集装箱车非安全行车概率评价

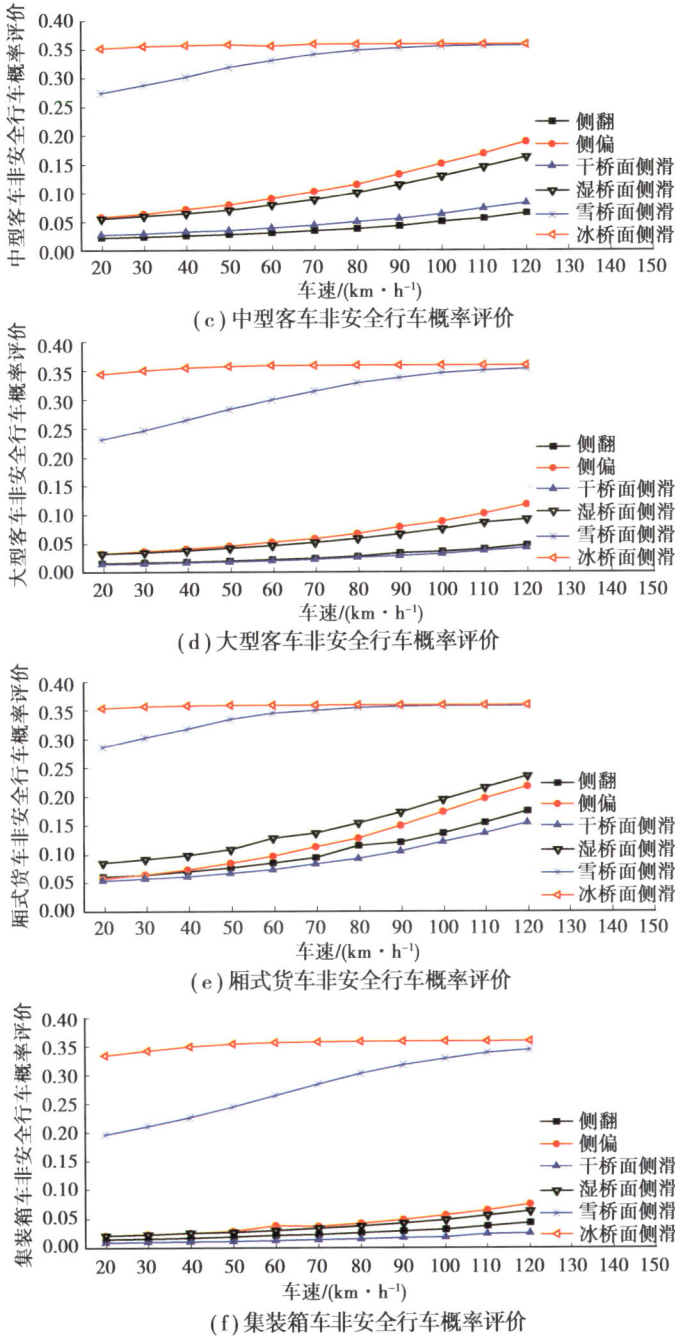

图 6.11　寸滩长江大桥车辆非安全行车概率评价

生侧翻事故的概率最低。④车辆行驶速度范围为 20～120 km/h 时,小轿车非安全行车概率最低,集装箱车次之,小轿车和集装箱车安全性较好。

实际生活中,10 m 高度的风速大于 25.0 m/s 时桥梁一般会封闭通行,侧风作用下行车安全概率比本书中的计算值要小。本次研究中的风速样本采用的是一年风速风向实测数据概率分布,在反映寸滩大桥桥址处风环境上可能有偏差,但无论是按小时极值、天极值或者月极值计算得到的在侧风作用下的非安全行驶的概率的相对值是一样的,因此,从指定行车安全的标准角度看,有很大的参考价值。本书对行车安全的概率进行评价时没有考虑其他因素对行车安全造成的影响,例如,人员的伤亡、事故引起的损失。其结果只能作为风险评价最基本的参考。如果全面考虑风险影响因素,对行车安全进行系统的研究,以此研究为基础制订的风险准则将更加科学。

6.5.4　不同状况桥面的车速控制

根据以上分析,可基本确定寸滩长江大桥桥面处的行车安全的最大风速为 10 m,高度为 10 min 的平均风 27.0 m/s,即 10 级风速,这一标准值要大于我国目前规范规定的25.0 m/s的行车安全的最大风速。而寸滩长江大桥路面处的等效风速的最大值确定为 28.4 m/s,高于规范规定的安全风速,考虑到不同车辆的气动性是不一样的,可以对不同的车辆进行不同的限速,以此满足行车安全要求。为便于制定车辆限速措施,可将基本风速进行等级划分,本书将其化为 5 个控制等级,各控制等级下的风速见表 6.5。

表 6.5　安全行车风速限定级别

控制等级	蓝色	黄色	橙色	红色	黑色
浦氏风级	6~7 级	7~8 级	8~9 级	9~10 级	10 级以上
基本风速/(m·s^{-1})	12.0~16.0	16.0~19.0	19.0~23.0	23.0~27.0	>27.0

根据表 6.5 中的数据,按照下面介绍的方法制订安全行车的控制车速:首先要将10 m处、10 min 的平均风速按前面介绍的方法换算到基准高度处;其次将基准风速换算为桥面的等效风速;最后按照前面介绍的三种行车安全的分析模型,算出最小的行车安全风速。寸滩长江大桥的行车安全的风速控制点是主跨跨中。综合数值模拟及实测数据结果,控制点处的内外侧车道的侧风折减系数值和从最初的基本风速直至桥面处的等效风速的换算系数值,见表 6.6。

表 6.6　控制位置参数

断面位置	基准高度	外车道的侧风折减系数	内车道的侧风折减系数	外车道的换算系数	内车道的换算系数
跨中	122.8 m	0.67	0.65	0.918	0.881

寸滩长江大桥位于重庆市,冬季江面结冰的可能性微乎其微,但在确定最不利的桥面条件时可按照积雪的路面,这样也偏于安全。由此得到的控制车速需针对各种不同的情况,概括为 3 种桥面类型(包括干、湿、雪桥面)、2 种车道(分别为内外车道)、6 种车辆类型(小型轿车、小客车、中型客车、大客车、箱式货运车及拖车)、5 等级风速(蓝、黄、橙、红及黑色),这里的车速控制是指限行及限速指标。表 6.7 中给出了雪桥面、湿桥面和干桥面 3 种状况下计算出的行车安全车速。

表 6.7 寸滩长江大桥行车安全车速控制

(a) 雪桥面行车安全车速控制

控制等级		蓝色	黄色	橙色	红色	黑色
蒲氏风级		6~7 级	7~8 级	8~9 级	9~10 级	10 级以上
基本风速/(m·s^{-1})		12.0~16.0	16.0~19.0	19.0~23.0	23.0~27.0	>27.0
外侧车道 /(km·h^{-1})	小轿车	100	80	60	禁行	禁行
	小客车	禁行	禁行	禁行	禁行	禁行
	中型客车	20	禁行	禁行	禁行	禁行
	大型客车	40	禁行	禁行	禁行	禁行
	厢式货车	禁行	禁行	禁行	禁行	禁行
	集装箱车	60	30	禁行	禁行	禁行
内侧车道 /(km·h^{-1})	小轿车	110	90	60	30	禁行
	小客车	禁行	禁行	禁行	禁行	禁行
	中型客车	30	禁行	禁行	禁行	禁行
	大型客车	40	禁行	禁行	禁行	禁行
	厢式货车	20	禁行	禁行	禁行	禁行
	集装箱车	70	40	禁行	禁行	禁行

(b) 湿路面行车安全车速控制

控制等级		蓝色	黄色	橙色	红色	黑色
蒲氏风级		6~7 级	7~8 级	8~9 级	9~10 级	10 级以上
基本风速/(m·s^{-1})		12.0~16.0	16.0~19.0	19.0~23.0	23.0~27.0	>27.0
外侧车道 /(km·h^{-1})	小轿车	110	110	110	110	禁行
	小客车	110	100	70	禁行	禁行
	中型客车	110	110	80	60	禁行
	大型客车	110	110	110	100	禁行
	厢式货车	110	100	110	禁行	禁行
	集装箱车	110	110	110	110	禁行

续表

控制等级		蓝色	黄色	橙色	红色	黑色
内侧车道 /(km·h⁻¹)	小轿车	110	110	60	110	禁行
	小客车	110	100	80	40	禁行
	中型客车	110	110	100	70	禁行
	大型客车	110	110	110	100	禁行
	厢式货车	110	100	90	50	禁行
	集装箱车	110	110	110	110	禁行

（c）干路面行车安全车速控制

控制等级		蓝色	黄色	橙色	红色	黑色
蒲氏风级		6~7 级	7~8 级	8~9 级	9~10 级	10 级以上
基本风速/(m·s⁻¹)		12.0~16.0	16.0~19.0	19.0~23.0	23.0~27.0	>27.0
外侧车道 /(km·h⁻¹)	小轿车	110	110	110	110	禁行
	小客车	110	100	70	50	禁行
	中型客车	110	110	80	60	禁行
	大型客车	110	110	110	100	禁行
	厢式货车	110	100	90	60	禁行
	集装箱车	110	110	110	110	禁行
内侧车道 /(km·h⁻¹)	小轿车	110	110	90	110	禁行
	小客车	110	100	110	60	禁行
	中型客车	110	110	100	70	禁行
	大型客车	110	110	110	100	禁行
	厢式货车	110	100	90	70	禁行
	集装箱车	110	110	110	110	禁行

在侧向风荷载作用下行车车辆的安全性与车辆的侧向投影面积、车辆重心的高低、车速和侧向风速等多种因素密切相关,本次研究时驾驶员控制车辆频率、桥面抖振加速度、风向影响效应等因素都是偏于安全考虑计算的,因此,表6.7中的不同桥面状态时不同等级风速下的安全控制车速是能够确保行车安全的,表中明确给出了不同级别风速、不同车道、不同车辆的安全控制车速,既能保证车辆安全通过桥梁,又能降低桥上封闭交通的次数,对交通管理部门制定不良天气下的交通管控措施有一定的参考价值。

本章小结

　　本章中在风-汽车-路面程序上,引入了汽车、桥梁位移和力的相互作用,编制了汽车-桥梁系统分析程序,对不同车辆速度、桥面粗糙度、风速、车辆间距对桥梁振动的影响进行了分析,基于 Baker 安全行车模型,对桥上安全行车准则进行了分析。其主要结论如下:

　　①汽车和桥梁两个系统之间的振动关系具体包括车轮与桥面接触点位移协调一致性和力的平衡两方面。桥梁对汽车的激励是通过将桥梁的位移、速度、加速度等效到车轮与桥面的接触点来实现的,车辆对桥梁的作用是通过车轮传递给桥梁的作用力来实现的,文中编制了汽车-桥梁系统程序,并对其正确性进行了验证,运行结果证明了该程序的正确性。

　　②本章研究了不同工况下悬索桥-车辆系统的振动情况:当单车或者车队行驶在悬索桥主桥上时,跨中节点开始振动,但振动幅度并不大,跨中向上挠曲,但挠曲幅度不大。随着车辆向跨中靠近,跨中开始向下挠曲,单车或者车流到达跨中时向下位移达到极值,车辆远离跨中之后位移逐渐减小。主梁跨中的加速度随着车辆或者车流靠近跨中而增大,当单车或者车流位于跨中时加速度达到极大值,车辆靠近跨中,跨中节点加速度逐渐增大,但当车辆远离跨中时,跨中节点加速度并没有明显的减小趋势,有些工况下反而出现了增大的趋势,这说明移动的单车或者车流荷载对悬索桥的整体动力响应有影响。随着车速的增加,主梁的跨中位移响应并不是一直增大,车速在80 km/h时悬索桥主梁跨中响应最大。随着车辆间距的增加,主梁跨中响应逐渐减小,主梁跨中冲击系数也处于减小趋势。随着桥面粗糙度的增加,主梁跨中响应波动幅度、冲击系数和主梁跨中竖向加速度 RMS 值都一直在增大。

　　③本章计算了不同车型在常见车速下的行车安全临界风速,不同车速下行车安全临界风速有较大差别,为了确保行车安全,应在不良环境下控制行车速度,以减少交通事故的发生。给出了行车安全事故力学模型和安全行车的概率值,并根据寸滩长江大桥桥址处实测风环境制订了寸滩长江大桥不同车型的管理控制参照表,明确指出了禁行的风速车速。

参考文献

[1] 项海帆,肖汝诚,徐利平,等. 桥梁概念设计[M]. 北京:人民交通出版社,2011.

[2] 葛耀君. 大跨度悬索桥抗风[M]. 北京:人民交通出版社,2011.

[3] 张鸿. 千米级斜拉桥施工关键技术研究与实践[M]. 北京:人民交通出版社,2015.

[4] 徐恭义. 在悬索桥中再度研究设计应用板式加劲梁[D]. 成都:西南交通大学,2005.

[5] 项海帆. 中国桥梁[M]. 北京:人民交通出版社,2013.

[6] 《中国公路学报》编辑部. 中国桥梁工程学术研究综述2014[J]. 中国公路学报,2014, 27(5):1-96.

[7] 项海帆,葛耀君,朱乐东,等. 现代桥梁抗风理论与实践[M]. 北京:人民交通出版社,2005.

[8] 陈政清. 桥梁风工程[M]. 北京:人民交通出版社,2005.

[9] 葛耀君. 大跨度拱式桥抗风[M]. 北京:人民交通出版社,2014.

[10] 吴瑾,夏逸鸣,张丽芳. 土木工程结构抗风设计[M]. 北京:科学出版社,2007.

[11] 刘明. 沿海地区风场特性实测分析与大跨度桥梁抖振响应研究[D]. 成都:西南交通大学,2012.

[12] 徐恭义. 板式加劲梁悬索桥[M]. 成都:西南交通大学出版社,2010.

[13] 徐恭义,初厚才,秦顺全. 澳门西湾大桥设计与施工[M]. 成都:西南交通大学出版社,2009.

[14] 王骑. 大跨度桥梁断面非线性自激气动力与非线性气动稳定性研究[D]. 成都:西南交通大学,2011.

[15] 陈练. 气候变暖背景下中国风速(能)变化及其影响因子研究[D]. 南京:南京信息工程大学,2013.

[16] 代彤. 重庆石板坡长江大桥加宽的可行性研究[D]. 重庆:重庆大学,2005.

[17] 赖马树金. 大跨度悬索桥分离式双箱梁涡激振动研究[D]. 哈尔滨:哈尔滨工业大学,2013.

[18] 项海帆. 中国桥梁[M]. 北京:人民交通出版社,2013.

[19] 楼庄鸿. 楼庄鸿桥梁论文集[M]. 北京:人民交通出版社,2004.

[20] 项海帆,潘洪萱. 中国桥梁史纲[M]. 上海:同济大学出版社,2013.

[21] 胡峰强. 山区风特性参数及钢桁架悬索桥颤振稳定性研究[D]. 上海:同济大学,2006.

[22] 陈平. 地形对山地丘陵风场影响的数值研究[D]. 杭州:浙江大学,2007.

[23] 徐洪涛. 山区峡谷风特性参数及大跨度桁梁桥风致振动研究[D]. 成都:西南交通大学,2009.

[24] 揭晶. 西部山区某钢桁拱桥桥址处的风特性研究[D]. 重庆:重庆大学,2010.

[25] 叶征伟. 山区高墩大跨连续刚构桥风环境及风荷载研究[D]. 杭州:浙江大学,2012.

[26] 唐春平. 西部山区风特性参数及大跨度钢桁拱桥抖振响应研究[D]. 重庆:重庆大学,2014.

[27] 赵博文. 山区风环境数值模拟与高墩刚构桥风致抖振时域分析[D]. 成都:西南交通大学,2014.

[28] 中华人民共和国推荐性行业标准.公路桥梁抗风设计规范:JTG/T 3360-01—2018[S]. 北京:人民交通出版社,2018.

[29] 胡俊. 大跨度悬索桥现场实测数据、风雨激励响应及风振疲劳研究[D]. 大连:大连理工大学,2012.

[30] 朱荣昇. 风振对大跨度悬索桥稳定性的影响及处理方法[D]. 重庆:重庆交通大学,2013.

[31] 陈政清. 工程结构的风致振动、稳定与控制[M]. 北京:科学出版社,2013.

[32] 贺德馨. 风工程与工业空气动力学[M]. 北京:国防工业出版社,2006.

[33] 李国豪. 桥梁结构稳定与振动[M]. 北京:中国铁道出版社,2002.

[34] 韩万水. 风—汽车—桥梁系统空间耦合振动研究[D]. 上海:同济大学,2006.

[35] 赵凯. 风—汽车—桥梁系统耦合振动分析及程序设计[D]. 成都:西南交通大学,2010.

[36] 刘聪. 桥梁风工程若干气象问题的研究及工程化试验[D]. 南京:南京信息工程大学,2008.

[37] 庞加斌. 沿海和山区强风特性的观测分析与风洞模拟研究[D]. 上海:同济大学,2006.

[38] 张玥. 西部山区谷口处桥位风特性观测与风环境数值模拟研究[D].西安:长安大学,2009.

[39] 刘健新,马麟,白桦. 杭州湾大桥观光塔风速风向联合分布[J]. 长安大学学报:自然科学版,2008(5):53-57.

[40] 叶征伟. 山区高墩大跨连续刚构桥风环境及风荷载研究[D]. 杭州:浙江大学,2012.

[41] 王浩,李爱群,谢以顺,等. 基于实测风谱的润扬悬索桥桥址区三维脉动风场模拟[J]. 东南大学学报:自然科学版,2009,39(6):1206-1211.

[42] 朱乐东,任鹏杰,陈伟,等. 坝陵河大桥桥位深切峡谷风剖面实测研究[J]. 实验流体力学,2011,25(4):15-21.

[43] 李春光. 紊流风场中大跨度桥梁非线性气动稳定性研究[D]. 长沙:湖南大学,2011.

[44] 陈艾荣,艾辉林. 计算桥梁空气动力学:大涡模拟[M]. 北京:人民交通出版社,2010.

[45] 秦云,张耀春,王春刚. 计算流体动力学在建筑风工程中的应用[J]. 哈尔滨工业大学学报,2003,35(8):977-981.

[46] 杨伟,顾明. 高层建筑三维定常风场数值模拟[J]. 同济大学学报:自然科学版,2003(6):647-651.

［47］曹丰产,项海帆,陈艾荣.桥梁断面的气动导数和颤振临界风速的数值计算［J］.空气动力学报,2000,18(1):26-34.

［48］李朝.近地湍流风场的CFD模拟研究［D］.哈尔滨:哈尔滨工业大学,2010.

［49］张永胜.禹门口黄河斜拉桥风环境数值模拟研究［D］.西安:长安大学,2007.

［50］周志勇,姜保宋,马如进.上海闵浦大桥桥址风环境风洞试验及数值模拟研究［J］.力学季刊,2009,30(3):469-474.

［51］NICHOLAS I,ALAN G. Davenport's mark on wind engineering［J］. Journal of Wind Engineering and Industrial Aerodynamics,2012(104):12-24.

［52］YANG Y,Y G,WEI F J,et al. Buffeting performance of long-span suspension bridge based on measured wind data in mountainous region［J］. Journal of Vibroengineering, 2018, 20(1):621-635.

［53］RICHARDS P J,NORRIS S E. Appropriate boundary conditions for computational wind engineering models revisited［J］. Journal of Wind Engineering and Industrial Aerodynamics, 2011,99(4):257-266.

［54］BOWEN A J. Modelling of strong wind flows over complex terrain at small geometric scales ［J］. Journal of Wind Engineering and Industrial Aerodynamics, 2003, 91 (12/15): 1859-1871.

［55］LOUKA P,GALANIS G,SIEBERT,et al. Improvements in wind speed forecasts for wind power prediction purposes using Kalman filtering［J］. Journal of Wind Engineering and Industrial Aerodynamics,2008,96(12):2348-2362.

［56］CHRIS B. The flow around high speed trains［J］. Journal of Wind Engineering and Industrial Aerodynamics,2010,98(6/7):277-298.

［57］TSANG C W,KWOK K C S,HITCHCOCK P A. Wind tunnel study of pedestrian level wind environment around tall buildings:Effects of building dimensions, separation and podium ［J］. Building and Environment,2011(49):167-181.

［58］BLOCKEN B,JANSSEN W D,HOOFF T Y. CFD simulation for pedestrian wind comfort and wind safety in urban areas:General decision framework and case study for the Eindhoven University campus ［J］. Environmental Modelling and Software,2011(30):15-34.

［59］MONTAZERI H,BLOCKEN B,JANSSEN W D,et al. CFD evaluation of new second-skin facade concept for wind comfort on building balconies:Case study for the Park Tower in Antwerp ［J］. Building and Environment,2013,68(10):179-192.

［60］RAZAK A A,HAGISHIMA A,NAOKI L,et al. Analysis of airflow over building arrays for assessment of urban wind environment ［J］. Building and Environment,2013,59(1):56-65.

［61］A N K,FUNG J C H,YIM S H L. Sensitivity of inflow boundary conditions on downstream wind and turbulence profiles through building obstacles using a CFD approach ［J］. Journal of Wind Engineering and Industrial Aerodynamics,2013(115):137-149.

［62］MERONEY R N,DERICKSON R. Virtual reality in wind engineering:the windy world within the computer ［J］. Journal of Wind Engineering,2014,11(2):11-26.

［63］ BERT B. 50 years of Computational Wind Engineering：Past，present and future［J］. Journal of Wind Engineering and Industrial Aerodynamics，2014(129)：69-102.

［64］ DODOER G. Vernay，Benny Raphael，lan F.C. Smith. Improving simulation predictions of wind around buildings using measurements through system identification techniques［J］. Building and Environment，2015，94(Dec. Pt.2)：620-631.

［65］ YOSHIHIDE T. Flow around a high-rise building using steady and unsteady RANS CFD：Effect of large-scale fluctuations on the velocity statistics［J］. Journal of Wind Engineering and Industrial Aerodynamics，2015(142)：93-103.

［66］ PLATON P，GEORGE G，NICOLAS B，et al. Extreme wind events in a complex maritime environment：Ways of quantification［J］. Journal of Wind Engineering and Industrial Aerodynamics，2016(149)：89-101.

［67］ 王存忠,曹文俊. 天津市郊大气边界层湍谱特征分析[J]. 气象学报,1994(4):484-492.

［68］ 刘小红,洪钟祥. 北京地区一次特大强风过程边界层结构的研究[J]. 大气科学,1996(2):223-228.

［69］ 王蓓蕾,曹文俊. 重庆地区近地面层湍流谱特征分析[J]. 南京气象学院学报,1997(2):96-101.

［70］ 杨杰. 广东汕尾9810号台风实测分析[J]. 合肥工业大学学报:自然科学版. 1999(S1):1-4.

［71］ 胡晓红,葛耀君,庞加斌.上海"派比安"台风实测结果的二维脉动风谱拟合[J].结构工程师,2002(2):41-47,64.

［72］ 庞加斌,林志兴,葛耀君. 浦东地区近地强风特性观测研究[J]. 流体力学实验与测量,2002(3):32-39.

［73］ 庞加斌,宋锦忠,林志兴.四渡河峡谷大桥桥位风的湍流特性实测分析[J].中国公路学报,2010,23(3):42-47.

［74］ 庞加斌,宋丽莉,林志兴,等. 风的湍流特性两种分析方法的比较及其应用[J].同济大学学报:自然科学版,2006,34(1):27-32.

［75］ 庞加斌,宋锦忠,林志兴.山区峡谷桥梁抗风设计风速的确定方法[J].中国公路学报,2008(5):39-44.

［76］ 陈正洪,杨宏青,向玉春,等. 武汉阳逻长江公路大桥设计风速值的研究[J].自然灾害学报,2003,12(4):160-169.

［77］ 刘聪,黄世成,朱安祥,等. 苏通长江公路大桥设计风速的计算与分析[J].应用气象学报,2006(1):44-51.

［78］ 杨正卿,刘聪,银燕. 苏通大桥桥位江面风速的数值试验[J].气象科学,2010(2):193-201.

［79］ 胡峰强,陈艾荣,王达磊. 山区桥梁桥址风环境试验研究[J].同济大学学报:自然科学版,2006,34(6):721-726.

［80］ 王浩,李爱群,黄瑞新,等. 润扬悬索桥桥址区韦帕台风特性现场实测研究[J].工程力学,2009,26(4):128-133,138.

[81] 王浩,王龙花,樊星辰,等. 基于健康监测的苏通大桥风速风向联合分布研究[J]. 桥梁建设,2013,43(5):55-61.

[82] 王浩,陶天友,郭彤,等. 基于实测与规范风谱的三塔悬索桥抖振性能对比[J]. 东南大学学报:自然科学版,2013(5):986-992.

[83] 王浩,邓稳平,焦常科,等. 苏通大桥凤凰台风现场实测分析[J]. 振动工程学报,2011(1):36-40.

[84] WANG H,LI A Q,HU R M. Comparison of ambient vibration response of the Runyang suspension bridge under skew winds with time-Domain numerical predictions [J]. Journal of Bridge Engineering,2011,16(4):513-526.

[85] WANG H,HU R M,TONG T A,et al. Comparative study on Buffeting Performance of Sutong Bridge Based on Design and Measured Spectrum [J]. Journal of Bridge Engineering,2013,18(7):587-600.

[86] WANG H,LI A Q,NIU J,et al. Long-term monitoring of wind characteristics at Sutong Bridge site[J].Journal of Wind Engineering and Industrial Aerodynamics,2013,115:39-47.

[87] 郑毅敏,贾京,赵昕. 杭州市民中心风特性监测及风谱拟合[J]. 结构工程师,2009,25(2):108-114,123.

[88] 赵林,朱乐东,葛耀君. 上海地区台风风特性 Monte-Carlo 随机模拟研究[J]. 空气动力学学报,2009,27(1):25-31.

[89] 杨阳,张亮亮,吴波,等. 宽体扁平钢箱梁气动力特性及涡振性能研究[J]. 桥梁建设,2016,46(1):70-75.

[90] 刘会,张亮亮,杨转运. 利用极值分布概型预测海峡地区风环境期望风速[J]. 实验流体力学,2011,25(4):60-66.

[91] 张亮亮,杨转运,刘会,等. 重庆大宁河特大桥成桥状态抖振响应分析[J]. 实验流体力学,2010,24(5):42-46.

[92] YAO G,YANG Y,WU B,et al. Aerodynamic admittance influence on buffeting performance of suspension bridge with streamlined deck[J]. Journal of Vibroengineering,2019,20(1):198-214.

[93] 张亮亮,吴波,杨阳,等. 山区桥址处 CFD 计算域的选取方法[J]. 土木建筑与环境工程,2015,37(5):11-17.

[94] 杨阳,张亮亮,吴波,等. 大攻角及桥面粗糙度对扁平钢箱梁涡振性能的影响[J]. 土木建筑与环境工程,2015,37(6):32-38.

[95] 陈政清,李春光,张志田,等. 山区峡谷地带大跨度桥梁风场特性试验[J]. 实验流体力学,2008(3):54-59,67.

[96] 李永乐,唐康,蔡宪棠,等. 深切峡谷区大跨度桥梁的复合风速标准[J]. 西南交通大学学报,2010,45(2):167-173.

[97] 李永乐,张明金,徐昕宇,等. 高海拔高温差深切峡谷桥址区日常大风成因[J]. 西南交通大学学报,2014,49(6):935-941.

[98] 李永乐,胡朋,蔡宪棠,等. 紧邻高陡山体桥址区风特性数值模拟研究[J]. 空气动力学

学报,2011,29(6):770-776.

[99] 李永乐,蔡宪棠,唐康,等. 深切峡谷桥址区风场空间分布特性的数值模拟研究[J]. 土木工程学报,2011,44(2):116-122.

[100] 张明金,李永乐,唐浩俊,等. 高海拔高温差深切峡谷桥址区风特性现场实测[J]. 中国公路学报,2015,28(3):60-65.

[101] 朱乐东,王继全,陈伟,等.坝陵河大桥桥位风速观测及设计基准风速的计算[J]. 石家庄铁道大学学报:自然科学版,2010,23(4):5-9,20.

[102] 伍见军. 重庆热环境特征及局地环流对其影响的模拟研究[D]. 南京:南京信息工程大学,2013.

[103] 陈平. 地形对山地丘陵风场影响的数值研究[D]. 杭州:浙江大学,2007.

[104] 贺德馨. 风工程与工业空气动力学[M]. 北京:国防工业出版社,2006.

[105] 王浩,李爱群. ANSYS 大跨度桥梁高等有限元分析与工程实例大跨径桥梁高等有限元分析与工程实例[M]. 北京:中国建筑工业出版社,2014.

[106] SCANLAN R H, TOMKO J J. Air foil and bridge deck flutter derivative[J]. Journal of Soil Mechanics and Foundations Division,1971,97(6):1717-1737.

[107] SCANLAN R H, GADE R H. Motion of suspended bridge spans under gusty wind[J]. Journal of the Structural Division,1971,1977,103ST9:1867-1883.

[108] SCANLAN R H. The action of flexible bridges under winder,I:Flutter theory[J]. Journal of Sound and Vibration,1978,60(2):201-211.187-199.

[109] SCANLAN R H. Interpreting aeroelastic models of cable-stayed bridges[J]. Journal of Engineering Mechanics,1987,113(4):555-575.

[110] SCANLAN R H, JONES N P. Aeroelastic analysis of cable-stayed bridges[J]. Journal of Structural Engineering,1990,116(2):279-297.

[111] LIN Y K. Motion of suspension bridges in turbulent winds[J]. Journal of the Engineering Mechanics Division,1979,1050(64):921-932.

[112] LIN Y K. ARIARATNAM S T. Stability of bridge motion in turbulent winds[J]. Journal of Structural Mechanics,1980,8(1):1-15.

[113] LIN Y K, YANG J N. Multi-mode bridge response to wind excitations[J]. Journal of Engineering Mechanics,1983,109(2):586-603.

[114] LIN Y K, BUCHER C G. Effects of wind turbulence on motion stability of long- span bridges[J]. Journal of Wind Engineering and Industrial Aerodynamics,1990,36(2):437-4511355-1364.

[115] LIN Y K, LI Q C. Stochastic stability of wind excited structures[J]. Journal of Wind Engineering and Industrial Aerodynamics,1995(54-55):75-82.

[116] LIN Y K,LI Q C. New Stochastic theory for bridge stability in turbulent flow[J]. Journal of Engineering Mechanics,1993,119(1):113-127.

[117] JAIN A,JONES N P,SCANLAN R H. Coupled flutter and buffeting analysis of long-span Bridges[J]. Journal of Structural Engineering,1996,122(7):716-725.

[118] JAIN A,JONES N P,SCANLAN R H. Coupled Multi-mode couple aeroelastic and aerodynamic response Analysis of long-span bridge[J]. Journal of Wind Engineering and Industrial Aerodynamics,1996(60):69-80.

[119] KATSUCHI H,JONES N P,SCANLAN R H. Multi-mode coupled flutter and Buffeting analysis of the Akashi-Kaikyo Bridge[J]. Journal of Wind Engineering and Industrial Aerodynamics,1998(77):431-441.

[120] XU Y L,SUN D K,KO J M,et al. Buffeting analysis of long -span bridges:a new algorithm [J]. Computers and Structures,1998,68(42):303-313.

[121] XU Y L,SUN D K,KO J M. Fully coupled buffeting analysis of Tsing Ma suspension bridge [J]. Journal of Wind Engineering and Industrial Aerodynamics,2000,85(1):97-117.

[122] KOVACS L, SVENSSON H S. Analytical aerodynamic investigation of cable-stayed Helgeland Bridge[J]. Journal of Structural Engineering,1992,118(1):147-168.

[123] BOONYAPINYO V,MIYATA T, YAMADA H. Advanced aerodynamic analysis of suspension bridge by state-space approach[J]. Journal of Structural Engineering, 1999, 125(12): 1357-1366.

[124] CHEN X,MATSUMOTO M,KAREEM A. Time domain flutter and buffeting response analysis of bridges[J]. Journal of Engineering Mechanics,2000,126(1):7-16.

[125] DING Q,LEE P K. Computer simulation of buffeting actions of suspension bridges under turbulent wind[J]. Computers and Structures,2000,76(6):787-797.

[126] KARMAKAR D,SAMIT R C,SHINOZUKA M. Conditional simulation of non-Gaussian wind velocity profiles:Application to buffeting response of Vincent Thomas suspension bridge[J]. Probabilistic Engineering Mechanics,2012(29):167-175.

[127] SEO D W,CARACOGLIA L. Statistical buffeting response of flexible bridges influenced by errors in aeroelastic loading estimation[J]. Journal of Wind Engineering and Industrial Aerodynamics,2012(104-106):129-140.

[128] PHAN D H,NGUYEN N T. Flutter and buffeting control of long-span suspension bridge by passive flaps:experiment and numerical Simulation [J]. International Journal of Aeronautical and Space Sciences,2013,14(1):46-57.

[129] KIM B, YHIM S. Buffeting analysis of a cable-stayed bridge using three-dimensional computational fluid dynamics[J]. Journal of Bridge Engineering,2014,19(11):04014044.

[130] DOMANESCHI M,MARTINELLI L E. Control of wind buffeting vibrations in a suspension bridge by TMD:Hybridization and robustness issues[J]. Computers and Structures,2015 (155):3-17.

[131] 王浩,李爱群,谢静,等. 台风作用下超大跨度斜拉桥抖振响应现场实测研究[J]. 土木工程学报,2010,43(7):71-78.

[132] 王浩,李爱群,焦常科,等. 桥塔风效应对大跨度悬索桥抖振响应的影响[J]. 振动与冲击,2010,29(8):103-106,123,245.

[133] 龙晓鸿,李黎,胡亮. 四渡河悬索桥抖振响应时域分析[J]. 工程力学,2010,27(A1):

113-117.

[134] 张茜,周绪红,狄谨,等. 大跨度钢箱梁斜拉桥施工过程风致抖振时域分析及抗风措施[J]. 长安大学学报:自然科学版,2013,33(1):45-50,66.

[135] 李少鹏,李明水,马存明,等. 大跨桥梁抖振力与脉动风速空间相关性的对比研究[J]. 空气动力学学报,2013,31(6):796-800,811.

[136] 胡俊,欧进萍. 环境风场长期作用下某大跨悬索桥抖振疲劳寿命分析[J]. 振动工程学报,2014,27(1):60-66.

[137] 胡俊,欧进萍.风雨共同作用下大跨悬索桥加劲梁抖振响应分析[J]. 中国铁道科学,2013,34(6):30-35.

[138] 马存明,廖海黎,李明水,等. 基于三维气动导纳的大跨桥梁抖振分析[J]. 公路交通科技,2011,38(2):52-56,92.

[139] 晏致涛. 大跨度中承式拱桥风致振动研究[D]. 重庆:重庆大学,2006.

[140] 李宁. 大跨度悬索桥风致抖振时域分析与涡振性能研究[D]. 成都:西南交通大学,2013.

[141] 彭丹. 大跨度悬索桥抖振及风载内力分析[D]. 成都:西南交通大学,2010.

[142] 张志田. 大跨度桥梁非线性抖振及其对抗风稳定性影响的研究[D]. 上海:同济大学,2004.

[143] 胡钢. 脉动风特性对大跨度桥梁结构抖振响应影响的研究[D]. 哈尔滨:哈尔滨工业大学,2011.

[144] 杨转运. 大跨度斜拉桥抖振响应的气动导纳函数研究[D]. 重庆:重庆大学,2010.

[145] 喻梅,廖海黎,李明水,等. 大跨度桥梁斜风作用下抖振响应现场实测及风洞试验研究[J]. 实验流体力学,2013,27(3):51-55,76.

[146] 黄国庆,苏延文,彭留留,等. 山区风作用下大跨悬索桥响应分析[J]. 西南交通大学学报,2015,50(4):610-616.

[147] 李立,郑忠双,廖锦翔,等. 基于时频混合格式的桥梁抖振响应计算方法[J]. 中国公路学报,2005,18(3):70-74.

[148] 马麟. 考虑驾驶员行为的风—汽车—桥梁系统空间耦合振动研究[D]. 西安:长安大学,2008.

[149] 马麟,刘健新,韩万水,等. 基于Hilbert-Huang变换的大跨桥梁非线性抖振响应时频分析[J]. 振动与冲击. 2010,29(11):237-241,265.

[150] BAKER C J,ROBINSON C G. The assessment of wind tunnel testing techniques for ground vehicles in cross winds[J]. Journal of Wind Engineering and Industrial Aerodynamics,1990,33(1-2):429-438.

[151] BAKER C J,JONES J,LOPEZ-CALLEJA F,et al. Measurements of the cross wind forces on trains[J]. Journal of Wind Engineering and Industrial Aerodynamics,2004,92(7-8):547-563.

[152] BROCHIE N J W, BAKER C J. The aerodynamic drag of high speed trains[J]. The aerodynamic drag of high speed trains,1990,34(3):273-290.

［153］BAKER C J, REYNOLDS S. Wind-induced accidents of road vehicles［J］. Accident Analysis & Prevention,1992,24(6):559-575.

［154］BAKER C J,JONES J,LOPEZ-CALLEJA F,et al. Measurements of the cross wind forces on trains［J］. Journal of Wind Engineering and Industrial Aerodynamics,2004,92(7-8): 547-563.

［155］SUZUKI M,TANEMOTO K,MAEDA T. Aerodynamic characteristics of train/vehicles under cross winds［J］. Journal of Wind Engineering and Industrial Aerodynamics,2003,91 (1-2),209-218.

［156］STERLING M,QUINN A D,HARGREAVES D M,et al. A comparison of different methods to evaluate the wind induced forces on a high sided lorry［J］. Journal of Wind Engineering and Industrial Aerodynamics,2010,98(1):10-20.

［157］CHELI F,CORRADI R,SABBIONI E,et al. Wind tunnel tests on heavy road vehicles: Cross wind induced loads—Part 1［J］. Journal of Wind Engineering and Industrial Aerodynamics,2011,99(10):1000-1010.

［158］CHELI F,RIPAMONTI F,SABBIONI E,et al. Wind tunnel tests on heavy road vehicles: Cross wind induced loads—Part 2［J］. Journal of Wind Engineering and Industrial Aerodynamics,2011,99(10):1011-1024.

［159］KOZMAR H,BUTLER K,KAREEM A. Transient cross-wind aerodynamic loads on a generic vehicle due to bora gusts［J］. Journal of Wind Engineering and Industrial Aerodynamics,2012(111):73-84.

［160］DORIGATTI F,STERLING M,ROCCHI D,et al. Wind tunnel measurements of crosswind loads on high sided vehicles over long span bridges［J］. Journal of Wind Engineering and Industrial Aerodynamics,2012(107-108):214-224.

［161］葛玉梅,李永乐,何向东. 作用在车-桥系统上风荷载的风洞试验研究[J]. 西南交通大学学报,2001,36(6):612-617.

［162］祝志文,陈伟芳,陈政清. 横风中双层客车车辆的风荷载研究[J]. 国防科技大学学报, 2001,23(5):117-121.

［163］祝志文,陈政清. 单、双层客车车辆在铁路桥梁上的横向气动力特性[J]. 中南工业大学学报,2001,32(4):410-413.

［164］李永乐,胡朋,张明金,等. 风-车-桥系统车辆风荷载突变效应风洞试验研究[J]. 空气动力学学报, 2011,29(5):548-554,566.

［165］李永乐,汪斌,徐幼麟,等. 侧风作用下静动态车-桥系统气动特性数值模拟研究[J]. 土木工程学报,2011,44(A1):87-94.

［166］李永乐,周昱,葛世平,等. 主梁断面形状对车-桥系统气动特性影响的风洞试验研究 [J]. 土木工程学报,2012,45(7):127-133.

［167］李永乐,胡朋,张明金,等. 侧向风作用下车-桥系统的气动特性-移动车辆模型风洞试验系统[J]. 西南交通大学学报,2012,47(1):50-56.

［168］李永乐,胡朋,张明金,等. 侧向风作用下车-桥系统的气动特性-基于风洞试验的参数

研究[J]. 西南交通大学学报,2012,47(2):40-47.
[169] 李永乐,杨怿,吴梦雪,等. 侧向风作用下桥上列车交会过程的空气动力特性[J]. 中国铁道科学,2015,36(2):37-44.
[170] 岳澄,张伟. 车桥耦合气动力特性和风压分布数值模拟[J]. 天津大学学报,2007,40(1):68-72.
[171] 韩艳,蔡春声. 风-车-桥耦合系统的车桥气动特性研究[J]. 长沙理工大学学报:自然科学版,2009,6(4):21-26.
[172] 韩艳,胡揭玄,蔡春声,等. 横风作用下考虑车辆运动的车桥系统气动特性的数值模拟研究[J]. 工程力学,2013,30(2):318-325.
[173] 韩艳,胡揭玄,蔡春声. 横风作用下公路车辆与桥梁静气动力的数值模拟研究[J]. 铁道科学与工程学报,2012,9(1):12-17.
[174] HAN Y, LIU S Q, HU J X, et al. Experimental Study on Aerodynamic Derivatives of a Bridge Cross-Section under Different Traffic Flows[J]. Journal of Wind Engineering & Industrial Aerodynamics,2014(133):250-262.
[175] ZHOU L, GE Y J. Wind tunnel test for vortex-induced vibration of vehicle-bridge system section model [J]. Journal of the Brazilian Society of Mechanical Sciences and Engineering,2008(30):110-117.
[176] PETER A. Bluff body aerodynamics in wind engineering[J]. Journal of Wind Engineering and Industrial Aerodynamics,2008,96(6-7):701-712.
[177] FRANDSEN J B. Simultaneous pressures and accelerations measured full-scale on the great belt east suspension bridge[J]. Journal of Wind Engineering and Industrial Aerodynamics, 2001,89(1):95-129.
[178] YOZO F, YOSHITAKA Y. Wind-induced vibration and control of Trans-tokyo bay crossing bridge[J]. Journal of Structural Engineering,2002,128(8):1012-1025.
[179] 管青海,李加武,胡兆同,等. 栏杆对典型桥梁断面涡激振动的影响研究[J]. 振动与冲击,2014,33(3):150-156.
[180] 秦浩,廖海黎,李明水. 大跨度双幅连续钢箱梁桥涡激振动特性风洞试验研究[J]. 振动与冲击,2014,33(14):206-210.
[181] 刘高,刘天成. 分体式钝体双箱钢箱梁斜拉桥节段模型风洞试验研究[J]. 土木工程学报,2010,43(A2):49-54.
[182] 王骑,林道锦,廖海黎,等. 分体式钢箱梁涡激振动特性及制振措施风洞试验研究[J]. 公路,2013,58(7):294-299.
[183] 李春光,陈政清,韩阳. 带悬挑人行道板流线型箱梁涡振性能研究[J]. 振动与冲击,2014,33(24):19-25.
[184] 孙延国,廖海黎,李明水. 基于节段模型试验的悬索桥涡振抑振措施[J]. 西南交通大学学报,2012,47(2):218-223,264.
[185] LARSEN A, ESDAHL S, ERSEN J E, et al. Storebalt suspension bridge-vortex shedding excitation and mitigation by guide vanes[J]. Journal of Wind Engineering and Industrial

Aerodynamics,2000,88(2-3):283-296.

[186] LUCA B,GIUSEPPE M. Importance of deck details in bridge aerodynamics[J]. Structural Engineering International,2002,12(4):289-294.

[187] MIYATA T. Historical view of long-span bridge aerodynamics[J]. Journal of Wind Engineering and Industrial Aerodynamics,2003,91(12-15):1393-1410.

[188] WILDE K,OMENZETTER P,FUJINO Y. Suppression of bridge flutter by active deck-flaps control system[J]. Journal of Engineering Mechanics. 2001,127(1):80-89.

[189] 杨阳,张亮亮,吴波,等. 桥面不平度对主梁气动力及涡振性能的影响[J]. 桥梁建设,2016,46(2):54-60.

[190] 鲜荣,廖海黎. 不同尺度扁平箱梁节段模型涡激振动风洞试验[J]. 桥梁建设,2010,40(2):9-13.

[191] 辛大波,张明晶,王亮,等. 大跨度桥梁主梁风雨致涡激振动试验研究[J]. 哈尔滨工程大学学报,2011,32(9):1168-1172.

[192] 李永乐,侯光阳,向活跃,等. 大跨度悬索桥钢箱主梁涡振性能优化风洞试验研究[J]. 空气动力学学报,2011,29(6):702-708.

[193] 朱思宇,李永乐,申俊昕,等. 大攻角来流作用下扁平钢箱梁涡振性能风洞试验优化研究[J]. 土木工程学报,2015,48(2):79-86.

[194] 李薇,胡兆同,李加武,等. 桥梁断面三分力系数数值模拟[J]. 公路交通科技,2012,29(5):37-40,45.

[195] 刘志文,胡建华,陈政清,等. 闭口箱形主梁断面三分力系数二维大涡模拟[J]. 公路交通科技,2011,28(11):61-66.

[196] 宋锦忠,林志兴,徐建英. 桥梁抗风气动措施的研究及应用[J]. 同济大学学报:自然科学版. 2002,30(5):618-621.

[197] 刘慈军,郭震山,朱乐东. 栏杆缘石构造对箱形主梁颤振稳定性的影响[J]. 桥梁建设,2008(2):20-22,44.

[198] WU B,ZHANG L,YANG Y,et al. Investigation and Control of VIVs with Multi-Lock-in Regions on Wide Flat Box Girders[J]. Journal of Control Science and Engineering,2017, Article ID 7208241,17 pages.

[199] 吴庆雄,陈宝春. 钢管混凝土拱桥桥面平整度评价[J]. 交通运输工程学报,2010,10(4):23-28.

[200] 吴庆雄,黄宛昆,陈宝春. 中、下承式钢管混凝土拱桥车振调查与动力分析[J]. 工程力学,2013,30(1):147-155.

[201] 王达,韩万水,黄平明,等. 桥面平整度对大跨度悬索桥车桥耦合振动的影响[J]. 长安大学学报:自然科学版,2009,29(4):53-58.

[202] 中华人民共和国国家标准.车辆振动输入　路面平度表示方法:GB/T 7031—1986[S].北京:中国标准出版社,1986.

[203] 张若雪.桥梁结构气动参数识别的理论和试验研究[D].上海:同济大学,1998.

[204] 丁泉顺.大跨度桥梁耦合颤抖振响应的精细化分析[D].上海:同济大学,2001.

［205］李永乐.风—车—桥系统非线性空间耦合振动研究［D］.成都:西南交通大学,2003.

［206］梁新成,张军,徐瑞. 三角级数法的路面重构仿真研究［J］. 汽车工程学报,2011,1(5):442-447.

［207］钱振东,刘云,黄卫. 考虑不平度的桥面铺装动响应分析［J］. 土木工程学报,2007,40(4):49-54.

［208］JENSEN A G. Fluid dynamic derivatives:Marine and wind engineering approaches［J］. Journal of Wind Engineering and Industrial Aerodynamics. 1997(69-71):777-793.

［209］CIGADA A,FALCO M,ZASSO A,Development of a new system to measure aerodynamic forces on section models［C］. Wind Engineering into the 21st Century. 1999(1-3):851-856.

［210］陈政清,于向东,陈鸿,等.一种在风洞中识别桥梁断面颤振导数的强迫振动法［J］.中国学术期刊文摘,2000(8):1034-1036.

［211］BUCCO D,WEISS M. Adjoint analysis of guidance systems with nonstandard Inputs［J］. Journal of Guidance Control and Dynamics,2015,38(9):1800-1809.

［212］李万平.计算流体力学［M］.武汉:华中科技大学出版社,2004.

［213］韩占忠.FLUENT 流体工程仿真计算实例与应用［M］.北京:北京理工大学出版社,2004.

［214］LARSEN A,WALTHER J H. Analysis of Bridge Girder Sections based on Discrete Vortex Simulations［J］.Journal of Wind Engineering and Industrial Aerodynamics,1997(67-68):253-265.

［215］OSTENFELD R P,MADSEN H O,LARSEN A. Probabilistic flutter criteria for long span bridges［J］. Journal of Wind Engineering and Industrial Aerodynamics. 1992(41-44):1265-1276.

［216］曹丰产,项海帆.桥梁断面的气动导数和颤振临界风速的数值计算［J］.空气动力学学报,2000,18(1):26-34.

［217］WU S Q,LAW S S. Vehicle axle load identification on bridge deck with irregular road surface profile［J］. Engineering Structure,2011,33(2):591-601.

［218］祝志文,顾明,陈政清. 指数脉冲强迫激励 CFD 模型运动的气动参数识别法［J］.振动工程学报,2007,20(2):133-139.

［219］祝志文,顾明,陈政清. 基于 3211 多阶跃激励 CFD 模型的颤振导数识别研究［J］. 振动工程学报,2008,22(1):18-23.

［220］祝志文. 桥梁颤振导数识别和气弹响应分析的风洞试验和 CFD 方法［D］.上海:同济大学,2007.

［221］杨咏昕.大跨度桥梁二维颤振机理及其应用研究［D］.上海:同济大学,2002.

［222］刘儒勋,舒其望.计算流体力学的若干新方法［M］.北京:科学出版社,2003.

［223］CHEN S R,ASCE M,WU J,et al. Dynamic performance simulation of long-span bridge under combined loads of stochastic traffic and wind［J］. Journal of Bridge Engineering,2010,15(3):219-230.

［224］CHEUNG M M S,ASCE F,CHAN B Y B. Operational requirements for long-span bridges under strong wind events［J］. Journal of Bridge Engineering,2010,15(2):131-143.

［225］WU S Q,LAW S S. Vehicle axle load identification on bridge deck with irregular road surface profile［J］. Engineering Structure,2011(33):591-601.

［226］ARGENTINI T,OZKAN E,ROCCHI D,et al. Cross-wind effects on a vehicle crossing the wake of a bridge pylon［J］. Journal of Wind Engineering and Industrial Aerodynamics,2011(99):734-740.

［227］ROCCHI D,ROSA L,SABBIONI E,et al. A numerical-experimental methodology for simulating the aerodynamic forces acting on a moving vehicle passing through the wake of a bridge tower under cross wind［J］. Journal of Wind Engineering and Industrial Aerodynamics,2012(104):256-265.

［228］KOZMAR H,BUTLER K,ASCE M,et al. Downslope gusty wind loading of vehicles on bridges［J］. Journal of Bridge Engineering,2015,20(11):1-11.

［229］GUO W H,XU Y L. Fully computerized approach to study cable-stayed bridge-vehicle interaction［J］. Journal of Sound and Vibration,2001,248(4):745-761.

［230］XU Y L,GUO W H. Dynamic analysis of coupled road vehicle and cable-stayed bridge systems under turbulent wind［J］. Engineering Structures,2003(25):473-486.

［231］CAI C S,CHEN S R. Framework of vehicle-bridge-wind dynamic analysis［J］. Journal of Wind Engineering and Industrial Aerodynamics,2004(92):579-607.

［232］韩万水,陈艾荣. 随机车流下的风-汽车-桥梁系统空间耦合振动研究［J］. 土木工程学报,2008,41(9):97-102.

［233］韩万水,马麟,刘健新. 风环境下汽车-桥梁系统侧向空间耦合振动关系研究［J］. 土木工程学报,2010,43(10):73-82.

［234］韩万水,马麟,刘健新.引入驾驶员行为的风-汽车-桥系统耦合振动研究［J］. 中国公路学报,2011,24(1):42-49.

［235］韩万水,陈艾荣. 基于模型修正梁格法的车桥耦合振动分析系统［J］. 中国公路学报,2011,24(5):47-55.

［236］韩万水,马麟,汪炳,等. 随机车流-桥梁系统耦合振动精细化分析与动态可视化［J］. 中国公路学报,2013,26(4):78-87.

［237］马麟,韩万水,吉伯海,等. 实际交通流作用下的车-桥耦合振动研究［J］. 中国公路学报,2012,25(6):80-87.

［238］周立. 大跨度桥梁风振和车辆振动响应及其疲劳性能研究［D］. 上海:同济大学,2008.

［239］陈晓东. 大跨桥梁侧风行车安全分析［D］. 上海:同济大学,2007.

［240］海贵春,谷正气,王和毅,等. 侧风对汽车高速行驶性能影响的仿真研究［J］. 湖南大学学报:自然科学版,2006,33(2):40-43.

［241］赵利苹,许金良,杨宏志,等. 考虑风作用的公路限速值［J］. 长安大学学报:自然科学版,2013,33(3):37-41,54.

[242] 何杰,刘霞,陈一锴,等. 恶劣天气路面条件对行车安全的影响[J]. 交通运输工程学报,2011,11(1):58-63.

[243] HUSSAIN M. Dependence of power law index on surface wind speed[J]. Energy Conversion and Management,2002,43(4):467-472.

[244] JOHNSTONE R,COLEMAN G N. The turbulent Ekman boundary layer over an infinite wind-turbine array[J]. Journal of Wind Engineering and Industrial Aerodynamics,2012,100(1):46-57.

[245] GUALTIERI,GIOVANNI,SECCI,et al. Comparing methods to calculate atmospheric stability-dependent wind speed profiles:A case study on coastal location[J]. Renewable Energy,2011,36(8):2189-2204.

[246] DREW D R,BARLOW J F,LANE,S E. Observations of wind speed profiles over Greater London,UK,using a Doppler lidar[J]. Journal of Wind Engineering and Industrial Aerodynamics,2013(121):98-105.

[247] RASMUSSEN J T,HEJLESEN M M,LARSEN A,et al. Discrete vortex method simulations of the aerodynamic admittance in bridge aerodynamics[J]. Journal of Wind Engineering and Industrial Aerodynamics,2010,98(2):754-766.

[248] HEJLESEN M M,RASMUSSEN J T,LARSEN A. On estimating the aerodynamic admittance of bridge sections by a mesh-free vortex method[J]. Journal of Wind Engineering and Industrial Aerodynamics,2015(146):117-127.

[249] BIMBATO A M,PEREIRA L A A,HIRATA H M. Suppression of vortex shedding on a bluff body[J]. Journal of Wind Engineering and Industrial Aerodynamics,2013(121):16-28.

[250] 王骑,廖海黎,李明水,等. 大振幅下薄翼和流线型箱梁的气动迟滞研究[J]. 实验流体力学,2013,27(1):32-37,45.

[251] 李永乐,周昱,葛世平,等. 主梁断面形状对车-桥系统气动特性影响的风洞试验研究[J]. 土木工程学报,2012,45(7):127-133.

[252] 张亮亮,吴波,杨阳,等. 附属构件及桥面粗糙度对近流线型宽体箱梁气动静力系数的影响[J]. 实验流体力学,2016,30(1):74-80.

[253] 李永乐,汪斌,黄林,等. 平板气动力的 CFD 模拟及参数研究[J]. 工程力学,2009,26(3):207-211.

[254] 刘钥,陈政清,张志田. 箱梁断面静风力系数的 CFD 数值模拟[J]. 振动与冲击,2010,29(1):133-137,242.

[255] 段虎明,石峰,谢飞,等. 路面不平度研究综述[J]. 振动与冲击,2009,28(9):95-101.

[256] 刘波,王有志,安俊江,等. 车辆-路面空间耦合振动模型及其动力响应分析[J]. 山东大学学报:工学版,2014,43(3):83-89.

[257] 张丙强,李亮. 人-车-路耦合系统振动分析及舒适度评价[J]. 振动与冲击,2011,30(1):1-5,15.

[258] 马麟,韩万水,吉伯海,等. 实际交通流作用下的车-桥耦合振动研究[J]. 中国公路学

报,2012,25(6):80-87.

[259] 刘云,钱振东. 路面平整度及车辆振动模型的研究综述[J]. 公路交通科技,2008,25(1):51-57.

[260] 张洪亮,杨万桥. 基于人-车-路五自由度振动模型的路面平整度评价方法[J]. 交通运输工程学报,2010,10(4):16-22.

[261] 银花,李懿. 车辆-沥青路面耦合系统相互作用研究[J]. 振动与冲击,2013,32(20):107-112.

[262] 岳杰,张进球,宋征,等. 傅里叶逆变换模拟路面对车辆平顺性的影响[J]. 振动与噪声控制,2014,34(1):132-136.

[263] 常志权,罗红,锗志刚,等. 谐波叠加路面输入模型的建立及数字模拟[J]. 重庆大学学报:自然科学版,2004,27(12):5-8.

[264] 刘献栋,邓志党,高峰. 基于逆变换的路面不平度仿真研究[J]. 中国公路学报,2005,18(1):122-126.

[265] 徐延海. 考虑路面不平度的汽车稳定性控制的研究[J]. 汽车工程,2005,27(3):330-333.

[266] YANG Y B,LIAO S S,LIN B H. Impact formulas for vehicles moving over simple and continuous beams[J]. Engineering Structures,1995,121(11):1644-1650.

[267] YANG Y B,YAU J D. Vehicle-bridge interaction element for dynamic analysis[J]. Journal of Structural Engineering,1997,123(11):1512-1518.

[268] CHEN S R. Dynamics performance of bridges and vehicles under strong wind[D]. Louisiana Stat University and Agriculture and Mechanical college,2005.

[269] CAI C S,CHEN S R. Frame work of vehicle bridge wind dynamic analysis[J]. Journal of Wind Engineering and Industrial Aerodynamics,2004(92):579-607.

[270] 鲁植雄,徐浩,刘奕贯,等. 基于分形插值的三维路面重构与分析[J]. 农业工程学报,2014,30(22):188-194.

[271] 吴参,王维锐,陈颖,等. 三维路面谱的仿真建模与验证[J]. 浙江大学学报:工学版,2009,43(10):1935-1938.